U0562437

主办单位：中国社会科学院国际法研究所

国际法研究

CHINESE INTERNATIONAL LAW REVIEW

第六卷
Vol.6

2012年第1、2期

主　编　陈泽宪
本卷执行主编　孙世彦

社会科学文献出版社
SOCIAL SCIENCES ACADEMIC PRESS (CHINA)

编　委　会

编者前言

中国社会科学院国际法研究所是中国社会科学院专事国际法研究的科研机构。其前身是中国社会科学院国际法研究中心。1959 年，在中国科学院哲学社会科学部建立法学所之后的第二年，法学所即成立了国际法组。1978 年 9 月，国际法组改建为国际法研究室。2002 年 10 月，在原国际法研究室的基础上，中国社会科学院国际法研究中心正式建立，2009 年 9 月经中央机构编制委员会办公室批准更名为国际法研究所。

国际法研究所所长为陈泽宪研究员，副所长为陈甦研究员（兼法学研究所、国际法研究所联合党委书记）。研究所下设国际公法、国际私法、国际经济法、国际人权法四个研究室和海洋法与海洋事务研究中心、竞争法研究中心、国际刑法研究中心，有一支高水平的研究队伍，在国际法许多领域中的研究居于国内领先地位，在国际上也有重要影响。国际法研究所设有国际法专业的博士点和硕士点。目前，国际公法、国际私法、国际经济法、国际人权法四个研究方向均可招收和培养法学博士、硕士和指导博士后研究人员。

中国社会科学院国际法研究所愿与从事国际法实践、科研、教学的学界同仁一道，共同促进中国国际法学理论与实践的发展，并促进国内外学术交流，为国际社会国际法学的传播和发展贡献力量。

由中国社会科学院国际法研究所编辑出版的《国际法研究》，一年四期，努力为国际法学界提供一个学术研究和交流的平台，展现国内外、老中青三代学者的研究成果。恳请各位读者给予支持！

《国际法研究》编辑部

目　录

学术论坛

前沿动态

创新工程专栏

研究生论坛

信息综述

CONTENTS

Articles

Frontier

Special Issues: CASS "Innovation Project"

Graduate Forum

Information

学术论坛

联合国改革背景下国际法院的管辖权问题

江国青　杨慧芳*

摘　要：冷战结束以来，联合国发起了一系列改革方案或计划，有些已经付诸实施。作为联合国主要司法机关的国际法院，同样存在着进一步发展和改革问题。本文主要探讨了国际法院诉讼管辖权制度方面的一些问题和新的发展趋势，并就法院任意强制管辖和迟延同意管辖权制度的加强与完善提出了一些建议和展望。

关键词：联合国改革　国际法院　任意强制管辖　迟延同意管辖

一　联合国与国际法院改革概述

冷战结束后，整个国际社会和国际关系都发生了许多新的变化。全球化和全球治理成为当代国际关系中一种最突出的现象和问题。无论各行为体是否愿意，它们之间的关系和利益已经连接得越来越紧密，相互依存的程度也愈加提高。一些涉及全人类共同命运的传统的和非传统的、遥远的和邻近的威胁和问题，如贫困、灾难、流行性疾病、国际恐怖主义、债务或金融、气候变化与环境等问题，已经危及所有地区和国家的安全。任何一个国家，即使再有实力（包括各种所谓“硬实力”“软实力”和“巧实力”），都无法单独应对这些同样会严重影响到自身和本国国民安全的问题。事实上，这些问题或现象也根本就不是单凭实力或武力可以解决的。有鉴于此，国际上更多有识之士和国际行为主体开始倾向选择并致力于一种“全球治理”或

* 江国青，外交学院联合国研究中心主任、北京理工大学法学院教授，法学博士；杨慧芳，外交学院国际法系副教授，法学博士。

“国际法治”的方法。法律作为一种社会控制手段，在当今国际社会中的作用似乎比以往任何时候都更加受到重视。

在这种总的趋势和观念影响下，作为国际社会一个最重要的多边合作组织，联合国率先在全球治理和国际法治建设方面作出了一些有益的尝试与努力。1989 年 11 月 17 日，联合国全体大会通过第 44/23 号决议，正式宣布 1990 ~ 1999 年为“联合国国际法十年”。其主要目的在于促进对国际法原则的接受和尊重；促进利用和平的方式和方法解决国家间的争端，包括诉诸和充分尊重国际法院；鼓励国际法的逐渐发展与编纂；鼓励对国际法的教学、传播和更广泛的意识。该决议还第一次以联合国正式文件形式明确提出了“国际关系中的法治”（the rule of law in international relations）的概念，并确信需要加强这一层面的法治。

进入 21 世纪以来，联合国又进一步制定和启动了一系列改革计划和方案。2000 年 4 月，时任联合国秘书长安南为准备是年 9 月即将召开的联合国千年首脑会议发表了一篇题为《我们人民——联合国在 21 世纪的角色与作用》的报告。该报告着力强调了全球化给当今世界所带来的巨大机遇和挑战，并特别提到新的全球性时代比以往更加需要强有力的国际法律秩序，各国为了能更公平地分配全球化所带来的利益并尽可能减少其可能付出的代价，应该制定出一套更有效的全球体制，必须学会对全球事务进行共同治理。而在这种新的需求下，联合国因为其普遍性与合法性，尤其可以发挥其独特的作用。[①] 2005 年 3 月，值联合国成立 60 周年之际，安南又向联合国大会提出了名为《大自由：实现人人共享的安全、发展与人权》的报告。除了安全、发展与人权，该报告还较为详细地阐述了联合国机构的改革与法治问题。报告特别提到了司法是法治的一个关键部分，国际法院则是裁判国家间争端的国际体系的核心，应该得到进一步加强和更好的利用。2005 年 9 月，第 60 届联合国大会第 8 次会议审议并通过了《2005 年世界首脑会议成果文件》（简称《成果文件》）。在有关法治与国际法院的改革方面，《成果文件》明确提到和承认需要在国家和国际两个层面坚持和实现法治，重申了各国对于《联合国宪章》宗旨与原则和基于法治的国际秩序的承诺，强调了国际法

① A/55/1，《秘书长关于联合国工作的报告》，补编第 1 号，2000。同年 9 月联合国首脑会议通过的《联合国千年宣言》则明确表示要加强联合国国际法院的作用，在国际事务中确保正义和法治。

院作为联合国的一个主要司法机构在解决国家间争端工作中的价值和重要性，并敦促尚未承认国际法院强制管辖权的国家承认其强制管辖权。《成果文件》还要求各国考虑加强法院工作的方法，包括支持秘书长协助国家在自愿基础上通过国际法院解决争端的信托基金，更好地利用法院的咨询职能等。

值得注意的是，根据《联合国宪章》和《国际法院规约》的有关规定，国际法院是联合国的一个主要司法机关，也是联合国一个不可分割的组成部分。[①] 联合国在近年出台的一系列全面改革计划和方案中，基本上也都提到了有关国际法院改革或加强的问题。个别联合国正式文件，如2004年12月联合国威胁、挑战和改革问题高级别小组（简称高级别小组）提交的《一个更安全的世界：我们共同的责任》的报告，其中没有明确提及国际法院的改革问题，便引起了国际上有关方面和人士的质疑或不解。[②] 然而，联合国的历次改革运动和官方文件，重点都是针对有关和平、发展与人权问题的政治机关，如安理会、大会和人权委员会（现为人权理事会）等，有的已经出台了一些比较详细的报告和建议，甚至取得了一些初步成果，而有关国际法院的改革或加强问题往往都只有一些一般性或原则性的提法。比较而言，国际上一些非正式机构或民间学术团体却提出了一些更加具体的建议和方案。[③]

---

① 《联合国宪章》第92条；《国际法院规约》第1条。

② 例如联合国改革之友小组（Group of Friends for the U. N. Reform）曾对高级别小组的报告没有提到国际法院的改革问题表示疑惑，并专门发表了一份有关“联合国改革背景下国际法院的作用”的文件，其中就国际法院的改革提出了一些较为具体的思考和方案。联合国改革之友小组是2004年4月由时任墨西哥总统邀请德国、阿尔及利亚、澳大利亚、加拿大、日本、荷兰、新加坡、瑞典等15个国家的国家元首和政府首脑组成的一个旨在促进联合国整体改革的国家间小组。该小组成立后定期举行大使级和部长级会晤。此外，2005年12月，国际法协会美国分会的解决政府间争端委员会也对目前有关联合国改革文件中没有专门列入国际法院的改革问题表示关注，并就此专门发表了一份题为《改革联合国：国际法院怎么办?》的研究报告。该报告认为国家应该利用联合国改革的机会同时考虑对国际法院进行一些关键的改革。有鉴于此，安南在2005年向联合国大会提出的“大自由报告”中，又特别强调了加强法治和国际法院作用的内容。而这方面的内容随后也反映在《2005年世界首脑会议成果文件》之中。

③ 例如国际法协会美国分会的解决政府间争端委员会的研究报告认为国际法院的改革应该包括：如果安理会要扩大，那么联合国会员国也应该考虑增加国际法院法官的数目；国际法院法官不应该连任，而将其任期增加到12年；应该规定法官的年龄限制；应该增加女性法官候选人的数目；政府间国际组织应具有诉讼当事方的资格；新人权理事会和某些国际性法院和法庭应给予请求发表咨询管辖权的权力等。ABILA Committee on Intergovernmental Settlement of Disputes，“Reforming the United Nations：What about the International Court of Justice?”，（2006）5 *Chinese Journal of International Law* 39.

总的来看，国际社会对于国际法院成立60多年来在和平解决国际争端和国际法逐渐发展方面所作出的贡献都予以了充分的肯定，近些年来法院受理案件的数目也有了明显的增加，也反映出国际社会对于国际法院的积极态度和信心。尽管如此，国际法院也存在一些问题，在和平解决争端方面还有些潜能没有发挥出来，仍然是一个“未充分利用的工具”（an under-used tool）。因此，在联合国改革的大背景下，也需要充分考虑和重视国际法院的作用和效力问题。具体而言，目前各方都比较关注的关于国际法院的改革问题主要有以下三个方面：一是结构性改革，主要是法官的构成和任期问题；二是利用法院的资格问题，属人管辖权的范围问题；三是工作程序和方法，主要涉及如何进一步提高法院的工作效率问题。这些改革方案或建议，有的属于一些比较重要的政治和实体法问题，涉及修改《联合国宪章》和《国际法院规约》，有的仅涉及一些法院内部程序和规则的问题，并不需要修改《联合国宪章》和《国际法院规约》。有的可能宏观和理想一些，有的具体实际一些，但都从一个方面反映了国际社会对于国际法院和整个国际社会法治建设的期望和努力方向。本文主要讨论国际法院的诉讼管辖权及有关改革问题。

二　国际法院诉讼管辖权的性质与现状

国际法院的职权主要分为诉讼管辖权和咨询管辖权。诉讼管辖权是指法院对争端当事国提交的案件进行审理，并作出具有法律拘束力的裁决和判决的权限。《国际法院规约》第34条第1项规定：“在法院得为诉讼当事国者，限于国家。”这就是说只有国家才有权在国际法院提起诉讼，而任何组织、团体和个人均不能成为诉讼当事方。根据《联合国宪章》和《国际法院规约》的有关规定，[①] 有权在国际法院提起诉讼的国家可分为三类：第一类是联合国会员国，作为《国际法院规约》的当然当事国。目前联合国共有193个会员国。第二类为非联合国会员国但为《国际法院规约》的当事国。依照《联合国宪章》第93条第2项，非联合国会员国根据安理会的推荐及联合国大会在个案基础上决定的条件，可成为法院规约的当事国。如瑞士在加入联合国之前，于1946年请求成为国际法院规约的当事国。第三类为非规约当事国的国家。根据《国际法院规约》第35条第2项，除规约当

① 《联合国宪章》第93条。

事国外，国际法院对非规约当事国也同样开放。该条并规定，这类国家利用法院的条件，除按有关条约的特殊规定外，应由安理会予以制定，但无论如何，不应使当事国在法院处于不利地位。安理会于 1946 曾专门通过第 46（9）号决议，规定了此方面的条件。过去也曾有一些国家向法院提交过此类声明，但现在它们也都成了联合国的会员国。[①]

国际法院诉讼程序的管辖权是以对其开放国家的同意为基础的，换言之，国际法院并没有一般意义上的强制管辖权，而只有各争端当事国表示同意后才有管辖权。这就是所谓“同意原则”（the principle of consent）。根据《联合国宪章》的有关规定，国家在和平解决争端的义务方面有多项可供选择的方法，而司法解决只是其中的一个选择。这与以一般强制性管辖权为存在前提的国内法院相比较是一个重要的区别。[②] 一般认为，宪章当时之所以未赋予国际法院对国际争端的强制管辖权，主要是由于许多会员国（特别是一些大国）不愿意放弃在和平解决国际争端方面的选择自由。而从近代国际法的历史发展与性质来看，这也体现了一般国际法尊重国家主权和独立的原则。[③]

根据《国际法院规约》的有关规定，国家表示同意将案件提交国际法院进行审理的方式通常有以下三种：

1. 特别协定管辖

《国际法院规约》第 36 条第 1 项规定，法院的管辖权包括各当事国提交之一切案件。这类案件通常是以各当事国之间为了该特定目的而缔结一个协定，并以通知书的形式通告法院书记官长而提交到法院的。这种协定一般称为“特别协定”（special agreement），往往是在争端产生之后专门或临时缔结的，因此其中主要应述明争端事由及各当事方。法院对这类案件的管辖一般也就称为特别协定管辖。[④]

2. 协定管辖

《国际法院规约》第 36 条第 1 项还规定，法院的管辖权也包括《联合

---

① 参见许光建主编《联合国宪章诠释》，山西教育出版社，1999，第 601 ~ 602 页；*Yearbook of International Court of Justice* 1999 – 2000, pp. 82 – 89. 实际上，目前可以在国际法院提起诉讼的国家都是联合国会员国。

② 杉原高岭：《国际司法裁判制度》，王志安、易平译，中国政法大学出版社，2006，第 94 ~ 96 页。

③ 有关规定实际上也是从《国际联盟盟约》和《常设国际法院规约》沿袭而来的。

④ *Yearbook of International Court of Justice* 1999 – 2000, p. 90.

国宪章》或现行条约及协约中所特定之一切事件。在这些条约或协约中，一般都有一个争端解决条款（the compromissory clause），规定凡有因条约的解释或适用而发生争端应提交国际法院者，国际法院都有权受理。法院对此类案件的管辖权通称为“协定管辖”。

“协定管辖”与“特别协定管辖”都是争端当事国在自愿同意的基础上赋予国际法院的管辖权，二者的区别主要在于前者的同意在争端产生之前，后者的同意却往往是在争端出现之后。从将案件提交给法院的方式来看，协定管辖通常是通过一种单方面提交诉讼请求书的方式进行的，这种单方面文书应述明争端事由并尽可能指明请求方（原告）认为法院具有管辖权的理由或依据。[①] 目前，共有300来个多边或双边现行条约和协定订入了接受国际法院管辖权的条款。[②]

3. 任意强制管辖权

《国际法院规约》第36条第2项规定：“本规约各当事国得随时声明关于具有下列性质之一切法律争端，对于接受同样义务之任何其他国家，承认法院之管辖为当然而具有强制性，不须另订特别协定：（一）条约之解释。（二）国际法之任何问题。（三）任何事实之存在，如经确定即属违反国际法义务者。（四）因违反国际义务而应予赔偿之性质及其范围。”规约第36条第3项还规定，各国在作出接受国际法院管辖权的上述声明时，得无条件为之，或以数个或特定之国家间彼此拘束为条件，或以一定的期间为条件。这种管辖权以国家发表接受法院管辖的声明为前提，是否发表此种声明国家是可以任意选择的，而一旦发表了这样的声明，在出现了其同意范围内的相关法律争端时就必须接受法院的管辖，所以通常称为“任意强制管辖权”（optional compulsory jurisdiction）。目前，联合国193个成员国中共有66个国家发表了接受这种管辖权的声明，但其中多数国家都附有保留或一定的条件。

三 任意强制管辖权的接受与保留问题

长期以来，任意强制管辖权问题一直萦绕着常设国际法院和国际法院，

① 但这不同于常设国际法院和国际法院在其司法实践中所形成的一种所谓“迟延同意管辖权”（*forum prorogatum*）。对此本文后面将予以专门讨论。

② http：//www. icj-cij. org/jurisdiction/index. php？ p1 =5&p2 =1&p3 =4.

在全球治理和联合国改革的现实背景下则显得更为突出。前面述及，国际法院（及其前身常设国际法院）的任意强制管辖权实际上并不是一种类似于国内法院的真正意义上的强制管辖权，它仍然是以国家选择同意为前提条件的。从常设国际法院成立伊始的近一个世纪以来，国际上先后曾提出过各种旨在加强这两个法院司法能力的建议或主张。从一般学者的观点来看，一个完整的法律体系是必须有司法制度作为其保障或支撑的，一个有效的司法制度往往起着"法律卫士"的作用，而缺乏司法制度的法律体系就谈不上是一个真正有效的法律体系。而在一个无政府的国际社会，许多理想人士尤其是一些国际法学者更是从内心希望或渴望加强国际法院及其他一些国际司法机构的作用或权限，从而在一定程度上维护国际法律体系的有效性。然而，从国际法院和常设国际法院的历史发展的实际情况来看，一个需要提出的基本问题是：国际社会能够演变到建立起或接受一个具有真正强制性管辖权的国际法院吗？对于该问题的看法，国际上的态度至少目前是悲观的，其答案是否定的。1999 年联合国在荷兰海牙召开纪念第一次海牙和会和常设国际仲裁法院 100 周年大会，会上提交了一份题为《和平解决争端：21 世纪的展望》的报告，其中也特别提到建立一种具有强制性管辖权的国际法院的可能性问题，但认为这在一个中长期阶段，甚至整个 21 世纪都是达不到的。

人们不会忘记，美国作为一个国内法治比较成熟的国家，一战后其总统威尔逊也曾积极倡导建立国际联盟和常设国际法院并签署了《凡尔赛和约》，但美国国会主要就是因为担心该法院对美国的管辖权而拒绝批准和约的，因而美国一直都没有参加国际联盟和成为常设国际法院的当事国。联合国成立后，美国虽然较早发表声明接受国际法院的任意强制管辖权，但其所附加的有关国内事项的保留似乎又可以达到其完全不接受法院管辖权的效果。1985 年尼加拉瓜案件后，美国又以各种理由撤销了其接受国际法院任意强制管辖权的声明，至今也没有重新接受。同样是安理会常任理事国的法国在对待国际法院任意强制管辖权的问题上与美国有着类似的经历。法国最早于 1949 年发表声明接受任意强制管辖权，但范围很窄，因而在挪威公债案中败诉。在 1973 年澳大利亚和新西兰诉法国的核试验案中，法国再次败诉，遂于 1974 年宣布撤回了其接受法院任意强制管辖权的声明，至今也没有重新接受。

应该看到的是，与不少国家对国际法院强制管辖权的消极态度不同，当代国际司法制度仍然呈现出了新的发展趋势。近二十多年来，国际上先后建立了一系列专门性和区域性司法或准司法机构，如北美自由贸易区和世界贸易组织的争端解决机构、国际海洋法法庭、欧洲人权法院等。而在这些特定领域和区域范围内，国家之间接受了一些具有一定强制性管辖权或必须接受的和平解决国际争端程序，或所谓“自含机制”（self-contained regimes）和“一揽子协议”。一般认为，国际司法制度这种新的发展趋势固然反映当代国际社会进行全球治理和法治建设的需要，但它与国家不愿意接受国际法院的强制管辖权的情形还是有区别的。从目前的情况来看，国家是否愿意接受强制管辖权是与个别法院或程序的性质相联系的。与一些专门性或特定情形的区域性法院不同，国家之所以不愿意接受像国际法院这种具有一般国际法性质的强制管辖权，主要是因为一般国际法在许多问题上都是不太确定的，这种不确定性在一些专门的和区域法律秩序中则可以大为减少。因此，接受国际法院的强制管辖权与否在相当程度上仍然是一个政治决策问题，坚持国际法院管辖权的同意性质被认为是有利于国家保护自身权益以防止他国出于政治目的而滥用诉讼权利的，而不像接受一些其他条约的自含机制或专门性法庭的管辖权那样更多的是出于技术性质的考虑。

当然，国际法院管辖权制度的改革除了有国家的政治意愿问题，还有法律上的实际障碍。因为任何实质意义上的改革，如使其成为某种具有一定强制管辖权性质的“自含机制”,① 就必须修改《联合国宪章》和作为其不可分割一部分的《国际法院规约》的实体规定。而这种伤筋动骨的改造，无论是从宪章的修正程序或历史的实践来看，短期内几乎都是不可能的。因此，作为一种现实的选择和目标，国际法院的改革更多的应该是如何在现有法律框架下进一步加强其作用和提高其工作效率的问题。例如，在诉讼管辖权方面，国际上一直比较普遍关注的就是如何在《国际法院规约》第 36 条的现有规定下，尽量使更多的国家能够有效接受法院的管辖权，或以其他方式利用法院作为其和平解决国际争端的途径。

关于任意强制管辖权的接受问题，前面述及目前共有 66 个国家根据《国际法院规约》第 36 条第 2 款向秘书长交存了承认法院任意强制管辖权的声明，仅约为联合国 193 个会员国的 1/3，这显然不是一个令人满意的数目和比率。根据有关统计来看，国际法院从 1946 年正式成立到 1989 年，规

① 如世界贸易组织的争端解决机制。

约当事国接受任意强制管辖权的比率整体是呈逐步下降的趋势（如其中1950年为57.3%，1980年为29.6%）。冷战结束后该比率稍微有所回升，但目前也仅为34%。而在联合国安理会的5个常任理事国中，曾经有美国、法国和英国3个国家声明接受法院的任意强制管辖权，但后来法国和美国又分别撤回了其接受声明，目前只有英国1个国家作为安理会常任理事国表示接受任意强制管辖权。

上述这种情况早已引起了国际社会的关切，并认为国际法院的有关潜能和作用需要进一步发掘和加强。[①] 应该肯定的是，国际法院的工作状况在冷战结束后已经有了明显改善，目前的案源也比较充足，而国际法院在向联合国大会提交的报告和其他一些场合中，仍然希望各国重申对法院解决争端的能力具有信心。[②] 近年来一些有关联合国的改革文件或方案也反复呼吁或敦促尚未承认国际法院任意强制管辖权的国家承认其管辖权，包括提出接受这种管辖权国家的数目应该有一个实质性的增加（a substantial increase），而且要尽量减少保留。换言之，国际法院任意强制管辖权的改革与加强同时涉及两方面的问题：一是要有更多的国家接受；二是要尽量减少保留。从目前的情况看，后一个问题似乎更为突出。

如果仅从一般的计量分析角度来看，接受法院任意强制管辖权的国家无疑需要一个实质性增加，或者说联合国所有会员国作为《国际法院规约》的当然当事国都是可以接受的。但是，这里还有一个接受的实际效果或质量问题。2008年10月，时任国际法院院长希金斯法官在联大六委的发言中专门谈到了这方面的问题。她特别谈到了国际法院管辖权的性质，指出联合国是唯一一个没有迫使其成员国接受法院的强制管辖权的国际组织。因此，所有提交给法院的案件都是基于当事双方的选择和同意。这种相互同意的要求意味着法院过于经常的是在审查对其管辖权的异议或先决性抗辩，而不是处理手头更重要的实质性问题。具体到任意强制管辖权接受情况及其效果时，希金斯法官也进行了一些计量分析。她指出在目前66个接受法院任意强制管辖权的声明中，绝大部分都是附有一定保留或条件的，这往往需要法院进行解释。截至2008年10月31日，国际法院共收到113起诉讼案件，其中

① 参见 Anthony Aust, "The Future of Judicial Function", (2000) 11 *Finnish Yearbook of International Law* 82.

② 参见联合国大会第63届会议《国际法院的报告》：A/63/4 (SUPP).

有些后来又被撤销。自1946年以来法院共作出了97个判决，而其中将近一半是单独审理管辖权问题的。一个案件只有先经过管辖权阶段（jurisdiction/admissibility stage）确定了管辖权，才能进入实体审理阶段（merits stage），实际上就是一个案件变成了两个案件。这在解决实体争端方面很难说是一种有效的模式。①

然而，保留对法院工作的影响并不仅仅体现在程序方面的牵制，而往往还有其他的负面效果。从现有的情况来看，各国在声明接受法院任意强制管辖权时不但普遍附加保留，② 而且其保留内容也可谓范围广泛，种类齐全，既有属事（*ratione materiae*）管辖权的保留，也有属时（*ratione temporis*）管辖权的保留，甚至还有所谓属人（*ratione personae*）管辖权的保留。关于属事管辖权的保留，即对争端事项的保留，是指法院只能针对当事方所同意的那些争端事项行使管辖权，对声明中所保留的事项则没有管辖权。《国际法院规约》第36条第2项虽然明确规定法院对于该项所列四个方面的一切法律争端具有强制性管辖权，但许多国家在其接受声明中又都提出了一些保留。如在前述澳大利亚、新西兰诉法国的核试验一案中，法国就坚持认为其在南太平洋进行的核试验属于其国防问题的保留范围，因此国际法院不应该行使管辖权。关于属时管辖权的保留，一般是指对于接受法院管辖权的时间和期限的规定。国家在接受法院管辖的声明中一般会提出一个特定时间，如五年或十年期限，期限届满再视情况予以更新或展期。而有些国家的声明是采取一种通知终止或变更的做法，即向联合国秘书长发出终止或变更接受法院管辖的通知，而且该通知自作出之时即产生效力。这种随时通知终止或变更的做法既可能阻止法院对某个特定案件的审理，也有可能使整个接受法院强制管辖权的声明变得毫无意义。③ 关于属人的保留一般是指国家所作出的接受法院管辖权的声明对某类特定的国家不予适用。如英国接受管辖的声明中就排除了其与其他英联邦成员国之间的争端，而其他一些英联邦国家也有类似保留。④

国际法院任意强制性管辖权的效果除了受到国家提出的各种保留的影

① GA/L/3355, 31 October 2008; Philippe Sands and Pierre Klein, *Bowett's Law of International Institutions* (London: Sweet & Maxwell, 5th edn, 2001), p. 358.

② 也有几个国家如瑞士、乌干达没有附加保留，则是例外情况。

③ Sands and Klein, *Bowett's Law of International Institutions*, p. 358.

④ 如印度、加拿大等国家。

响，还进一步受到规约自身规定的相互性条件的影响。规约第 36 条第 2 项规定各国发表的接受任意强制管辖权的声明只“对于接受同样义务之任何其他国家”适用或有效，这就是所谓“相互性原则[①]”（the principle of reciprocity）。换句话说，国家之间接受法院任意强制管辖权的范围适用最低公分母原则，即法院对一个国家的管辖权与另一个国家接受同样的义务相联系。这种同样义务并不必要当事方在其声明中使用同一措辞或表述，但必须是双方的声明都同意将有关争端提交法院管辖。[②]

在国际法院的司法实践中，这种理论往往可能导致一个当事方可以依赖另一个当事方在其声明中所明确提出的条件或保留从而拒绝法院管辖权的情况，即承认其他国家可以采取一种“以彼之保留，为己之保留”的做法。这方面最典型的是 1957 年的挪威公债案。在该案中，作为原告的法国与作为被告的挪威当时都作出了接受法院任意强制管辖权的声明。法国据此于 1955 年 7 月 6 日向国际法院提交诉讼请求书，要求法院判决挪威债务人按照有关黄金条款偿付法国的公债。但挪威对法院的管辖权提出了初步反对意见，认为该案属于其国内法院管辖事项，而法国并没有用尽当地救济。挪威的反对意见还特别提到根据法国接受法院强制性管辖权时所作的保留，国际法院对本案没有管辖权。[③] 国际法院于 1957 年 7 月 6 日对该案作出判决支持了挪威的主张。法院指出，在本案两个当事国的声明中，挪威的没有保留，而法国的有保留。当涉及两个单边声明时，法院只能在这两个声明相重合的范围内行使其管辖权。对两个接受法院管辖权的声明进行比较表明，法国接受法院管辖权的声明范围比挪威的更狭窄；因此，法院据以行使管辖权的当事方的共同意志存在于法国保留所表明的这种狭窄的范围之内。[④] 法院还援引了其 1952 年在英伊石油公司案中的判决词加以论证：“由于伊朗的声明比联合王国的声明更为有限，法

① Edward McWhinney, *Judicial Settlement of International Disputes: Jurisdiction, Justiciability and Judicial Law-Making on the Contemporary International Court* (Martinus Nijhoff Publishers, 1991), pp. 58 – 59.

② 〔英〕马尔科姆·N. 肖：《国际法》（第五版），北京大学出版社，2005（影印版），第 979 ~ 980 页。

③ 挪威指出，法国 1949 年 3 月 1 日声明中所作的保留，排除了法院对于“有关实质上属于法兰西共和国政府所理解的一国国内管辖的事件所引起的争端”的管辖权。根据相互性原则，这一保留应同样适用于挪威。

④ *Certain Norwegian Loans, Judgment, ICJ Reports*, 1957, p. 34.

院必须以伊朗的声明作为自己管辖的基础。”因此，法院认为自己对本案没有管辖权。[①]

美国曾在接受国际法院任意强制管辖权时也是挖空心思提具保留的。美国抱怨过自己有关法院强制性管辖权的“不幸”经历：曾七次不同地试图将一个国家诉诸国际法院，却都没有成功。但近乎荒谬的是，其失败的原因不仅是其他国家没有接受强制管辖权，而且是美国接受法院管辖权的声明因相互性原则而对美国自己的适用。1946 年美国在接受法院强制管辖权时提出了所谓“康纳利保留”（the Connally Reservation），即对于任何美国自己认为纯属于美国国内管辖权事项的争端，美国不接受国际法院的强制管辖权。这种“自裁”（self-judging）性质的保留可谓天衣无缝，如果想排除国际法院的管辖权，美国可以随时将任何争端确定为纯属美国国内法院管辖事项。但是，这种保留不但受到国际上广泛的批评，同时可以为别的国家所利用。如在 1957 年的击落客机案中，保加利亚就根据相互性原则援引了美国的“康纳利保留”。法院因此判决保加利亚有权对美国决定属于保加利亚国内管辖的事项，因此，法院无管辖权。[②]

综上可见，国际法院任意强制管辖权制度的限制，除了其固有的自愿性质外，还有国家的政治意愿问题。目前的情况是大多数国家都不愿意接受法院的强制管辖权，而部分接受管辖权的国家又提出了过多过分的保留。这不但严重削弱了法院在和平解决国际争端中的作用，而且因为相互性原则的适用对自身也会产生不良后果。针对这种情况，联合国有关机构包括联合国秘书长在近年来的一些改革文件中都一再强调国际法院在和平解决争端中的作用，并敦促各国尽量全面有效地承认法院的任意强制管辖权。从一般国际法的角度而言，国家在接受法院任意强制管辖权时提具一定保留也是无可非议的，《国际法院规约》的相关条款中也并没有任何禁止保留的明确规定。但有些过分的保留，如由国家自己解释或确定何谓国内管辖事项的所谓自裁性质的保留，原则上都是无效的。对于这些保留，国际法院应该根据一般国际法和条约法的有关规定以自己的判断进行审理并作出最终裁定，以防止有关国家滥用保留的权利。当然，用一句古话说：解铃还须系铃人。在考虑如何

---

① 参见邹克渊《国际法院审判案例评析》，安徽人民出版社，1991，第 68 ~ 72 页。

② McWhinney, *Judicial Settlement of International Disputes: Jurisdiction, Justiciability and Judicial Law-Making on the Contemporary International Court*, p. 58.

加强任意强制管辖权制度时，最关键的还是需要《国际法院规约》的各当事国充分认识到法院在和平解决国际争端中的作用和意义，尽可能广泛和有效地接受和利用法院的诉讼管辖权制度。以往的实践表明，有些国家在接受任意强制管辖权时提出了一些过分或无效的保留，最后的负面效应也都落到了自己的头上。因此，对于这些国家而言明智的选择是应该考虑是否完全或至少部分地撤回现有接受管辖权声明中的一些非技术性质的保留；对于其他一些准备接受法院管辖权的国家来说，则应该尽量不提具保留。这样才能真正发挥国际法院任意强制管辖权的应有作用。

四　“迟延同意管辖”原则的发展与完善问题

国际法院的司法实践中还有一种比较独特的诉讼管辖程序，即所谓“迟延同意管辖”或“迟延同意的法院”（*forum prorogatum*）。迟延同意管辖是指在争端当事双方事先没有明文约定或同意的情况下，争端一方对另一方提起诉讼，如果另一方以某种方式予以同意或应诉的话，法院就具有了对该特定案件的管辖权。如果对方国家拒绝给予同意，法院的管辖权最终还是无法形成。迟延同意管辖原本是罗马法中的一个概念和制度，意指通过当事方同意而将一个事件提交给一个并不是通常对其具有管辖权的法官处理。其对应的英文是 prorogated jurisdiction。① 中文中有的还译为“应诉管辖权”“当事方同意的法院”等。②

在国际法上，所有国际性法院或法庭的管辖权原则上都是基于有关国家同意而存在的，从这个意义上讲所有管辖权都是当事方同意的管辖权。但是，国际法院的迟延同意管辖权有其特定的含义，这种同意的时间或方式与一般意义上同意的时间和方式有所不同，它是一种迟延的或在起诉过程中从有关国家行为中推定出来的所谓默示的同意。例如，在一个案件中，国际法院对当事双方具有属人管辖权，却没有属事管辖权。如果当事双方在诉讼过程中要求法院对有关额外问题进行审理，那么法院就可以适用迟延同意管辖原则对有关问题进行审理。另外一种情况是，一方单方面提起诉讼后，由于

① Shabtai Rosenne, *The Law and Practice of the International Court* (Martinus Nijhoff Publishers, 2nd rev. edn, 1985), pp. 344 - 346.

② 杉原高岭：《国际司法裁判制度》，王志安、易平译，中国政法大学出版社，2006，第103～104页。

被告国不同意其属事管辖权，或其属人管辖权也不确定，或二者兼而有之，法院因此没有管辖权。但如果被告随后又以某种行为或方式同意法院进行管辖，那么法院就可以正式立案受理该案件。如在常设国际法院 1924 年审理的希腊诉英国的有关马夫若玛提斯巴勒斯坦租界权一案（the Mavrommatis case）中，针对英国提出的一项初步反对意见，法院认为当事双方向法院提交的书面材料和所进行的口头程序已经构成一种接受法院管辖权的暗含特别协定（an implied special agreement），因此确定了对该案的管辖权。①

一般认为，国际法院（以及国际常设法院）迟延同意管辖权理论的确立缘于以下三方面的因素：第一，法院规约和规则中都允许单边提起诉讼，被告国的同意并不需要与诉讼请求书同时提交到法院；第二，被告国的同意并不需要明文表达；第三，规约和规则都没有具体表明诉讼何时应以特别协定提起以及何时应由单边申请提起。对于规约和规则中这种审慎的忽略或遗漏，国际常设法院在早期的判例中曾将其解释为法院的管辖权并不附属于遵守某些特定的形式，如事先缔结特别协定（1928 年上西里西亚案）。也就是说，国家对于法院管辖权的同意既可以是规约和规则中明确规定了的三种书面同意形式，也可以是从有关当事国的行为（或两个单独而连续的行为）中推定出来的同意或默示同意（tacit consent）。②

在国际常设法院期间，迟延同意管辖权制度虽然已经在理论上得到了确立，司法实践中却只是偶尔适用。联合国国际法院成立后，法院受理的第一个案件——1946 年的科孚海峡案，即被认为适用了迟延同意管辖权原则。但该案中英国和阿尔巴尼亚两国将案件提交给国际法院审理，更多的还是由于安理会通过决议建议两国将争端提交给国际法院的结果。此后，又有几个根据迟延管辖权原则提起的单边诉讼案件，如 1952 年希腊诉英国的安巴提罗斯案（the Ambatielos case）和英国诉伊朗石油公司案，以及 1954 年的货币黄金案和美国诉保加利亚和苏联的航空器和机组人员案等。在这些案件中，原告国都主张法院有管辖权或邀请对方接受法院管辖。法院在收到这些申请后，书记官长根据法院规约和当时的规则，也和其他案件一样必须及时通知有关被告国并将申请列入案件清单。但在有关被告明确宣称不愿接受法

① Shabtai Rosenne, *The Law and Practice of the International Court* (Martinus Nijhoff Publishers, 3rd edn, 1997), pp. 698 - 699.

② Rosenne, *The Law and Practice of the International Court* (2nd edn), pp. 345 - 346, 357 - 359.

院管辖权后，法院要进行审议，并发布指示将案件从目录清单中撤销。类似案件还有1955年空难案、两个关于南极洲的案件等。[①] 这样不但给有关国家带来一些无谓的诉累，同时对正常的国际司法行政产生了一些负面影响。直到1978年，法院规则进行了修订，其第38条第5款才首次对有关单边提起诉讼的程序作出了比较明确的规定。该款的规定是："当请求国提出以被告国尚未表示的同意为法院管辖权的依据，请求书应转交被告国。但该请求书不应登入总目录，除非并直到被告国同意法院对该案具有管辖权。"

仔细阅读和分析该款规定，我们可以作如下两方面的理解：首先，这是一个新的规定。尽管常设国际法院和国际法院以前都有过这方面的案例，但仍属于司法实践，现在则有了关于迟延同意管辖权的明文规定，因此是一个发展和突破。其次，该规定实际上也对一些纯粹任意或毫无根据的诉讼进行了限制，规定如果没有被告国的同意，书记官长除了将申请书转交给被告国外，不得采取进一步行动，如将其列入案件的目录清单，从而也不至于损害良好的司法行政规则。[②] 可谓用心良苦，实际上具有一箭双雕的作用。从积极方面而言，在大多数国家都没有或不愿意以任何正式书面形式接受国际法院管辖权的情况下，这种机制显然是有利于国际法院建立一种更加宽泛有效的管辖权制度的。

尽管有了明文规定，但这种基于当事方迟延同意的管辖权很长时间并没有得到适用。1996年，时任国际法院院长贝贾维在其给联合国大会六委（法律委员会）的报告中，提出他打算鼓励联合国会员国更多地利用国际法院的服务，并特别推介了国际法院的迟延同意管辖权。他认为法院可以基于当事国在争端出现后表达的同意来行使管辖权，这体现了法院更大的灵活性，因此应该将其视为一种更加正式的接受法院管辖权方式的补充，当然并不是替代。然而这种方式并没有得到很好的利用。[③]

似乎巧合的是，刚进入21世纪，国际法院的迟延同意管辖权却相继有了两次比较典型的适用。这两个案件分别是2002年刚果共和国诉法国的

---

① *Certain Questions of Mutual Assistance in Criminal Matters* (*Djidouti v. France*), *Judgment*, *I. C. J. Reports* 2008, pp. 203 – 206.

② *Ibid.*; Shabtai Rosenne, *Procedure in the International Court*: *A Cmmentary on the* 1978 *Rules of the International Court of Justice* (The Hague: Martinus Nijhoff Publishers, 1983), pp. 92 – 94.

③ *Press Release GA/L/*3014 *31st meeting*, 4 Nov., 1996.

“若干在法国的刑事诉讼程序案”和2006年吉布提诉法国的“若干刑事协助事项案”。它们都是原告国根据1978年修改后的《法院规则》第38条第5款以单方诉讼请求书的形式提起诉讼的。法院受理这两个案件的程序基本上也是相同的，其审理结果则有所不同。

具体就刚果诉法国一案而言，刚果共和国在其2002年12月9日的请求书中明确提出，希望依照《法院规则》第38条第5款，“以法兰西共和国必将表明的同意”作为法院管辖权的根据。法院即根据此款的规定，将刚果共和国的请求书转交法国政府，而且并未采取任何程序行动。书记官处于2003年4月11日收到法兰西共和国的信函，该信函宣称该国“已同意法院的管辖权，以按照第38条第5款受理本件请求书”。此项同意使得本案可登入法院案件总表并且开始程序行动。法国在其信函中补充说，它对法院管辖权的同意仅严格限于适用于“刚果共和国所拟具的要求”，而且“刚果人民共和国的请求书内所提及的法兰西共和国和刚果人民共和国于1974年1月1日签署的《合作条约》第2条不构成本案中法院管辖权的根据”。随后法院对该案有关指示临时措施的请求进行了开庭审理。当事双方就案件的实体问题也都在法院规定的时限内提出各自的诉状和辩诉状。经过多年反复提交书状的程序后，2010年11月5日，刚果代理人致函法院，提出根据《法院规则》第89条，刚果政府“撤回诉讼请求书”，并请法院“正式发布命令，记录中止诉讼，并指示从总表上去除该案”。法院即将来函副本转给法国政府，并同时告知法国政府，按照《法院规则》第89条第2款关于时限的规定，现已设定2010年11月12日为法国可表明是否反对中止诉讼的时限。2010年11月8日，法国代理人来函告知法院，法国政府“不反对刚果共和国中止诉讼”。2010年11月16日，法院正式记录了刚果诉讼的中止，命令从总表上去除该案。

同样，在吉布提诉法国的案件中，吉布提也是根据《法院规则》第38条第5款单方面提起诉讼，并在其2006年1月9日诉讼请求书中表示“确信法国政府会同意接受法院的管辖以解决本争端”。于是，法院根据该规定将吉布提的诉讼请求书转交给了法国。法国政府于2006年7月25日致函法院，表示其同意法院根据《法院规则》第38条第5款，并仅仅是以此条款为根据对该案行使管辖权。法国的同意使得法院能够将案件列入案件总表并启动诉讼程序。法院于2006年11月15日发布命令指示了吉布提提交诉状和法国提交辩诉状的期限，并于2008年1月21日至29日开庭审理了此案。2008年6月4日正式作出了判决。这也是国际法院第一次根据《法院规则》

第38条第5款对一个有关争端进行实体审理和作出判决。[①]

国际法院的上述案例在国际社会尚没有产生太多反响，在国际法学界特别是国际法院内部却给予了比较积极的评价和肯定。如2002年国际法院正式受理刚果诉法国一案后即有学者认为，这意味着迟延同意管辖原则在国际法院的成功回归，而这一原则对于旨在维护国家利益的民族主义者和旨在寻求促进和平解决国际争端的国际主义者都是一个有价值的工具。[②] 而在2008年吉布提诉法国的“若干刑事协助事项案”判决后，时任国际法院院长希金斯法官也及时予以肯定，并指出这意味着国际法院的迟延同意管辖原则已经从长期以来被认为只是教科书中的“一个死文字”（a dead letter）变成了鲜活的案例。[③] 其他一些参与审理了上述两个案件的法官包括现任的小和田恒院长也在不同场合对该原则予以肯定和推崇。如2010年12月23日，小和田恒法官在中国西北政法大学的学术报告中专门提到刚果诉法国的案件，并指出其作为国际法院所具有的4种管辖权形式之一，尽管不常被使用，但也是很重要的。[④]

综上而论，国际法院的迟延管辖权在国际法理论和司法实践中无疑都是具有一定积极意义的。这种管辖权的依据虽然在形式上似乎突破了《国际法院规约》第36条的有关规定，但它仍然是建立在国家同意原则基础之上的，而这种灵活的、非正式的同意形式实际上更有利于国家维护和行使其主权和选择利用国际法院作为一种和平解决国际争端的方法。[⑤]从国际司法行政和国际社会法治化的发展要求而言，国际法院的迟延同意管辖原则显然也

---

① *Certain Questions of Mutual Assistance in Criminal Matters* (*Djidouti v. France*), *Judgment*, *I. C. J. Reports* 2008, p. 204; *Speech by H. E. Judge Rosalyn Higgins*, *President of the Court of Justice*, *to the Sixth Committee of the General Assembly of the United Nations*, 31 October 2008, at http: //www. icj-cij. org/presscom/files/1/14841. pdf.

② 参见 Sienho Yee, “Forum Prorogatum Returns to the International Court of Justice”, (2003) 16 *Leiden Journal of International Law*, pp. 701 - 713.

③ 但希金斯院长和其他一些法官（如 Skotnikov 法官等）似乎并不认为上述两个案件代表着一种制度的“回归”，而是认为这两个案件才是典型（pertinent）意义上的迟延同意管辖权。*Speech by H. E. Judge Rosalyn Higgins*, *President of the Court of Justice*, *to the Sixth Committee of the General Assembly of the United Nations*.

④ 见西北政法大学国际法学院网站，《联合国国际法院院长小和田恒大法官学术报告（一）：联合国国际法院审判实践中的法律问题及其法律因素》，at http: //www. nwsil. cn/main/HTML/1282. html。

⑤ Shabtai Rosenne, *The Law and Practice of the International Court* (3rd edn), pp. 724 - 725; Yee, “Forum Prorogatum Returns to the International Court of Justice”, pp. 705 - 709.

是有利于加强和拓宽法院的诉讼管辖权，提高其受案率和裁判效率的。迟延同意管辖原则的确立，特别是1978年修订后的《法院规则》第38条第5款规定使得法院不至于从一开始就拒绝一个具有出庭权国家的诉讼申请，这样更有利于国际法院充分发挥其应有的作用和形成一种良好的司法管理制度，从而进一步促进整个国际社会的法治建设。当然，从国际法院已有的司法实践来看，有关当事国和国际法院内部对于迟延管辖原则的理解和适用也还存在着一些不同的看法和问题，包括迟延同意的范围和不可撤回性问题、与法院指示临时措施之间的冲突和有关判决的执行等。[①] 这些问题在当事国的同意是由两个单独连续的行为所表示或由法院推定出来时则尤显突出，而往往引起一些非议和担忧。[②] 因此，国际法院的迟延管辖规则也必须在今后的司法实践中进一步完善，这也是其能否得到整个国际社会普遍接受或认可的关键。

Jurisdictional Issues of the International Court of Justice in the Context of the United Nations' Reform

Jiang Guoqing and Yang Huifang

Abstract: Since the end of the Cold War, the United Nations kicked off an array of reform plans, some of which have been put into effect. As the principal judicial organ of the United Nations, the International Court of Justice is also faced with further development and reform issues. This paper mainly probes into some challenges to the jurisdiction system of the International Court of Justice and its new developmental trends, and puts forward some suggestions on the improvement of optional compulsory jurisdiction and prorogated jurisdiction (*forum prorogatum*).

Key Words: Reform of the United Nations; International Court of Justice; Optional Compulsory Jurisdiction; *forum prorogatum*

---

① 限于篇幅，这些问题将在其他文章中另行讨论。

② 杉原高岭：《国际司法裁判制度》，第103～104页。

论国际组织豁免的职能性限制

李　赞*

摘　要：国际组织豁免是国际法上重要的法律制度。关于国际组织豁免的性质问题，历来有绝对性和限制性两种主张。应该说，限制性主张更符合国际组织豁免的事实。但将国际组织豁免与限制性国家豁免理论进行类比和以保护人权的需要作为立论依据，前者是错误的，后者是必要但不充分的。国际组织享有履行其职能和实现其目的所必需的豁免，职能必要构成对国际组织豁免的限制。国际组织的职能性豁免同时意味着限制性豁免。

关键词：国际组织　国际组织豁免　职能性限制

一　问题的提出

伴随着国际货币基金组织前总裁卡恩案的发生、发展和尘埃落定，① 国际法上的国际组织豁免问题再次成为国际社会关注和讨论的热点。从国内有关国际法学者发表的一些评论和新闻媒体的报道来看，人们对卡恩是否享有豁免、享有什么性质的豁免、是否可以放弃豁免等问题存在模糊甚至错误的认识，而这些问题均与本文讨论的主题密切相关。国际组织豁免与国家豁免、外交豁免一同构成国际法上的三大豁免制度，确实有必要予以澄清并加强研究。

---

* 李赞，法学博士，中国社会科学院国际法研究所助理研究员。

① 国际货币基金组织（IMF）总裁多米尼克·斯特劳斯－卡恩（Dominique Strauss-Kahn）在2011年5月14日被美国纽约市警方带走，次日，警方宣布正式拘留卡恩，并以“强奸未遂”等罪名对其提起刑事指控。不久，卡恩宣布辞去总裁职务并于5月19日获得保释。目前，该案以卡恩被宣布无罪释放而告一段落，但其对国际组织及其豁免问题的影响将十分深远。

国际组织豁免与国家豁免是两个很容易混淆的国际法制度。国际法上有关国家豁免的性质问题，即绝对国家豁免和相对国家豁免理论，随着《联合国国家财产豁免公约》的制定，绝对国家豁免理论越来越受到挑战。随着国际组织在国际社会的重要性日趋显现，国际组织豁免的性质问题也日渐引起国际法学者的重视。人们很容易将国际组织豁免与国家豁免混为一谈，将绝对国家豁免与相对国家豁免理论类比适用于国际组织豁免，造成学术理论上的混乱和司法实践中法律推理的错误。国际组织成为继国家之后国际社会最重要的行为体。随着国际组织法律制度的逐步完善、中国与国际组织之间互动关系的加强和包括中国在内的各国涉及国际组织的司法活动的增多，国际组织豁免这个国际法上的重要法律制度，应该引起法学理论界、外交和司法实务界的重视。

学界有关国际组织豁免性质的争论由来已久。各方所持的观点主要不外乎两种。一种观点认为国际组织豁免具有绝对性，是一种不受限制和约束的权利，主要理由在于国际组织是国际法上的不完全主体，没有自己的领土，与国家相比具有很大的脆弱性，同时，国际组织需要豁免权的保护来履行职能和实现目的。另一种观点则认为国际组织豁免是相对的或限制性的，主要理由是需要通过对国际组织豁免进行限制来保护人权，或通过与国家豁免的限制性理论进行类比，得出国际组织豁免也是限制性豁免的结论。本文认可后一种主张，但对其立论依据不敢苟同。

职能必要在作为国际组织享有豁免的理论依据的同时，也构成决定国际组织豁免的范围的标准和限制性因素。国际组织的职能必要理论，既使得国际组织享有豁免权，同时构成对其豁免权的限制。一方面，国际组织的职能必要，使得国际组织可以享有满足其履行职能的所有豁免，在这种情况下，实践中这种豁免权几乎没有任何限制。但是，另一方面，国际组织也只能享有对实现其目的和履行其职能所必要的豁免权，在实践中这就构成了对国际组织豁免权的限制。[①] 职能性豁免的措辞清楚地表明其构成对豁免范围的限制。学者的论述和法院的司法实践都已达成一个基本共识，即，职能性豁免包含了一个固有的限制因素。[②] 一般认为，国际组织所被授予的豁免，必须

① Michael Singer, "Jurisdictional Immunity of International Organizations: Human Rights and Functional Necessity Concerns", (1995) 36 *Virginia Journal of International Law*, p. 116.

② August Reinisch, *International Organizations before National Courts* (Cambridge University Press, 2000), pp. 335 – 336.

是其严格需要的，职能必要理论在实际效果上构成了一个限制性的原则。因为授予任何一个实体以特权或者豁免，都可能给与该实体发生联系或往来的任何其他实体增加成本或至少带来增加成本的危险。其结果是，这种豁免对于国际组织履行职能而言必须是真正必要的。

职能必要理论对国际组织豁免的限制可以从很多方面体现出来。本文将着重从国际组织豁免的发展历史、国际金融组织的职能范围、与外交领事关系法中职能必要限制的比较和各国司法实践对职能性限制的运用几个方面，对国际组织豁免的职能性限制进行深入论证。

二　国际组织职能性豁免的确立①

在1940年代，随着联合国和美洲国家组织的创建，国际组织职能豁免理论就已经产生了。当时国际组织还是一个比较新颖的概念。② 根据职能必要理论（Doctrine of Functional Necessity），授予国际组织豁免，得适当考虑国际组织实现其目的和履行其职能的需要。也就是说，除非该豁免对于国际组织实现其目的和履行其职能是必要的，否则，国际组织没有理由逃避司法权力的正常规则。③ 所以，可以说，构成国际组织存在的理由和评判之标准的，便是其职能的需要。④ 国际组织的职能性豁免，对于完成国际组织的目的必不可少，各利益相关的国家意识到，如果允许各个成员国将各自的法律适用于国际组织的职能和行为，那么，这些国家通过有组织的合作所可能获取的共同利益就会泡汤。⑤ 因此，国际组织的特权与豁免主要被设计来保护国际组织的独立性，使其免受外部的不合理影响，以确保各组织能完成其使命。⑥ 目前，

① 关于国际组织职能性豁免问题，可参见李赞《论国际组织豁免的理论依据》，《北方法学》2011年第3期，第115～125页。

② Peter H. F. Bekker, *The Legal Position of Intergovernmental Organizations, A Functional Necessity Analysis of Their Legal Status and Immunities* (Martinus Nijhoff Publishers, 1994), p. 110.

③ Thomas J. O'Toole, "Sovereign Immunity Redivivus: Suits against International Organizations", (1980) 4 *Suffolk Transnational Law Journal*, p. 3.

④ C. Wilfred Jenks, *International Immunities* (Stevens & Sons and Oceana Publications, 1961), p. xxxviii.

⑤ Gordon H. Glenn, Mary M. Kearney and David J. Padilia, "Immunities of International Organizations", (1982) 22 *Virginia Journal of International Law*, p. 266.

⑥ C. T. Oliver, et al., *The International Legal System: Cases and Materials* (The Foundation Press, 4th edn, 1995), p. 613.

职能必要构成国际组织豁免的理论依据，获得了学者们的普遍支持。

职能必要作为国际组织享有豁免的理论依据，有充分的实在法基础。一方面，国际组织法律文件对此有明确的规定。《联合国宪章》第104条规定：本组织于每一会员国之领土内，应享受于执行其职务及达成其宗旨所必需之法律行为能力。第105条规定："一、本组织于每一会员国之领土内，应享受于达成其宗旨所必需之特权及豁免。二、联合国会员国之代表及本组织之职员，亦应同样享受于其独立行使关于本组织之职务所必需之特权及豁免。三、为明定本条第一项及第二项之施行细则起见，大会得作成建议，或为此目的向联合国会员国提议协约。"在1945年的旧金山会议上，《联合国宪章》起草委员会在一个报告中就指出，起草的条款没有载明加于成员国的特权与豁免的具体内容，因为这种做法被认为是多余的。特权与豁免条款用一种一般的方式表明，它应当被认为是实现国际组织目的所必需的。其他大部分国际组织的法律文件都包含有相似条款，就授予国际组织特权与豁免的职能必要标准作出规定。另一方面，某些国家的相关国内立法也体现了职能必要理论。比如，奥地利1977年的《授予国际组织特权与豁免法》（Law on the Granting of Privileges and Immunities to International Organizations）第1条第2款规定，根据条约或者由公认的国际法规则提供的履行其职能的理由，而将特权与豁免这种权利授予国际组织。[①] 又如，马来西亚1992年的《国际组织（特权与豁免）法》第4条第1款规定，授予一个国际组织法人地位以及行使该组织的权力和履行其职能所必需的法律行为能力和有关的特权与豁免。[②]

职能必要理论作为国际组织豁免的理论依据，也获得了国际组织有关机构的肯定。这主要体现在国际组织有关机构的相关报告中。联合国国际法委员会（ILC）特别报告员在其关于国家与国际组织关系的报告中认为，国际组织特权与豁免的存在理由在于它们的目的是保障国际组织的自治、独立和职能的有效性，并且保护它们免受任何滥用的损害。[③] 欧洲理事会（Council of Europe）在相同主题的报告中亦指出，国际组织的独立被认为是授予特权

① Reinisch, *International Organizations before National Courts*, p. 234.

② 《联合国法律年鉴1992年》中文版，联合国—纽约，1998，第12~13页。

③ Leonardo Díaz González, *Fouth Report on Relations between States and International Organizations, Second Part of the Topic*, UN Doc. A/CN. 4/424, (1989) II *Yearbook of the International Law Commission*, p. 157.

与豁免的主要理由。在联合国粮农组织（FAO）与意大利关于诉讼豁免的争论中，该组织坚持认为，授予国际组织法律程序豁免的基本目的，在于确保有关国际组织顺利并独立地实现其目标。①

职能必要作为国际组织享有豁免的理论依据，还得到了国际与国内司法实践的有力支持。一方面，国际法院在1949年的联合国损害赔偿案中认为，组织的豁免建立在职能必要的基础之上。并且，国际法院还认识到，职能必要理论也为国际组织的暗含权利与义务提供了基础。联合国具有暗含权利去代表其在履行职务过程中受到伤害的代理人提起诉讼。法院认为，组织的职能使其具有权利和义务给予其职员充分的保护。② 该案对于国际法上的许多重大问题都具有划时代的意义，在确立职能必要作为国际组织享有豁免的理论依据方面亦是如此。

另一方面，各国的许多国内司法判例也对职能必要理论予以肯定。法院的相关裁决一般都认为，国际组织的司法管辖豁免对于组织独立履行其职能具有重要意义。这方面的案例很多。比如，在 Curran v. City of New York 案中，一个纳税人就纽约市向联合国提供土地并免除其税赋提出诉讼。纽约州法院认为，根据《联合国宪章》第105条授予联合国的豁免，包括税收豁免，都是达成其目的所必需的。③ 在其他案件的判决中，法院都主张，“授予组织豁免是为了便利国际机构的工作”，④ 为了“确保其履行职能”，⑤ 为了“避免对独立履行职能的妨碍”，⑥“作为被告，组织的地位受到联合国宪章第105条的保护”，⑦“联合国宪章第105条并没有授予组织职员的非公务行为以豁免”，等等。就连对国际组织主张管辖权的态度最为顽固和坚定、习惯使用统治权和管理权的分类方法来裁决案件的意大利法院，在一些案件

① FAO, Office of the Legal Counsel, “Constitutional Matters”, (1982) *United Nations Juridical Yearbook*, p. 113.

② Advisory Opinion on Reparations for Injuries Suffered in the Service of the United Nations of 11 April, 1949. *ICJ Reports*, 174, 1949, pp. 182 - 184.

③ Glenn, Kearney and Padilia, “Immunities of International Organizations”, p. 277.

④ *Ary Spaans v. The Netherlands*, *European Commission of Human Rights*, Application No. 12516/86, 12 December 1988, (1988) 119 *Decisions and Reports*, p. 122.

⑤ *X v. International Centre for Superior Mediterranean Agricultural Studies*, Court of Appeals of Crete, 1991.

⑥ Application for Authorization to Enforce a Garnishee Order against the High Authority of the European Coal and Steel Community, Case 4/62, ECJ, 13 March 1962.

⑦ Glenn, Kearney and Padilia, “Immunities of International Organizations”, p. 277.

中也不得不趋向于运用职能必要理论。所以，可以看出，授予国际组织豁免是为了保护其独立履行职能所必需的观点，在各国司法实践中并没有受到太大的挑战。

三　职能性限制是国际组织豁免发展的历史结果

从国际组织豁免的发展历史来看职能性限制，虽然可能显得冗长和无趣，却能最为真切和客观地体现出职能性限制的形成轨迹。

国际组织豁免最早出现在19世纪，在总体上一直朝着限制性豁免的趋势发展。虽然国际组织的全面繁荣只是第二次世界大战之后的事情，但国际组织自19世纪中叶就开始出现了。许多早期的国际组织如万国电报联盟（Universal Telegraphic Union）和普遍邮政联盟（General Postal Union）等都只处理非政治性的和纯技术性的事务。由于政治尚未介入组织的工作，成员国一般将组织的行政管理委托东道国的公务员来承担。因此这些行政联盟及其人员不需要也没有获得任何豁免。但随后国家缔造的一些具有某些政治性职能的国际组织，为了防止其落入任何特定国家的控制之下，成员国授予这些组织以管辖豁免（jurisdictional immunities）。[①] 这些具有一定政治性职能的组织在实践中一般都被授予外交特权与豁免。后来，国际联盟盟约继续采取这种方式，规定“从事联盟事务的职员得享有外交特权与豁免”。[②] 从“从事联盟事务”的措辞可以看出，联盟的职员仅就其公务行为而非私人行为享有豁免，虽然这种解释始终未获得普遍接受。但有一点共识，即盟约授予联盟职员以全部的外交豁免，只是限定其适用仅仅及于职员的任职期间。

到1930年代，授予国际组织及其职员以外交特权和豁免已经演变成了国际习惯法。但是，将外交豁免适用于日益增多的国际组织带来了很大的问题。成员国拒绝将外交豁免授予在本国管辖下为国际组织工作而具有本国国籍的组织职员。根据传统的外交豁免理论，这是无可厚非的。外交代表不能豁免于本国的管辖，因为外交代表不能向自己的本国要求豁免。外交代表的

① J. L. Kunz, “Privileges and Immunities of International Organizations”, (1947) 41 *American Journal of International Law*, p. 836.

② 《国际联盟盟约》第7条第4段。

母国保留管辖权，其目的也在于确保外交代表不会为了私人目的而滥用其豁免。外交代表的公务行为和大部分的私人行为都豁免于驻在国当地的管辖。派遣国否认其驻外外交人员的豁免，派遣国的法院保留追究其责任的权力，外交人员必须对其私人行为承担法律责任。虽然在实践中这种责任追究机制的作用被高估了，但学者们认为，如果将外交豁免扩展适用于在其母国工作的国际组织职员，会导致这些职员对自己的私人行为完全不负责任。这种情况将造成对司法正义的否定。

因此，在与国际联盟的交涉中，瑞士认为其不能将外交豁免扩展适用于具有瑞士国籍的职员。虽然瑞士承认国际联盟盟约将外交特权与豁免授予所有的联盟职员，但瑞士主张在个人与母国之间不存在外交特权与豁免。对此，国际联盟的秘书处断然拒绝。根据秘书处的观点，管辖豁免是为了保护国际职员免受成员国的不当影响和攻击。而且，国际职员在其母国也同样要求享有豁免，因为来自其母国的不适当的压力与来自其他地方的压力是一样大的。事实上，国际职员要求他们的母国给予特殊保护，因为他们最容易受到母国的影响。[①] 最后，作为权宜之计，国际联盟与瑞士达成了一个协议，即，第一类和第二类瑞士籍职员就其公务能力范围内的行为享有豁免。瑞士口头承诺，作为一个法人，国联只能通过其职员来从事活动。因此，瑞士籍的国联职员对其代表国联所从事的公务行为不承担责任。这些行为被视为组织自己的行为，受组织自身豁免的支配。

从某种意义上说，达成这个协议是国联的胜利，因为它为其瑞士籍的职员提供了某些保护。但是，瑞士依然没有放弃自己的主张，即与外交人员一样，国际职员在其母国不能享有个人的豁免。这就建立了一个糟糕的先例，即国家在授予国际公务员豁免的情况下，却可以歧视本国国民。这样，将外交豁免类推适用于国际组织已经产生了一个不良后果，即在最需要豁免保护的地方却只给予最低程度的保护。[②] 简而言之，将外交特权与豁免适用于国际组织，产生了意想不到的理论难题。[③] 一方面，在国际职员与其母国之

① C. W. Jenks, *The Headquarters of International Institutions: A Study of Their Location and Status* (Royal Institute of International Affairs, 1945), p. xxxvii.

② Charles H. Brower, II, "International Immunities: Some Dissident Views on the Role of Municipal Courts", (2000) 41 *Virginia Journal of International Law*, pp. 15 - 16.

③ Linda S. Frey & Marsha L. Frey, *The History of Diplomatic Immunity* (Ohio State University Press, 1999), p. 542.

间，将产生这样的危险，即外交特权与豁免的适用使得国际职员对其私人行为可以不承担任何责任。另一方面，传统外交法的适用又会造成母国对国际职员施加影响，从而损害国际职员的公正地位。到了1940年代，将国家豁免的概念类推适用于国际组织的呼声很大。但鉴于国家与国际组织的巨大差别，使得国家豁免也不能适用于国际组织。

因此，《联合国宪章》的起草者避免使用外交豁免的概念，而是选用一个全新的标准，即授予联合国及其人员为保持其独立和有效履行职能所必需的最低限度的豁免。[①] 其成果体现在《联合国宪章》第105条：组织在其每一个成员国内得享有达成其目的所必需之特权与豁免；组织职员得享有对其从事与组织有关的独立履行职能所必需之特权与豁免；大会得作成建议，以决定适用本条第1款和第2款之具体内容，或为此目的而向各成员国提议协约。因此，《联合国宪章》的规定使得国际组织豁免成为建立在职能必要理论基础上的、一种限制性的豁免类型。根据职能必要理论，一方面，国际组织不得要求对于达成组织目的所不需要的豁免。另一方面，如果国家为了某种特定目的而建立一个国际组织，则必须授予其达成目的所必需的豁免。[②] 这种逻辑使得职能必要成为国际组织豁免的理论基石。[③] 事实上，不少学者认为职能必要理论已经成为习惯国际法。在没有相反的条约规定的情况下，国际组织在成员国与非成员国内都享有必要的豁免。

从上述分析可知，从《联合国宪章》开始，国际组织豁免实现了一个历史性的转身，即被缩减了。当外交豁免作为国际组织豁免的标准时，国际联盟与其第一类非瑞士籍的职员享有完全的外交豁免，第二类非瑞士籍的职员和所有瑞士籍的职员就其公务行为享有豁免。国联及其职员当时享有的豁免极其宽泛。但是，当职能必要理论成为国际组织豁免的基准时，联合国及其所有职员仅享有对于履行其职能所必要的最低限度的豁免。可见，国际组

---

① Lawrence Preuss, “The International Organizations Immunities Act”, (1946) 40 *American Journal of International Law*, p. 341.

② 参见“The United Nations under American Municipal Law: A Preliminary Assessment”, (1946) 55 *Yale Law Journal*, p. 781; Brower, “International Immunities: Some Dissident Views on the Role of Municipal Courts”, pp. 18 – 19.

③ 参见 *Restatement (Third) of the Foreign Relations Law of the United States*, 1987, §223 cmt. b, 467 (1), 469 cmt. a; Bekker, *The Legal Position of Intergovernmental Organizations*, p. 111; Thomas J. O'Toole, “Sovereign Immunity Redivivus: Suits Against International Organizations”, (1980) 4 *Suffolk Transnational Law Journal*, p. 3; Cathleen Cully, “Jurisdictional Immunities of Intergovernmental Organizations”, (1982) 91 *Yale Law Journal*, p. 1181.

织豁免并非获得了增加，相反，是实质性的缩小。这与国际法上的豁免日趋受到限制的总体趋势是一致的。这对于那些国际组织豁免的绝对性主张，是一种最好的驳斥，也符合当时各个国家的基本理性。因为经历了二战血雨腥风的残酷斗争后，从心理上讲，人们不可能愿意缔造出一个享有完全豁免而不受任何约束的“法外”型的国际组织。

四　国际金融组织豁免的职能性限制

对国际金融组织而言，其豁免的职能性限制较为突出和明显。本文试图以国际金融组织为例，进一步阐明国际组织豁免所受到的职能性限制。

国际法学者塞德尔-霍亨维登（Seidl-Hohenveldern）曾就国际金融类组织豁免的职能性限制作过专门论述。他认为，为实现其目的，国际组织不得不依赖于那些与其有商业往来的伙伴或顾客对该组织的信心。绝对性的管辖豁免证明是行不通的。只要国际组织通过有关的商业交易来实现其目的，那么组织的信用对于其履行职能就是不可或缺的。对于这些国际组织，也仅仅对于这些国际组织，我们能接受来自外部的管辖，比如，对于组织所从事的具有商业性质的行为可以接受成员国法院的管辖，而实践中包括这类国际组织的所有行为。[①] 从上述观点可知，职能必要理论构成对司法管辖豁免的限制。在某些情况下，如果国际组织不能被诉，那么，组织可能在其履行职能的过程中承受更大的负担。如果一个国际组织不能被起诉就不能实现其目的，那么，该组织就不需要司法管辖豁免来实现其目的。在此，职能必要理论否定司法管辖豁免。[②]

对于债券持有人和其他债权人而言，作为债务人，国际组织与主权国家无异。尽管国家享有司法管辖豁免，但它们在债券市场已经运作多年，并且寻求通过放弃自己的诉讼豁免来实现更容易和更廉价的借款目标。如果国家在债券事务上坚持诉讼豁免，那么，国际债券市场面临着每个国家都不履行

---

① Seidl-Hohenveldern, “Failure of Controls in the Sixth International Tin Agreement”, in Niel M. Blokker & Sam Muller (eds.), *Towards More Effective Supervision by International Organizations: Essays in Honour of Henry G. Shermers* (Martinus Nijhoff Publishers, 1994), pp. 271 – 273.

② Singer, “Jurisdictional Immunity of International Organizations: Human Rights and Functional Necessity Concerns”, p. 136.

还债义务的可能性将会增加。因此，与没有司法管辖豁免的情况相比，国家将会被要求承担更高的利息率。对国际组织而言，情况将同样如此。国际金融组织，像在国际债券市场上借款的国家一样，必须不断地返回国际债券市场。如果不履行还债义务，它们就不得不支付更多的费用。在成员比较固定的参与游戏的群体当中，一旦某成员被认为是骗子，那么对于该成员而言，将会是穷途末路，难以为继。国际金融组织是否需要通过司法管辖豁免来维持其信用，尚难下断语。但有一点可以肯定，在国际金融组织参与国际债券市场的融资活动时，司法管辖豁免是无须适用的。①

通过上述经济分析可以清楚得知，对于国际金融组织的债券义务而言，职能必要理论不要求其享有司法管辖豁免。这也得到有关判例的支持。比如，在 1967 年 Lutcher SA Celulose e Papel v. Inter-American Development Bank 案②的上诉审中，法院认为，国际金融组织真是需要通过允许诉讼来履行其义务。此外，还有尼日利亚的 African Reinsurance Corporation v. Abate Fantaye 案③和阿根廷的 Ezcurra de Mann v. Inter-American Development Bank 案④等。有关国际组织已经在这样一种机制之下生存和发展了许多年，这足以证明，在此类案件中，司法管辖豁免对于组织履行职能是不必要的。⑤

从上述分析可以进一步得出结论认为，国际金融组织作为国际组织的一种重要类型，其豁免完全取决于职能必要理论。如果豁免对于组织履行职能是不必要的，甚至是有害的，那么，放弃豁免则不可避免。可见，职能必要理论对国际组织豁免的限制，在国际金融组织上体现得最为明显。

五　从与外交关系法的比较看国际组织豁免的职能性限制

在国际法上，有关职能豁免的表述本身就意味着这种豁免受到职能的限制，“职能”就意味着“职能性限制”。国际组织的职能豁免如此，

---

① Singer, “Jurisdictional Immunity of International Organizations: Human Rights and Functional Necessity Concerns”, pp. 137 - 138.

② US Court of Appeals DC Cir, 13 July 1967.

③ Supreme Court, 20 June 1986.

④ National Labour Court, 1978, Court of Appeals, 1979. 在该案中，法院对国际金融性组织的限制性豁免作了广泛的解释。

⑤ Singer, “Jurisdictional Immunity of International Organizations: Human Rights and Functional Necessity Concerns”, p. 138.

外交和领事关系法中的职能豁免亦如此。本文试图通过对外交和领事关系法中有关豁免的职能标准的探讨，来论证国际法上职能豁免的限制性内涵。

虽然同样是一种职能性的限制性豁免（functional restrictive immunity），但人们对外交与领事关系法中职能豁免理论的讨论不是很多。实际上，对于职能豁免的范围的解释问题，外交和领事关系法可能会提供某种启示。对国际组织而言，职能豁免就意味着保护国际组织履行职能，在外交和领事关系法中，职能豁免就意味着使馆不受妨碍（*ne impediatur legatio*）和必须保障外交和领事官员完成其任务。当然，外交豁免是非常广泛的一种豁免形式，相对而言，领事豁免更接近职能性限制的标准。[①]

外交和领事关系法对两类人员作了明确区分，一类是享有完全豁免的外交官，另一类是只享有职能豁免的领事官员和执行一定外交使命的某些外交人员。但实际上，即使是享有完全豁免的外交官，其豁免亦受到某些职能标准的限制。对于不具有一定外交职衔的人员和领事官员，他们只是就其履行职能的公务行为享有诉讼豁免。[②] 这被认为是一种极端限制性的豁免形式。[③] 根据《维也纳外交关系公约》第 3 条所列的外交职能和《维也纳领事关系公约》第 5 条所列的领事职能，任何不符合其规定的其他行为都被认为是非职能性的，因而不能享有豁免。尤其对于非法的和侵权的行为而言，不受豁免的保护。有关联合国职员或派驻联合国的外交使团成员的间谍案，很能说明此问题。比如，在 United States ex relatione Casanova v. Fitzpatrick 案[④]中，美国法院认为，派驻联合国的古巴代表团成员，只能根据《联合国宪章》第 105 条第 2 款享有职能豁免，而阴谋针对美国政府从事的破坏活动不是派驻联合国的任何使团或使团成员的职能，因而不能享有豁免。[⑤] 在 Arab Monetary Fund v. Hashim and Others 案[⑥]中，英国上诉法院以类似的语气作出裁决：豁免的抗辩仅仅适用于公务行为。Hashim 私下同意并为自己的私利

---

① Reinisch, *International Organizations before National Courts*, pp. 361 – 362.

② 1963 年《维也纳领事关系公约》第 43 条和 1961 年《维也纳外交关系公约》第 37 条和第 38 条。

③ Jonathan Brown, "Diplomatic Immunity: State Practice under the Vienna Convention on Diplomatic Relations", (1988) 37 *International and Comparative Law Quarterly*, p. 76.

④ US District Court SDNY, 16 January 1963.

⑤ 214 F. Supp. 425 at 431 (SDNY 1963).

⑥ English Court of Appeal (Civil Division), 1 February 1996.

而非组织利益收受贿赂的行为不属于为阿拉伯货币基金（AMF）工作的公务行为，因而拒绝其应该享有豁免的主张。[1]

外交官的豁免，通常被认为是一种完全的或绝对的豁免，但事实上也受到职能方面的限制。作为外交豁免的理论依据，治外法权说早已不再受到推崇，代表性说也并非外交豁免的唯一理论依据，[2] 而职能必要理论，即使馆不受妨碍原则（*ne impediatur legatio*），已被普遍接受。外交法对那些不属于职能必要而不享有豁免的行为明确列出。1961 年《维也纳外交关系公约》第 31 条第 1 款列出了这些不享有豁免的行为，即继承和商业行为不属于公务职能。与领事官员豁免的职能性限制相比，外交官诉讼豁免的例外十分狭窄且不太重要。但是，对于国际法上的豁免理论而言，人们对非职能性行为不享有豁免的基本认识是一个很重要的事实。

从前面的有关论述可以得知，外交豁免与国际组织豁免虽然有很深的历史渊源，甚至国际组织豁免现在依然与外交豁免有着一定的联系，但外交豁免与国际组织豁免是两种不同的豁免类型，两者之间不能进行简单的对比和类推适用。但是，在职能必要理论上，也只在这一个方面，外交豁免与国际组织豁免是具有可比性的，而且，在职能必要理论作为豁免的限制性标准方面，两者是一致的。那就是，职能必要是决定豁免的范围的标准，职能性豁免（functional immunity）即意味着限制性豁免（restrictive immunity）。

六　从卡恩案分析国际组织豁免的职能性限制

本文前面对国际组织豁免职能限制的有关论述中，一直非常注意司法判例的运用。事实上，确实有大量的司法判例正确地运用了职能标准，对国际组织豁免的范围作出裁决。为了进一步论证国际组织豁免的职能必要标准即为职能性限制标准，本文将以最近发生的国际货币基金组织总裁卡恩案为例，[3] 进行详细的分析，以期更好地说明国际组织豁免的职能限制性特征。

---

① ［1996］1 *Iloyd's Reports* 589 at 596.

② 在《维也纳外交关系公约》的序言中，即“确认此等特权与豁免之目的不在于给予个人以利益而在于确保代表国家之使馆能有效执行职务”。这样一种折中的表达方式很明显地将代表性说与职能必要说相提并论，共同作为外交豁免的理论依据。

③ 从国际组织高级职员豁免的角度来分析卡恩案，可参见李赞《论国际组织高级职员的豁免》，《环球法律评论》2011 年第 5 期，第 156～158 页。

对国际货币基金组织豁免权作出规定并对美国有法律拘束力的最重要的两份法律文件是《联合国专门机构特权与豁免公约》和《国际货币基金组织协定》。

国际货币基金组织是联合国的专门机构之一。根据《联合国专门机构特权与豁免公约》第 6 条第 19 节甲项规定，专门机构职员以公务资格发表的口头或书面言论或所实施的一切行为，豁免于法律程序。这里，该公约强调的是专门机构职员只能就其以公务资格所为的一切行为才豁免于法律程序，对于非公务行为则不享有这样的豁免。该公约第 6 条第 22 节进一步规定：特权与豁免是专为专门机构的利益而授予职员的，并非为了有关个人的私人利益而授予。这就更加凸显了联合国专门机构的豁免权是一种为了履行组织职能、达成组织目的而必要的豁免，而不是为了职员的个人私利。

《国际货币基金组织协定》第 9 条第 1 节规定，为了使基金组织能够履行其托付的职能，基金组织在各会员国境内享有本条所规定的法律地位、豁免与特权。该条第 8 节甲项规定，基金组织的理事、执行董事等官员和职员，在其以公务能力行事的范围内，豁免于法律程序，除非基金组织放弃此种豁免。作为国际货币基金组织的宪制性法律文件，该协定也反复强调基金组织只享有履行其职能所必要的、以公务能力行事的特权与豁免。

同时，《联合国专门机构特权与豁免公约》附件 5 专门针对国际货币基金组织作出规定。该附件第 2 条规定：本公约（连同本附件）的规定不改变或修正，或要求改变或修正本基金组织的协定条款，或减损或限制本基金组织协定条款或本基金组织任何会员国或其他政治机构的法律规章，或其他规定给予本基金组织或其任何会员国、理事、执行干事、副理事、副干事、职员或雇员的任何权利、豁免、特权或免除。从该附件的规定可以看得出来，虽然《联合国专门机构特权与豁免公约》第 6 条第 21 节规定了各专门机构的行政首脑等还享有依据国际法给予外交使节的同样特权、豁免、免除和便利，但该公约的这项规定并不能改变《国际货币基金组织协定》第 9 条关于该组织包括总裁在内的高级职员只就其公务行为享有职能性豁免的规定。也就是说，国际货币基金组织总裁只是享有按照该组织协定第 9 条所规定的职能性豁免，而不享有《联合国专门机构特权与豁免公约》第 6 条第 21 节所规定的外交豁免。

可见，不论是《联合国专门机构特权与豁免公约》，还是《国际货币基金组织协定》，都明确规定了国际货币基金组织及其官员和职员只就其公务行为享有职能性豁免。这就意味着，国际货币基金组织总裁，作为该组织的高级职员和行政首长，只能在其公务能力范围内享有豁免，其以私人身份所发表的任何言论和所为的任何行为均不享有任何豁免权的保护。美国是这两份公约的当事国，该两公约的规定是美国法律的一部分，对美国有法律拘束的效力。

如果卡恩享有豁免权，美国纽约警方则无权将其拘捕并提出刑事指控。现在，事实上，卡恩已被美国纽约警方控制，面临着对他的刑事指控。那么，卡恩是否享有豁免权呢？答案是否定的。卡恩不享有豁免权，因为对他提出的指控均不属于其公务范围内的行为。

第一，卡恩涉嫌对酒店服务员强奸未遂。通常情况下，刑事犯罪行为都与国际组织及其职员履行公务职能无关。因为任何一个国际组织，都不可能需要通过实施刑事犯罪行为达成其目的和实现其宗旨。① 根据《国际货币基金组织协定》第 1 条对其宗旨的规定，基金组织的宗旨有：就国际货币问题进行磋商和协作；促进国际贸易的扩大与平衡发展；促进汇率的稳定；协助成员国之间建立经常性交易的多边支付体系；在具有充分保障的前提下向成员国提供暂时性普通资金以增强其信心；缩短成员国国际收支失衡的时间并减轻失衡的程度。可见，没有一条内容是需要基金组织及其职员通过刑事犯罪行为实现的。因此，卡恩对酒店女服务员的强奸未遂行为，不构成基金组织履行职能和达成宗旨所必要的行为，故不得享有豁免。

第二，卡恩在纽约酒店的行为属于私人行为，与公务职能无关。根据 2011 年 5 月 16 日国际货币基金组织对外关系部主任卡罗琳·阿特金森（Caroline Atkinson）女士在基金组织执行董事会举行非正式会议专门讨论卡恩涉嫌犯罪的问题后代表基金会声明，卡恩是在去纽约进行私人访问（private visit）期间而遭受刑事指控的。② 这就清晰表明了基金组织的态度，即卡恩在纽约的行为纯属私人事务，与基金组织的公务职能无关。因而卡恩不受只有在履行职能所必要的情况下才享有的公务性豁免权的保护。基金组织执行董事会举行非正式会议讨论卡恩的问题，随后由对外关系部主任代表基金组织对外发表声明，就卡恩在该案中是否属于履行公务职能阐明基金组

① Report of the Ad Hoc Committee on criminal accountability of United Nations officials and experts on mission, GAOR, 62nd Session, Supplement No. 54, U. N. Doc. A/62/54, (April 9 - 13, 2007).

② 国际货币基金组织官方网站。最后访问日期：2011 年 5 月 17 日。

织的官方决定。这就意味着基金组织作出了放弃卡恩的豁免权的决定，这是一个正确的决定。基金组织的执行董事会是一个有权作出这种决定的适格主体。

根据2011年5月16日国际货币基金组织官方网站的说明，基金组织的职员在公务旅行中，住哪个酒店，住什么价格的酒店，均有明确的规则，事先都会有一个酒店的清单和费用价目表。而卡恩在纽约入住的索菲泰尔（SOFITEL）酒店根本就不在基金组织预先确定的纽约市的酒店清单上。目前，基金组织职员出公差时，在纽约入住的酒店最高价格不得超过386美元每晚，这个价格还包括税金和服务费。而卡恩入住的索菲泰尔酒店费用高达3000美元每晚，远远超出了基金组织许可的价格范围。卡恩在纽约属于办理私事（private business），酒店费用由其自己支付。这也说明了卡恩在纽约的所作所为不可能是在履行公务职能。

《联合国专门机构特权与豁免公约》第6条第22节规定：特权与豁免是专为专门机构的利益而给予职员，并非为了有关个人的私人利益而给予的。专门机构倘遇有任何情形，认为任何职员的豁免有碍司法的进行，而放弃豁免并不损害该专门机构的利益时，有权利和义务放弃该项豁免。从上述卡恩的行为和基金组织官方的表态来看，卡恩在纽约的行为不属于履行公务的行为，与基金组织履行职能和达成目的无关，因此，就其私人行为而言，当然不享有任何特权与豁免。卡恩涉嫌强奸未遂的犯罪行为已经对酒店的服务员构成了侵害，如果卡恩以其享有的豁免权作为对抗，逃脱美国法律的追究，势必使受到其性侵害的受害人无法得到法律救济。基金组织对外关系部主任的声明和官方网站的说明，可以视为基金组织放弃卡恩豁免权的正式行动，表明国际货币基金组织总裁卡恩，一旦失去豁免权的保护，便与其他普通人一样，不得不面对可能的司法诉讼，包括刑事指控。[①]

七 结论

国际组织豁免的职能性限制，主要是从法理依据上，通过职能必要对其豁免的范围进行限定。职能必要既是国际组织豁免存在的理论基础，也是决

① 关于国际组织豁免的放弃问题，可参见李赞《论联合国豁免的放弃》，《时代法学》2011年第1期。

定国际组织豁免的范围的标准。国际组织享有豁免的范围，包括其人员与行为的范围，都是由国际组织的职能需要决定的。只有在国际组织职能必要的范围内，国际组织及其人员就其公务行为才享有必要的豁免。国际组织及其人员的行为一旦超越了这一范围，则不能主张豁免权。国际组织只能在其职能必要的范围内享有有限的豁免，因而构成对国际组织豁免的内在制约。

综上所述，可以得出结论认为，职能必要理论构成对国际组织豁免的限制，即国际组织只能享有实现其目的和履行其职能所必要的豁免权。慷慨的授权与严格的限制如影随形。这就说明，世界上没有不受限制和约束的权利。国际组织豁免也不能例外，它同样是一种受到限制或制约的权利。如果说国际组织豁免依然具有某种绝对性，那么只能认为，国际组织在职能必要范围内享有豁免，在这一点上是绝对的。因此，本文对国际组织豁免的性质，即其限制性而非绝对性特征，作出了有说服力的论证。

On the Functional Restriction of Immunity of International Organizations

Li Zan

Abstract: The immunity of international organizations (IOs) is the important legal issue in international law. There are two opinions about the nature of immunity of IOs. They are absolute immunity and restrictive immunity. The latter is easier to be accepted because it matches the facts of IOs immunity more. But the former is wrong because of its logic analogy with the doctrine of limited state immunity, the latter is necessary but not enough because of its reasoning logic of the need of human protection. IOs are conferred immunity according to their need of enforcement of functions and fulfillment of purposes. Functional necessity forms the restriction to immunity of IOs. Functional immunity of IOs means restrictive immunity simultaneously.

Key Words: International Organizations (IOs); Immunity of IOs; Functional Restriction

国际刑事法院可受理性和管辖权质疑之应对及实践

杨　柳*

摘　要：《罗马规约》第18条和第19条是国际刑事法院补充性管辖权的重要体现，它们分别规定了情势调查的初始阶段某些国家提出可受理性质疑的处理程序以及案件调查、起诉、审判阶段有关国家和个人提出可受理性和管辖权质疑的程序。这两个阶段的质疑程序无论在质疑的主体、质疑的范围，还是在检察官和法庭的权力和义务等问题上都存在一定的区别。目前，国际刑事法院已经出现了几个有关国家或个人提出可受理性质疑的司法案例。

关键词：《罗马规约》　可受理性质疑　管辖权质疑

根据《罗马规约》的规定，国际刑事法院只能调查和起诉那些国际刑事法院具有管辖权并且符合可受理性条件的犯罪情势和案件。对于国际刑事法院已经开展调查和起诉的案件，《罗马规约》也赋予有关国家或个人在特定的阶段对于犯罪情势或案件的可受理性和管辖权提出质疑，这种质疑可以说贯穿国际刑事法院调查、起诉乃至审判的整个过程。《罗马规约》第18条和第19条分别规定了情势调查的初始阶段某些国家提出可受理性质疑的处理程序以及案件调查、起诉、审判阶段有关国家和个人提出可受理性和管辖权质疑的程序。这两个阶段的质疑程序无论在质疑的主体、质疑的范围，还是在检察官和法庭的权力和义务等问题上都存在一定的区别。目前，国际刑事法院也出现了几个有关国家或个人提出可受理性质疑的案例。本文试图在分析《罗马规约》第18条和第19条可受理性和管辖权质疑程序的基础上对这些案例作简要的介绍。

---

* 杨柳，法学博士，中国政法大学博士后研究人员。

一 情势调查期间的可受理性质疑

《罗马规约》第 18 条的规定有多重目的。首先，它强调缔约国在调查和起诉属于国际刑事法院管辖范围内的犯罪方面具有首要责任和权利，因此体现了《罗马规约》确立的补充性管辖原则这一基本原则。其次，第 18 条也使有关国家在检察官开始进行情势调查的早期阶段即有机会向国际刑事法院提出可受理性质疑，从而可以对国际刑事法院实施补充性管辖原则进行监督。第三，它通过预审分庭的监督确保检察官能够负责任地行使其自由裁量权。第四，预审分庭在调查这么早的阶段即介入也有助于保护检察官不受某些国家可能提出的轻率或基于政治偏见进行调查的指责。① 与第 19 条同时赋予国家和个人对案件的可受理性和管辖权质疑权利不同，第 18 条只是允许有关国家在检察官启动情势调查的初步阶段对于某些情势的可受理性问题提出质疑。

（一）可以提出可受理性质疑的情势范围

对于情势调查阶段可以提出可受理性质疑的情势范围，第 18 条只是限于“已依照第十三条第 1 项提交本法院”的情势，以及检察官“根据第十三条第 3 项和第十五条开始调查”的情势。第 13 条第 1 项规定，“缔约国依照第十四条规定，向检察官提交显示一项或多项犯罪已经发生的情势”，而第 13 条第 3 项和第 15 条都是指检察官“可以自行根据有关本法院管辖权内的犯罪的资料开始调查”。因此，就第 18 条规定可以提出可受理性质疑的情势而言，仅仅包含缔约国提交之情势以及检察官通过自行调查权启动的情势。只有对这两类情势有管辖权的国家在收到检察官的通报一个月内，才“可以通知本法院，对于可能构成第五条所述犯罪，而且与国家通报所提供的资料有关的犯罪行为，该国正在或已经对本国国民或在其管辖权内的其他人进行调查”，并且可以要求检察官等候其调查。

很显然，第 18 条并没有规定有关国家可以对检察官启动调查的联合国安理会根据第 13 条第 2 项规定向检察官提出的情势提出可受理性质疑的权利。这说明，第 18 条并不适用于安理会提交的情势，因此对于安理会提交

① Otta Triffterer (ed.), *Commentary on the Rome Statute of the International Criminal Court: Observers' Notes, Article by Article* (Baden-Baden: Nomos Verlagsgesellschaft, 1999), p. 397.

的情势，有关国家没有权利在检察官启动情势调查的初步阶段即提出可受理性质疑。这种规定也说明，安理会提交的情势在情势调查阶段具有不受有关国家提出的可受理性质疑的特权。这种特权主要来自《联合国宪章》第 7 章有关安理会在处理国际和平和安全的事项上享有特权的规定。安理会根据《联合国宪章》第 7 章向检察官提交情势说明这种情势已经事关国际和平和安全，因此所有的国家也有义务遵守安理会作出的这种情势提交决定，检察官基于这种提交作出的情势调查决定在某种意义上也是安理会提交情势行为的自然延伸，因此第 18 条不赋予有关国家对安理会提交之情势提出质疑的权利有其合理之处。

然而，如同缔约国提交的情势以及检察官自行调查启动的情势一样，安理会提交的情势同样会存在有关国家“正在或已经对本国国民或在其管辖权内的其他人进行调查”的问题，在这种情况下不允许这些国家在这个阶段提出合法性质疑是否意味着国际刑事法院对安理会提交的情势就不适用补充性管辖原则？答案无疑是否定的。因为根据《罗马规约》的规定，无论检察官启动调查的情势来源于何种方式，都必须符合规约第 17 条规定的可受理性条件，检察官只有在判定接受初步审查的情势符合该可受理性条件的前提下，才会启动对有关情势（包括安理会提交之情势）的调查。不仅如此，规约第 19 条还规定对于对案件具有管辖权的国家对于法院正在调查或起诉的案件（包括安理会提交之情势中的案件）可提出可受理性和管辖权质疑。由此可见，规约第 18 条不赋予有关国家在情势调查阶段提出可受理性质疑的权利的主要原因并不在于安理会提交的情势在可受理性问题上有什么特殊性。从根本上说，原因还是在于安理会提交的情势以及第 18 条的特殊规定。安理会提交情势就意味着它事关世界和平和安全，因此对其进行调查具有至关重要性和紧迫性，如果在启动情势调查的初步阶段就赋予有关国家提出可受理性质疑的权利，那么检察官一般情况下就必须按照规定等候该国的调查，并且只有在决定等候之日起六个月后，或在由于该国不愿意或不能够切实进行调查，情况发生重大变化的任何时候，才可以由检察官进行复议。这种做法显然与安理会提交之情势的至关重要性和紧迫性不太相适应，而允许检察官在启动此类情势的调查后不受打扰地进行调查工作显然更加有利于维护世界和平和安全。当调查进入针对特定犯罪事件和犯罪嫌疑人的案件调查阶段之后，有关国家针对安理会提交之情势中的具体案件提出的质疑则并不会出现第 18 条情势调查阶段提出质疑可能导致的全面暂停对情势调查的后果，毕竟它只能引发检察官对情势中某个具体个案的暂停调查。这也是规约第18条未赋予有关国家对安理会提交之情势提出可受理性质疑权利，第19条却赋予其此类权利的很大一个原因所在。

此外，还有一点值得注意的是，规约第18条并没有提到《罗马规约》第12条第3款规定向国际刑事法院提出表示接受国际刑事法院对发生在其境内或者由本国国民所犯的有关犯罪行使管辖权的声明这种情形。有学者认为，非缔约国的这种声明实际也是一种情势提交，并且与缔约国和安理会的情势提交一样都只是让检察官注意到可能引发调查程序的一些事实。[①]《检察官办公室条例》第25条也把非缔约国的这种声明视为引发办公室对情势初步审查和评估的三个来源之一，然而，这并不表明它在法律效果上就等同于安理会或缔约国的情势提交，事实上它只是表明该国自愿接受国际刑事法院对有关国际犯罪的管辖，在情势初步审查方面引发的法律效果更像是缔约国或者非缔约国提交一般犯罪资料和信息的行为。作出这种论断的第一个理由是，根据规约第12条规定，非缔约国提交接受国际刑事法院管辖权声明只是国际刑事法院“行使管辖权的先决条件”，这种情形未规定在第13条有关提交情势的规定中本身就说明其不等于提交情势；其次，第53条只是确认缔约国和安理会可以就检察官作出的不予调查的初步审查决定向预审分庭提出复核请求，提交上述声明的非缔约国并不享有这项权利。还有一个可以证明的事实是，对于科特迪瓦政府两次提交的自愿接受管辖声明，检察官都只是将它们视为法院可以行使管辖权的基础，而没有将其视为一种类似于缔约国那样的情势提交行为，因为最后在对该情势进行初步审查后检察官并没有像对缔约国或安理会提交的情势进行初步审查后直接作出调查决定一样行动，而是向预审分庭申请启动自行调查授权申请。从检察官对科特迪瓦的司法实践也可以看出，非缔约国提交接受国际刑事法院管辖权声明最后引发有关情势调查的情形在性质上就属于第18条规定的检察官通过自行调查权启动情势调查的情况。

（二）情势调查期间检察官对可受理性质疑的应对措施

1. 检察官决定调查后的通报义务

检察官对缔约国提交的情势作出启动调查的决定，或者根据规约第13

---

① M. Cherif Bassiouni, *Introduction to International Criminal Law* (New York: Transnational Publishers, Inc., 2003), p. 516.

条第 3 项和第 15 条获得预审分庭对其自行调查的授权之后，检察官办公室面临的首要任务是，将该项决定或授权通报所有缔约国以及对有关犯罪具有管辖权的国家。规约第 18 条第 1 款规定："在一项情势已依照第十三条第 1 项提交本法院，而且检察官认为有合理根据开始调查时，或在检察官根据第十三条第 3 项和第十五条开始调查时，检察官应通报所有缔约国，及通报根据所得到的资料考虑，通常对有关犯罪行使管辖权的国家。"这种通报的意义主要体现在两个方面：一是向所有缔约国通报检察官即将开展的调查行为，既可以让缔约国对检察官办公室即将开展的调查工作有所了解，也允许所有缔约国有机会向法院提出可受理性质疑，并提醒在将来的调查和起诉过程中，相关缔约国应向检察官办公室以及国际刑事法院其他内部机构提供相关合作与协助；二是通报对于准备调查的情势可能具有管辖权的国家，告知其可以根据《罗马规约》有关规定，就情势可受理性问题向国际刑事法院提出质疑，从而避免出现违反补充性管辖原则和"一罪不二审"原则的情形。根据该条规定，检察官通报的对象包括所有缔约国以及通常对有关犯罪具有管辖权的国家，其中对有关犯罪具有管辖权的国家至少应包括犯罪发生地国以及犯罪嫌疑人的国籍国。但是，如果对这一通报要求进行广义的解释，可以说所有国家都将得到通知，因为根据普遍管辖原则，所有国家通常都可能对这些犯罪具有管辖权。[①] 当然，根据该条款规定，只有对于检察官基于自行调查权和缔约国提交之情势启动的调查，检察官才负有这种通报义务。而对于检察官对安理会提交之情势启动的调查，并不受制于这个程序。因此，在情势调查阶段，有关国家无权对情势的可受理性问题提出质疑，检察官也无须对此进行回应。

同时，检察官在向这些国家通报过程中，可以灵活决定通报的方式及其内容，这在规约第 18 条也有所规定："检察官可以在保密的基础上通报上述国家。如果检察官认为有必要保护个人、防止毁灭证据或防止潜逃，可以限制向国家提供的资料的范围。"对此，《程序和证据规则》第 52 条对于检察官提供资料的内容设置了进一步的义务，它要求检察官在不违背上述限制的情况下，将关于可能构成规约第 5 条所述犯罪的行为包含在通报之内，并且向缔约国和其他具有管辖权的国家提供充分资料，使其足以判断

① 〔加〕威廉·A. 夏巴斯：《国际刑事法院导论》（第二版），黄芳译，中国人民公安大学出版社，2006，第 152 页。

本国是否再对相同情势进行调查。受通报的国家如果认为检察官提供的资料不够充分，也可以请检察官提供补充资料，以便确定是否存在重复性调查的问题。不过受通报国这种寻求补充资料的行为，并不能影响受通报国根据第 18 条第 2 款规定，在一个月的期限内对检察官通报给予回应，同时检察官也应对该受通报国提出的补充资料的要求迅速作出回复；对于预审分庭基于检察官申请作出的裁定，有关国家也可以根据第 82 条向上诉分庭提出上诉。

2. 检察官决定是否等候国内调查

规约第 18 条第 2 款规定："在收到上述通报一个月内，有关国家可以通报本法院，对于可能构成第五条所述犯罪，而且与国家通报所提供的资料有关的犯罪行为，该国正在或已经对本国国民或在其管辖权内的其他人进行调查。根据该国的要求，检察官应等候该国对有关的人的调查，除非预审分庭根据检察官的申请，决定授权进行调查。"此条款授权受通报国在收到检察官通报的一个月内，可以以该国正在或已经对可能属于检察官调查范围的本国国民，或在其管辖权内的其他人进行调查为由提出可受理性质疑。对于这种质疑，检察官可以作出选择：一种是根据该国要求，决定等候该国对有关的人进行调查；另一种是可以选择直接将该问题交由预审分庭裁决，由后者决定检察官是推迟调查还是继续进行。值得注意的是，虽然这个条款规定有关国家对于这个阶段可受理性的质疑可以通报"本法院"（因而可能包括预审分庭），但预审分庭并没有义务直接对它们提出的可受理性质疑作出裁决。根据该条款，只有检察官可以请求预审分庭对有关可受理性问题作出裁决。这一点与后面第 19 条规定的可受理性质疑和裁决有所不同。由此也可以看出，在情势调查阶段，检察官在应对可受理性质疑方面享有较多的自主权，这一点也与下文将谈到的案件调查阶段检察官在此方面的权力有所不同。

《程序和证据规则》第 53 条要求，一国根据第 18 条第 2 款要求检察官等候调查时，应书面提出要求，并参照第 18 条第 2 款提供有关国内调查的资料。如果检察官认为其提供的资料不充分，也可以请该国提供补充资料。如果有关国家基于各种原因拒绝提供充分的资料，或者对检察官提供补充资料的请求不予回应，而现有资料又不足以判断有关国家国内调查和起诉的性质时，检察官也可以直接请求预审分庭作出裁决。《程序和证据规则》第 55 条规定，预审分庭应当决定应循程序，并可以采取相应措施以适当进行诉讼，包括举行听讯；预审分庭应审查检察官的申请及依照第18条第2款要求等候调查的国家提出的任何意见，并应考虑第17条列举的因素，对是否授权进行调查作出决定；预审分庭在作出决定后，应将决定及作出决定的根据尽快通报检察官和要求等候调查的国家。当然，对预审分庭作出的裁定，有关国家或检察官可以根据第82条的规定向上诉分庭提出中间上诉（interlocutory appeal）。

3. 检察官等候国内调查期间的权力

如果检察官决定等候一国调查的决定，或者预审分庭作出此类裁定，那么检察官必须等候有关国家的国内调查。为了确保检察官决定调查的情势得到有效调查，避免有罪不罚情况的出现，第18条也授权检察官可以对有关国家是否能够和愿意对有关犯罪进行调查予以监督和定期评估。第18条第3款确认："检察官等候一国调查的决定，在决定等候之日起六个月后，或在由于该国不愿意或不能够切实进行调查，情况发生重大变化的任何时候，可以由检察官复议。"第5款又规定："如果检察官根据第二款等候调查，检察官可以要求有关国家定期向检察官通报其调查的进展和其后的任何起诉。缔约国应无不当拖延地对这方面的要求作出答复。"从常理上说，如果缔约国对检察官定期通报要求不作答复或者答复存在不当拖延情况，检察官就可以据此判断该国存在不愿意或不能够进行切实调查的问题。该条款只是规定了"缔约国"应无不当拖延地对检察官相关的要求作出答复，而未要求对情势具有管辖权的非缔约国履行此类义务，因为根据国际法，《罗马规约》无权对非缔约国设定义务。尽管如此，但倘若非缔约国对检察官定期通报的要求不予回应或者答复存在不当拖延，这也并不妨碍检察官作出认定该非缔约国不愿意或不能够进行切实调查的判断。如果在等候国内调查期间，检察官认为该国不愿意或不能够切实进行调查，检察官仍然可以根据第18条第2款申请预审分庭裁决。

在等候国内调查期间，检察官还有一项特别的调查权力。第18条第6款规定："在预审分庭作出裁定以前，或在检察官根据本条等候调查后的任何时间，如果出现取得重要证据的独特机会，或者面对证据日后极可能无法获得的情况，检察官可以请预审分庭作为例外，授权采取必要调查步骤，保全这种证据。"规约对此予以特别规定的原因，主要是为了防止出现因检察官等候国内调查而给未来可能进行的调查带来严重不利的影响，诸如可能丧失获得某些重要证据的独特机会，证据可能被销毁或灭失，这些不利的影响既可能是因为有关国家阻碍行为而造成的，也可能是由于自然和社会方面的其他原因所引起的。不过，无论如何，此项权力仅在例外情况下，经由预审分庭的授权方能予以行使。对此，《程序和证据规则》第 57 条专门进行了规定，检察官在第 18 条第 6 款规定的情况下向预审分庭提出的申请，应在检察官单方参与的非公开庭上审理，预审分庭应从速对申请作出裁定。

（三）情势调查期间可否对管辖权提出质疑

虽然《罗马规约》第 18 条规定了在部分情势调查启动之初，检察官和预审分庭应如何应对有关国家提出的对情势可受理性的质疑，但是该条并未涉及有关国家是否可以就情势的管辖权问题提出质疑。这说明第 18 条规定的程序适用于检察官对一个情势进行调查之初，在这个阶段，法院没有义务确定法院对检察官将要调查或正在调查的情势有无管辖权，法院只能确定检察官是否可受理对一项情势的调查。[①] 然而，有关国家在收到检察官发出的调查通报时，如果认为国际刑事法院不具有管辖权，会很自然将管辖权与可受理性问题一并向预审分庭提出质疑，那么在此阶段，有关国家有没有提出管辖权质疑的权利，以及检察官和预审分庭是否具有审查这种质疑的义务呢？《罗马规约》第 18 条对此问题没有作出规定，第 19 条却特别规定了"质疑法院的管辖权或案件的可受理性"问题，其中第 1 款规定，"本法院应确定对收到的任何案件具有管辖权"。从该条规定的主要内容看，它主要涉及具体"案件"调查和起诉期间如何应对对管辖权和受理性的质疑问题。这里的"收到的任何案件"意味这里的"案件"应该不是第 13 条、第 14 条和第 18 条规定的"情势"，而应该是"情势"调查已经得出的某些结果：具体的个人已经被确定作为犯罪嫌疑人或者被告，甚至逮捕令或者出庭传票已经签发，因此根据这个规定，法院没有义务主动对检察官调查之情势的管辖权问题作出决定。[②] 对于第 19 条的"案件"，预审分庭在其解释中也确认其是不同于"情势"的具有确定指控对象和犯罪的情形，[③] 因此断定第 19 条的管辖权质疑规定只是适用于"案件"调查和起诉阶段而不适用于更早

---

① 李世光、刘大群、凌岩主编《国际刑事法院罗马规约评释》，北京大学出版社，2006，第 233 页。

② Triffterer, *Commentary on the Rome Statute of the International Criminal Court*, pp. 407 – 408.

③ Decision Pursuant to Article 15 of the Rome Statute on the Authorization of an Investigation into the Situation in the Republic of Kenya, ICC – 01/09 – 19, para. 44.

的情势调查阶段不无道理。

对于上述理解，有观点认为，从严格意义上说，《罗马规约》并没有必要在第 19 条对法院设置“应当确定案件的管辖权”这项义务。[①] 其理由在于，对于国际刑事法院的管辖权问题，可以从国际刑事司法机构以往的司法实践中找到一般性解释。前南国际刑事法庭在对“塔迪奇案”有关管辖权中间上诉的裁判中认为，确认法庭自身的管辖权是任何司法或仲裁法庭本身所附属或固有的权力（incidental or inherent jurisdiction），这就是对管辖权的管辖权（jurisdiction to determine its own jurisdiction）。[②] 如果检察官的调查行为完全超出了法院的管辖范围（如调查的情势发生在《罗马规约》生效之前，并且在生效之前已经结束），那么预审分庭可以根据法院固有的权力，对检察官调查行为是否具有管辖权进行判断。[③] 换而言之，根据上述原则，如果有国家对法院管辖权提出质疑，法院都有权力也有义务对之作出确定与否的决定，无论是在情势调查阶段还是案件调查阶段。当然，对国际刑事法院是否认可对法院管辖权的管辖权这一原则，《罗马规约》规定得不甚明确，因此，法院在情势调查阶段应如何处理管辖权质疑问题，尚有待于预审分庭和上诉分庭在将来的实践中予以解决。

二 案件调查、起诉及审判期间的管辖权和可受理性质疑

同是涉及可受理性与管辖权问题，规约第 18 条与第 19 条的适用范围存在较大差别。第 18 条主要规定情势调查启动之初接受有关国家就可受理性问题的质疑，而第 19 条主要处理具体犯罪嫌疑人或被告已经确定之后“案件”的管辖权和可受理性问题。同时，与第 18 条仅限于检察官基于自行调查权和缔约国提交之情势启动的调查不同，第 19 条也适用于检察官启动的对安理会提交之情势的调查。不仅如此，第 19 条并非只规定了法院有义务对管辖权问题进行主动确定，对可受理性问题可以主动予以断定，而且还规定，除有关的国家可以提出管辖权和可受理性质疑外，被告人或者已经成为逮捕和法庭传唤对象的人也可以提出质疑。此外，与第 18 条规定只有检察

---

① Triffterer, *Commentary on the Rome Statute of the International Criminal Court*, p. 407.

② *Prosecutor v. Tadic*, Decision on the Defense Motion for Interlocutory Appeal on Jurisdiction, Case No. IT-94-1-AR72, Appeals Chamber, ICTY, 2 Oct. 1995, para. 18.

③ Triffterer, *Commentary on the Rome Statute of the International Criminal Court*, p. 408.

官有权请求预审分庭作出可受理性的初步裁决不同，第 19 条规定有权提出质疑的主体在确认指控前也有权直接向预审分庭提出可受理性和管辖权质疑。

（一）法院确定管辖权与可受理性问题的义务

规约第 19 条第 1 款规定："本法院应确定对收到的任何案件具有管辖权。本法院可以依照第十七条，自行断定案件的可受理性问题。"从中可以看出，对于可受理性与管辖权问题，规约在 19 条中对法院提出了不同于第 18 条规定的义务要求。因此，我们不妨结合第 18 条的规定，就不同调查阶段法院对可受理性问题与管辖权问题是否有义务主动或被动或可以主动进行判断作一简短的比较和分析。规约第 18 条规定，在情势调查阶段，法院负有被动地确定可受理性问题的义务。当有关国家对法院可受理性问题提出质疑，检察官可提请预审分庭对可受理性问题进行裁定，此时的裁定是法院应当经由申请而被动作出，至于法院是否有义务或者可以主动对可受理性进行断定，本条款并未涉及。同时，第 18 条对管辖权质疑问题也未有规定。虽然根据对管辖权的管辖权原则，在调查和起诉的任何阶段，国际刑事法院的确有义务对有关管辖权质疑的问题作出确定与否的决定，并且确定管辖权问题是法院开展一切司法活动的根本前提，管辖权问题不解决，调查行动和后续的诉讼就成了无源之水，无本之木；但是，由于情势的调查正处于初期阶段，有些情势经过检察官调查之后未必会进入具体案件调查和起诉程序，如果此时有关国家并未对管辖权问题提出质疑，规约却规定法院有义务主动或可以主动对其自身（根据规约第 34 条包括检察官办公室在内）的管辖权问题进行确定，那么必然会不利于检察官办公室调查行动的开展，进而严重影响法院的工作效率。[①] 至于如果有关国家对管辖权问题提出了质疑，规约是否应当要求法院有义务被动地对管辖权问题作出裁定问题，上文已有讨论，此处不再赘述。

与规约第 18 条的规定刚好相反，规约第 19 条第 1 款规定的是，法院对"具体案件"的管辖权和可受理性问题，均规定有权主动进行判断，而无须等到此类质疑被提出，只不过对管辖权是有义务"应当予以确定"，对可受

① Decision Pursuant to Article 15 of the Rome Statute on the Authorization of an Investigation into the Situation in the Republic of Kenya，ICC－01/09－19，para. 44.

理性则是可以“自行断定”。有观点认为，根据对管辖权的管辖原则，“此处如此规定没有必要”。[①] 然而，事实上，本条款的规定与对管辖权的管辖权原则并不矛盾，因为它只是更进一步明确和强调了法院在此方面承担的义务。这点不难理解，既然检察官的工作已从泛泛而指的情势进入针对具体案件的调查与起诉阶段，那么规约对案件应当具备的法定条件自然比对情势的要求更高，因而规定法院应当主动确定案件的管辖权，在规约中明确此项义务并无不妥。当然，倘若此时有关国家或个人对此提出质疑，法院更有义务被动地予以确定，这也是第 19 条第 2 款所规定的内容。至于可受理性问题，在具体案件调查和起诉阶段，根据第 1 款的要求，法院可以“自行断定”，即意味着可以主动而为之，如果此时有关国家或个人也对此提出质疑，法院自然也应当被动地予以判断。由上可知，与第 18 条仅要求法院对情势调查阶段可受理性质疑的被动回应相比，规约第 19 条第 1 款中对管辖权与可受理性问题为法院设定了更灵活的权力与义务。

（二）可提出质疑的主体与处理程序

《罗马规约》第 19 条除第 1 款对法院处理管辖权与可受理性问题时的权力和义务进行了规定，在接下来的数款中也对可以提出质疑的主体以及质疑的受理、次数、处理程序等方面的要素进行了逐一的规定。

与规约第 18 条将对可受理性提出质疑的主体仅限定为有关国家不同，第 19 条第 2 款明确规定，可以提出质疑的主体包括以下三类：一是被告人或根据第 58 条已对其发出逮捕证或出庭传票的人；二是对案件具有管辖权的国家，以正在或已经调查或起诉该案件为理由提出质疑；三是根据第 12 条需要其接受本法院管辖权的国家，也就是作出声明接受法院管辖权的非缔约国。这三类主体可以根据第 17 条所述理由，对案件的可受理性提出质疑，也可以对本法院的管辖权提出质疑。

虽然规约允许相关主体对案件的管辖权和可受理性这两个问题提出相关质疑，但是此项质疑权的行使条件与范围并非没有限制。规约第 19 条第 4 款首先对提出质疑的时间和次数进行了规定，对于上述提出质疑的任何人或国家，只可以对某一个案件的可受理性或本法院的管辖权提出一次质疑，并且这项质疑应在审判开始前或开始时提出。在特殊情况下，法院可以允许多

① Triffterer, *Commentary on the Rome Statute of the International Criminal Court*, pp. 397 – 398.

次提出质疑，或在审判开始后提出质疑。在审判开始时，或经法院同意，在其后对某一案件的可受理性提出的质疑，只可以根据第 17 条第 1 款第 3 项有关“一罪不二审”原则的规定提出。对质疑次数进行限定，主要是为了节省法院的开支和提高法院的工作效能。关于提出质疑的时间，一般要求应在审判开始前或开始时提出，第 5 款明确要求，对于管辖权或者可受理性提出质疑的国家应尽早提出质疑。虽然对此进行限定的目的在于，保障法院能尽早对管辖权和可受理性问题予以确定，有利于之后法院各机关采取相应的法律行动，但是究竟何为“尽早”，规约或《程序和证据规则》均未明确规定，从而也无法对有关主体故意拖延至开庭审理后提出质疑的行为进行规制。[①] 值得一提的是，根据第 18 条第 7 款的规定在情势调查阶段提出过可受理性质疑的国家，在预审分庭对此作出过裁决的情况下，那么原则上就没有权利在案件调查阶段再提出可受理性质疑；如果这些国家质疑预审分庭根据第 18 条作出的裁定，那么只能以掌握进一步的重要事实或情况发生重大变化的理由，根据第 19 条对案件的可受理性再次提出质疑。

对于管辖权和可受理性的质疑具体由法院哪个机关负责受理问题，规约和《程序和证据规则》对此按照不同诉讼阶段进行了不同的规定。在确认指控以前，对某一案件可受理性的质疑或对法院管辖权的质疑，应提交预审分庭。在确认指控以后，应提交审判分庭。对于就管辖权或可受理性问题作出的裁判，可以依照第 82 条向上诉分庭提出上诉；如果在已确认指控但尚未组成或指定审判分庭期间，对法院管辖权或案件可受理性提出的质疑，应提交院长会议；在依照《程序和证据规则》第 130 条组成或指定审判分庭后，院长会议应立即将质疑移送审判分庭（《程序和证据规则》第 60 条）。

对法院管辖权或案件可受理性的质疑，无论是由被告人、犯罪嫌疑人和有关国家提出，还是由检察官就此提出的裁决申请，或是各分庭依照第 19 条第 1 款规定依职权进行确定，法院在程序上应当如何处理呢？《程序和证据规则》第 58 条对此进行了规定，预审分庭或者审判分庭“应决定应循程序，并可以酌情采取措施以适当进行诉讼。分庭可以举行听讯。如果不会造成不当延迟，分庭可以在确认或审判程序中一并审理提出的质疑或问题，但在这种情况下，分庭应先行审理并裁判提出的质疑或问题。法院应将收到的

① 李世光、刘大群、凌岩主编《国际刑事法院罗马规约评释》，第 236 页。

被告人、犯罪嫌疑人和有关国家提出请求书或申请书转发检察官，有关国家提出请求书或申请书还应提交被告人、犯罪嫌疑人，并应允许他们在分庭所定时限内对请求或申请提出书面意见”。同时，如果一案的管辖权和可受理性均受到质疑，《程序和证据规则》还规定，“法院应先裁定有关管辖权的质疑或问题，再裁定有关可受理性的质疑或问题”，以强调管辖权的质疑是法院首先要解决的根本性问题，没有这个前提，法院无法考虑其他相关的问题。

在保障有关主体有权提出相关质疑的同时，《罗马规约》第 19 条第 3 款还进一步确认：“在关于管辖权或可受理性问题的程序中，根据第十三条提交情势的各方及被害人均可以向本法院提出意见。”这些有权提出意见的主体包括提交情势的缔约国、安理会以及被害人。为了保障这一程序性权利，《程序和证据规则》第 59 条规定，国际刑事法院书记官长应将根据第 19 条第 1 款、第 2 款和第 3 款就管辖权或可受理性提出的任何问题或质疑，告知根据第 13 条提交情势的各方以及已就案件同法院联系的被害人或其法律代理人。书记官长应向上述各方提供关于质疑本法院管辖权或案件可受理性理由的摘要，但采用的方式应符合法院在资料的保密、人员的保护和证据的保全方面的义务。上述收到资料的各方可以在主管分庭认为适当的时限内，向该分庭提出书面意见。

（三）检察官处理相关质疑问题的权力与义务

对于有关主体向法院提出的管辖权或可受理性质疑，《罗马规约》为国际刑事法院检察官设定了作出质疑裁决期间应当遵守的法律义务，也赋予了其必要的调查和起诉权力。也就是说，提出管辖权或可受理性质疑在法律上对检察官会产生的效果包括以下三个方面。

1. 暂停调查的义务

第 19 条第 7 款规定：“如果质疑系由第二款第 2 项或第 3 项所述国家提出，在本法院依照第十七条作出断定以前，检察官应暂停调查。”根据此条款的要求，检察官在一定情况下应当暂停对案件的调查。只是在检察官履行这一暂停调查义务之前，必须满足如下三方面的适用条件：首先，质疑必须是“由第二款第 2 项或第 3 项所述国家”，也就是“对案件具有管辖权的国家”和“根据第十二条需要其接受本法院管辖权的国家”提出的质疑，如果是“被告人或根据第五十八条已对其发出逮捕证或出庭传票的人”提出的质疑，那么检察官就没有暂停调查的义务。从中可以看出，国家提出的质疑比个人提出的可受理性质疑法律效果更明显。其次，有关国家提出的质疑必须是针对可受理性的质疑，因为《罗马规约》第 17 条只是规定“可受理性问题”，因此如果有关国家仅仅提出管辖权质疑，那么检察官也没有暂停调查的义务。最后，检察官暂停调查的时间点是有关国家提出可受理性质疑之后，法院依照第 17 条作出裁决之前。

那么这个暂停调查义务与第 18 条检察官等候一国调查义务之间有何区别呢？这两个义务都是由具有管辖权的国家提出可受理性质疑引起的，都实际导致检察官调查的暂停。两者的暂停调查最显著的区别是处于调查不同的阶段，第 18 条是情势调查阶段的可受理性质疑，因而检察官等候国内调查实际就是暂停对情势的调查，而第 19 条是案件调查和起诉阶段的暂停调查，因此检察官暂停的是对案件的调查（实际还包括起诉）。由于暂停调查的“情势”和“案件”存在差别，因此从暂停的效果上说，第 18 条的暂停调查意味着这个情势调查的暂停，而第 19 条的暂停调查只是暂停有关国家提出了质疑的个别案件的调查，检察官对于同一个情势中其他案件的调查仍然可以继续，除非有关国家也对这些案件的可受理性同时提出了质疑。

2. 检察官在暂停调查期间的权力

提出管辖权和可受理性质疑不影响检察官在此之前采取的任何行动，或本法院在此以前发出的任何命令或逮捕证的有效性（第 19 条第 9 款），但是，在检察官依据第 19 条履行暂停调查义务后，其必然可能面临根据第 18 条暂停调查后遭遇的同样问题，即由于暂停调查可能丧失特殊的调查机会和证据的收集，在案件调查阶段，还可能导致错失抓捕犯罪嫌疑人的时机。为此，第 19 条第 8 款又进一步规定，暂停调查后，在法院正式作出裁定之前，检察官可以请求法院授权从事某些调查性活动。那么，在此期间，检察官在什么样的情况下，可以进行哪些特殊的调查行为呢？

首先，检察官可以请求法院授权“采取第十八条第六款所述一类的必要调查步骤”。这就意味着，如果出现取得重要证据的独特机会，或者面对证据日后极可能无法获得的情况，检察官可以请预审分庭或审判分庭作为例外，授权采取必要调查步骤，对此种证据进行保全。由于检察官可以授权采取的调查行动是“第十八条第六款所述一类”的必要调查步骤，因此调查步骤并不以第 18 条第 6 款规定的内容为限，对于其他跟其类似的必要调查步骤，检察官也可以请求法院授权采取。

其次，检察官可以请求法院授权检察官“录取证人的陈述或证言，或完成在质疑提出前已开始的证据收集和审查工作”。这就意味着在暂停调查期间，只要经过法院授权，检察官仍然可以随时录取证人的陈述和证言；而对于证据收集和审查工作，只有在有关国家提出质疑之前已经开始的，才可以继续进行直到完成。这样有利于保障检察官录取证人陈述和证言的工作基本不会受到有关国家提出的可受理性质疑的影响，也可以使这种质疑对已经开始的证据收集工作的影响降到最低，并减少可能极其昂贵的调查成本和对被害人和证人的干扰。

第三，检察官还可以请求法院授权其“与有关各国合作，防止已被检察官根据第五十八条请求对其发出逮捕证的人潜逃”。这个规定主要是为了确保已经对其发出逮捕证的人不会因为暂停调查而潜逃，使检察官在暂停调查期间仍然可以通过与各国合作，逮捕已经发出逮捕证的人。不过这只能限于对已经发出逮捕证的人，检察官在暂停调查期间无法对将来可能被签发逮捕证的人采取措施，也无法申请新的逮捕证。

此外，第 19 条第 11 款规定了检察官在暂停调查期间与有关国家的资料交流问题。该条款确认，如果检察官考虑到第 17 条所述的事项，决定等候一项调查，检察官可以请有关国家向其提供关于调查程序的资料。根据有关国家的请求，这些资料应予保密。检察官之后决定进行调查时，应通报其曾等候调查的国家。这条规定与第 18 条第 5 款的规定比较类似，不过两者也存在一定的区别，两者不仅在调查所处的阶段方面不同，在强制力方面也存在很大不同。例如，第 18 条第 5 款规定，“检察官可以要求有关国家定期向检察官通报其调查的进展和其后的任何起诉。缔约国应无不当延误地对这方面的要求作出答复”，这表明这是一种检察官的权力以及缔约国的义务；但根据第 19 条第 11 款检察官只是“请有关国家向其提供关于调查程序的资料”，虽然资料的范围可能要宽于前者，但这并不是一项检察官的权力，而是其寻求其他国家帮助的一种请求而已。当然，对于检察官提供协助的请求，根据《罗马规约》的要求，缔约国也有义务提供这种合作，只是此项义务的强度并没有第 18 条第 5 款那么明显。而且从字面含义看，该条款的内涵似乎并不限于面临可受理性质疑后导致暂停调查的情况，它还包含检察官发现具有不符合第 17 条的情况因而自愿暂停调查的情形。[①] 这也是该条

① Triffterer, *Commentary on the Rome Statute of the International Criminal Court*, p. 418.

款与第 18 条第 5 款的一个显著区别。

3. 请求复议权

第 19 条第 10 款还规定了检察官在应对可受理性质疑方面享有的另一项权力，那就是对法院作出不可受理裁决提请复议的权力。该条款规定："如果本法院根据第十七条决定某一案件不可受理，检察官在确信发现的新事实否定原来根据第十七条认定案件不可受理的依据时，可以请求复议上述决定。"这种情况主要发生在法院对不可受理性决定已经生效之后的情况。如果不可受理性决定还没有生效，检察官可以提出上诉。《罗马规约》第 82 条规定，对于"关于管辖权或可受理性的裁判"，当事双方（包括检察官）均可提出上诉。《程序和证据规则》第 154 条第 1 款规定，对于这种裁判的上诉，检察官应在接到关于裁判的通知之日起五日以内提出。根据第 19 条第 10 款规定，在法院有关可受理性的裁决生效后，如果发现了案件的新事实，并且确信发现的新事实足以否定法院原来根据第 17 条认定案件不可受理的依据，那么检察官可以向法院提出复议上述裁判的申请。显然，与上诉程序不同，复议提出并没有时间限制，但它需要以上述特定理由为启动条件。

复议申请应当向作出生效裁判的分庭提出，如果作出生效裁判的是预审分庭或审判分庭，就应该向预审分庭或审判分庭提出，如果作出生效裁判的是上诉分庭，则应向上诉分庭提出。对于预审分庭或审判分庭就检察官的复议申请所作出的裁定，检察官应当可以提出上诉，因为这种裁定仍然属于《罗马规约》第 82 条规定的"关于管辖权或可受理性的裁判"。在《程序和证据规则》第 62 条中规定，根据第 19 条第 2 款提出可受理性质疑的国家，其质疑导致第 19 条第 10 款所规定的不可受理决定的，应获得关于检察官复议请求的通报，并有机会在所定时限内提出意见。这主要是为了保障这些国家的参与权。不过，《程序和证据规则》第 62 条并没有规定，可能提出质疑的被告人或犯罪嫌疑人是否有获得检察官有关复议申请通报的权利。法院关于可受理性的裁定既可能因有关国家的质疑行为所致，也可能是被告人或者犯罪嫌疑人提出质疑的结果。在由被告人或者犯罪嫌疑人提出质疑并导致法院作出不可受理裁定的情况下，检察官的复议也与之存在直接利害关系，因此规约似乎并无充足的理由让检察官只是通报有关国家，而不通报这些利害关系人。

第 19 条第 10 款只是规定了检察官在法院对不可受理性决定已经生效

之后的复议权利，但并没有规定，如果法院作出不具有管辖权的决定，在其生效之后检察官是否也享有这种复议权利。从这种有选择性的规定来看，可以很自然推导出的结论是，检察官并不能请求对管辖权的决定进行复议。[①] 尽管如此，但有人认为，如果检察官在法院对管辖权作出决定之后发现了一些原来没有发现并且也不可能发现的信息（如一个不愿合作的国家掩藏了证据），检察官应该可以根据第19条第3款有关"检察官可以请法院就管辖权或可受理性问题作出裁定"的规定申请裁定，因为该条款并没有对检察官提出这种裁定申请的实践和次数作出限制。[②] 然而，这种观点其实也存在一定的问题，因为如果按照这种解释，第19条第10款规定的检察官复议申请程序就根本没有必要，检察官对于法院不可受理的决定同样可以根据第19条第3款再次提出裁定申请。由此可见，检察官根据第19条应当无法请求对法院关于管辖权的生效决定进行复议。当然，如果在管辖权方面出现如第19条第10款规定的同样情形，如发现新的重要事实，对此应如何处理，仍然有待于法院将来的实践予以解决。

三　国际刑事法院有关可受理性质疑的司法实践

自2003年国际刑事法院正式运作以来，还不曾出现过有关国家根据《罗马规约》第18条在情势调查阶段提出可受理性质疑。当然这与目前正在接受调查的情势的来源有关，现在正处于调查和起诉阶段的刚果民主共和国情势、乌干达情势和中非共和国情势三个情势均由各国"自我提交"，因此这些有管辖权的国家本身自然不会提出可受理性的质疑；而苏丹情势和利比亚情势都由安理会提交，因此在情势调查阶段，即使苏丹和利比亚政府有意提出可受理性质疑，它们也不享有这个权利；至于肯尼亚情势，在检察官正式自行启动调查之前，事实上检察官办公室也取得了该国政府的首肯，因此肯尼亚在情势调查阶段也没有提出可受理性质疑；再就是科特迪瓦情势，它是由该国政府提交自愿接受管辖的声明而使国际刑事法院具有管辖权的，所以在情势调查阶段，对它提出可受理性质疑的可能性也比较小。此外，迄

① 李世光、刘大群、凌岩主编《国际刑事法院罗马规约评释》，第237页。

② Triffterer, *Commentary on the Rome Statute of the International Criminal Court*, p. 417.

今为止也未出现提出管辖权质疑的案例。不过，在案件调查和起诉阶段，对于可受理性的质疑，无论是由有关国家还是被告人或犯罪嫌疑人提出的情形，都已在不少案例中出现。

（一）国家提出的可受理性质疑

在检察官于2007年2月27日对苏丹情势第一起案件中两名被告（艾哈迈德·哈伦和阿里·库沙卜）发出逮捕证后，苏丹政府曾考虑向国际刑事法院提出可受理性的质疑，但2007年3月17日，苏丹政府会议在权衡利弊之后最终决定放弃此类计划，并继续以苏丹为国际刑事法院非缔约国为由，坚持其无义务提供合作的立场。[①] 肯尼亚政府在情势调查阶段并没有提出可受理性质疑，但在预审分庭于2011年3月8日向检察官自行启动调查的两起案件的6名被告[②]签发出庭传票后，开始提出此类质疑申请。肯尼亚政府之所以如此而为，既因为其国内政治形势发生了变化，也因为大部分被告都是肯尼亚政府身居要职的高官（包括一名副总理、一名教育和科技部部长、一名内阁秘书长、一名国会议员兼党派主席，此外还有一名肯尼亚邮政公司总裁和一名执法官员）。肯尼亚政府的此次可受理性质疑，也是国际刑事法院面临的第一次由国家对可受理性提出的质疑。

2011年3月31日，肯尼亚政府就两起案件的可受理性问题向预审分庭提出了质疑，其理由是：肯尼亚已经修订了宪法并且进行了司法改革，对于2007~2008年大选后暴力犯罪的调查也已经开始，预计到2011年9月份就可以完成最后的调查，并承诺在数月之后，肯尼亚政府将向法院提供其调查进展的报告。[③] 对于此项质疑，检察官认为，肯尼亚政府并未提出有力的证据证明，其国内正在对当前检察官正在调查的案件进行调查，如果肯尼亚正在调查或起诉的对象并非法院处理案件中的犯罪嫌疑人，或者正在调查和起诉的内容并非检察官当前所调查的犯罪行为，那么肯尼亚政府的质疑就没有效力，并且一个国家承诺将进行国内诉讼程序并不足以满足可受理性条款的

---

① Wasil Ali, *Sudan Rules out Plans to Challenge ICC Jurisdiction over Darfur*, http: //www. sudantribune. com/ Sudan-rules-out-plans-to-challenge, 20845.

② 这两起案件分别是：*The Prosecutor v. William Samoei Ruto*, *Henry Kiprono Kosgey and Joshua Arap Sangand* 和 *The Prosecutor v. Francis Kirimi Muthaura*, *Uhuru Muigai Kenyatta and Mohammed Hussein Ali*。

③ Decision on the Application by the Government of Kenya Challenging the Admissibility of the Case Pursuant to Article 19（2）（b） of the Statute, ICC-01/09-01/11-101, paras. 13-16.

要求。[①]

对此，预审分庭表示，在案件调查阶段，提出可受理性质疑的合理理由必须是国内正在调查的与检察官正在调查的为同样的人和同样的行为，因此肯尼亚政府认为的只要对犯有同一罪行的处于相同级别的人进行调查就满足可受理性质疑的标准的理解是错误的，此标准只能适用于具体犯罪嫌疑人还没有确定的情势调查阶段。虽然肯尼亚政府声称正在对国际刑事法院调查的案件进行调查，但它并没有证明现有的调查是针对检察官正在调查的犯罪嫌疑人。此外，虽然肯尼亚政府后来提交的报告显示，存在对目前检察官调查的犯罪嫌疑人进行调查的政府指示，但根据上诉分庭有关可受理性判断必须以可受理性质疑的诉讼开始之时的事实为依据的意见，当前这一事实并不能对现在正要进行的可受理性判断产生影响。据此，预审分庭于2011 年5 月30 日同时对两起案件的可受理性作出裁定，裁定肯尼亚政府提出的质疑理由不成立。[②] 肯尼亚政府不服预审分庭的裁决，向上诉分庭提出上诉，但上诉分庭最终维持了预审分庭的裁决。[③]

（二）被告人和犯罪嫌疑人提出的可受理性质疑

在检察官调查的刚果民主共和国情势和中非共和国情势两个情势中，均出现了被告人提出可受理性质疑的案例。在这两起案例中，被告人都已被逮捕归案。

在刚果民主共和国情势的“检察官诉热尔曼·加丹加与马蒂厄·恩乔

---

① Decision on the Application by the Government of Kenya Challenging the Admissibility of the Case Pursuant to Article 19 (2) (b) of the Statute, ICC - 01/09 - 01/11 - 101, paras. 17 - 19.

② *Ibid.* paras. 43 - 70.

③ 上诉分庭有一位法官（Judge Anita USacka）对上诉分庭的裁决提出了不同意见，她认为，《罗马规约》允许国家在审判之前提出可受理性质疑，这说明在此之前，国家的主权具有优先性，但预审分庭没有考虑到补充性管辖原则允许肯尼亚在可受理性质疑审理程序进行期间开始采取调查性的步骤或者起诉案件，预审分庭也没有让可受理性质疑审理程序适应这种变化的形势，使得肯尼亚的主权没有得到应有的尊重。此外，在解释第17 条第1 款有关“案件”含义的过程中，预审分庭过多考虑诉讼的速度。她据此认为，应该推翻预审分庭的裁定。参见Judgment on the appeal of the Republic of Kenya against the decision of Pre-Trial Chamber H of 30 May 2011 entitled “Decision on the Application by the Government of Kenya Challenging the Admissibility of the Case Pursuant to Article 19 (2) (b) of the Statute”, Dissenting Opinion of Judge Anita USacka, ICC - 01/09 - 01/11 - 336, paras. 20 - 32.

洛·楚伊案"[1] 一案中，其中一名被告人（热尔曼·加丹加）在指控受到确认后于2009年2月10日向审判分庭提出可受理性质疑。他认为，在案件移送国际刑事法院之前已经在刚果民主共和国受到调查，他质疑检察官在向预审分庭申请逮捕令时未能提交与案件的可受理性相关的文件，从而让预审分庭误认为案件在刚果民主共和国没有受到调查，并得出了案件可以受理的错误结论；[2] 他也质疑刚果民主共和国停止对案件的调查并且将案件移送国际刑事法院调查是一种"放弃补充性管辖原则"的行为，这种行为侵犯被告人的基本权利，并且损害被告人提出可受理性质疑的权利。[3] 不过被告人提出的这些观点都没有得到审判分庭的支持。审判分庭认为，在国内存在对案件调查的情况下，有管辖权的国家决定不对有关的人进行起诉时可以根据第17条第1款第1项和第2项对国家的"不愿意"和"不能够"问题进行考虑，有管辖权的国家主动放弃对案件的调查和起诉也属于一种"不愿意"，在这种情况下，国际刑事法院对这个案件就可以予以受理。[4] 上诉分庭最后也维持了审判分庭的裁决。

在中非共和国情势"检察官诉让—皮埃尔·本巴·贡博案"[5] 中，被告人也是在确认指控之后审判开始前向审判分庭提出可受理性质疑的。其质疑的理由主要是：案件已经进行有效的国内调查，并且进入了诉讼程序，国内指控的行为与检察官指控的对象相同；中非共和国有意愿也有能力起诉被告人；此外，案件也缺乏足够的严重性，因此国际刑事法院没有理由予以调查和起诉。[6] 对此，检察官认为：首先，根据法院已经确立的理论，一个国家自愿放弃管辖权并"自我提交"情势就是国家一种不作为（inactivity），因而可以构成国际刑事法院受理该情势的基础；其次，被告人的案件在中非共和国并没有被审判，它终止国内诉讼的原因并不在于起诉没有正当理由，而

① *The Prosecutor v. Germain Katanga and Mathieu Ngudjolo Chui* (situation in the Democratic Republic of the Congo), ICC.

② Situation in the Democratic Republic of Congo in the Case of the Prosecutor v. The Prosecutor v. Germain Katanga and Mathieu Ngudjolo Chui, Reasons for the Oral Decision on the Motion Challenging the Admissibility of the Case (Article 19 of the Statute), ICC –01/04 –01/07 –1213 –tENG, para. 59.

③ *Ibid.* paras. 82 –89.

④ *Ibid.* paras. 76 –81.

⑤ *The Prosecutor v. Jean-Pierre Bemba Gombo* (situation in the Central African Republic), ICC.

⑥ Decision on the Admissibility and Abuse of Process Challenges, ICC –01/05 –01/08 –802, para. 74.

在于它认为自己无法有效调查和起诉并将之移交给国际刑事法院；再次，案件性质也足够严重，符合《罗马规约》第 17 条的受理标准。① 审判分庭对检察官的意见表示支持，认为中非共和国对被告人案件的国内诉讼并没有对被告的罪行作出判决，被告在国内还未受到审判，国内事实上也无法有效起诉被告人（因为被告人流亡比利时，并且有副总统的外交豁免权），现在对本案已经不存在所谓的国内调查和起诉，并且被告人的犯罪行为也已经满足第 17 条规定的严重程度标准，因此裁定法院对该案具有可受理性。② 最后上诉分庭也维持了审判分庭的裁决。

（三）预审分庭主动启动的可受理性裁决程序案例

目前，国际刑事法院也已经出现了预审分庭根据规约第 19 条第 1 款自行启动可受理性裁决程序的个别案例。“检察官诉约瑟夫·科尼、文森特·奥蒂、奥卡特·奥蒂安姆博和多米尼卡·翁格文案”③ 是乌干达情势现有的唯一一起案件，预审分庭于 2005 年 7 月对这起案件的五名共同犯罪嫌疑人签发了逮捕令，但后来查明一名犯罪嫌疑人证实已经死亡，另外四名犯罪嫌疑人则一直未抓捕归案。2008 年 10 月 27 日，预审分庭根据第 19 条第 1 款自行断定案件的可受理性，为此特别给犯罪嫌疑人任命了一名辩护律师，并且邀请检察官、乌干达政府以及其他相关主体提交意见。预审分庭之所以自行启动这一审查程序主要是因为，自从检察官启动调查后，犯罪嫌疑人迟迟不能归案，而乌干达国内又发生了一些政治性变化，如 2007 年 6 月和 2008 年 2 月分别与犯罪嫌疑人所归属的“圣灵抵抗军”签订了协议草案，该协议草案规定将在乌干达高级法院成立一个特别法庭，专门用来审理乌干达圣灵抵抗军与政府军冲突期间犯下的严重犯罪，此外，协议草案还允许通过传统的或替代性的司法机制处理这些犯罪。因此，预审分庭希望了解该协议草案的内容及其执行可能会给案件的可受理性带来的影响。

预审分庭认为，虽然第 19 条原则上仅赋予有关国家和被告人或犯罪嫌疑人提出一次可受理性质疑的机会，但该条款同时授权法院可以根据事实情

① Decision on the Admissibility and Abuse of Process Challenges, ICC - 01/05 - 01/08 - 802, paras. 101 - 103.

② *Ibid.* para. 261.

③ *The Prosecutor v. Joseph Kony, Vincent Otti, Okot Odhiambo and Dominic Ongwen* (situation in Uganda), ICC.

况的变化而对可受理性问题作出决定，并且这种主动可受理性审查可以贯穿预审阶段的全过程。[①] 对此，预审分庭任命的犯罪嫌疑人的辩护人认为，在犯罪嫌疑人未到案的情况下，启动这种程序将有损于犯罪嫌疑人在其到案以后根据第 19 条提出可受理性质疑的权利，这种做法使得未来对案件可受理性的质疑被“司法预断”（judicial pre-determination）的风险大为提高。[②] 不过，辩护律师的看法并没有得到预审分庭的接受，它认为这是对第 19 条规定的误读。预审分庭最后得出的结论是，有关乌干达和圣灵抵抗军的协议草案尚未得到有效执行，很多计划只是处于初步的阶段，至少目前还没有针对犯罪嫌疑人的调查和起诉，因此现阶段，法院仍然对案件具有管辖权。[③]

四 结语

《罗马规约》第 18 条和第 19 条的管辖权和可受理性质疑程序都是确保国际刑事法院补充性管辖原则得到落实的重要手段，它们能够确保对情势或案件有管辖权的国家能够有机会向国际刑事法院主张自己具有优先管辖有关国际严重犯罪的权利和责任，与此同时，它也确保有关个人有机会向国际刑事法院主张自己有不受一罪二审行为的侵害以及优先在国内接受调查、起诉和审判的权利。第 18 条专门针对情势调查阶段缔约国提交之情势和检察官自行启动调查之情势的可受理性质疑所作的程序性规定，在很多方面都有别于第 19 条规定的可受理性和管辖权质疑程序，这种区别能够适应不同诉讼阶段以及不同情势类型的特点，从而既能保证补充性管辖原则的落实，同时有利于国际刑事法院的调查和起诉乃至审判工作的顺利进行。目前国际刑事法院已经出现的可受理质疑司法实践表明，总体而言，有关国家在行使其在调查和起诉国际严重犯罪的优先权利和责任方面并没有像原先设想的那么积极，也正因如此，迄今为止只有个别国家提出了可受理性质疑。此外，基于各种原因个人提出可受理性管辖权质疑的情况也不是很多。不过，考虑到 2012 年 6 月为止国际刑事法院才调查了 7 个情势和 15 个案件，这些有限的可受理性质疑司法案例也可以算是一个不错的开始了。

---

① Decision on the admissibility of the case under article 19 (1) of the Statute, ICC - 02/04 - 01/05 - 377, paras. 27 - 28.

② *Ibid.* para. 23.

③ *Ibid.* paras. 49 - 52.

The Procedure and Practice of International Criminal Court in Dealing with the Challenges to Admissibility and Jurisdiction

Yang Liu

Abstract: The article 18 and 19 of Rome Statute are the embodiment of complementarity principle of ICC. They provide the procedures to deal with the challenges to admissibility made by some states at the initial stage of investigation of crime situations and challenges to admissibility and jurisdiction made by relevant states and individuals during the investigation, prosecution and trial of cases respectively. The procedures of challenges in the different two stages of lawsuit are quite different in terms of the subject and scope of challenge as well as the powers and duties of the prosecutor and chambers of ICC. There are several cases in ICC where challenges to admissibility of cases were made by relevant states and individuals so far.

Key Words: Rome Statute; Challenges to the Admissibility; Challenges to the Jurisdiction

人权国际合作义务的多重性*

毛俊响**

摘　要：20世纪中叶以来，人权国际合作逐渐从政治道德转变为一种国际法义务。人权国际合作义务既源于《联合国宪章》和国际人权公约等有法律约束力但内容不甚确定的条约规范，也来源于联大决议等没有法律约束力的软法规范。人权国际合作义务无论是在规范要求的“强制性”方面，还是义务内容的“确定性”方面，都赋予了相关义务主体较大的自由裁量空间。人权国际合作义务具有多重特性，即法律效力呈现弱强制性，责任分担存在差异性，适用范围具有域外性，基本功能则体现辅助性。

关键词：人权国际合作义务　规范基础　多重特性

众所周知，全球化背景下的人权国际合作所涉范围甚广，它不仅存在于履行国际人权条约义务的过程中，还存在于国际贸易、社会发展政策、国际金融以及安全合作等领域。从行为性质来看，人权国际合作可分为政治领域的人权国际合作和法律层面的人权国际合作。政治领域的人权国际合作主要体现在国际关系中，是一国外交政策、国家集团或国际组织宗旨的体现。法律层面的人权国际合作主要体现为一种条约义务，在国际人权文件中通常以“国际合作”“国际援助和合作”“经济和技术方面的援助与合作”“国际措施”“国际接触或合作”或“双边或多边措施”等措辞表现出来。但是，当前国际社会的人权国际合作多半是政治性和法律性兼而有之。例如，许多国家间开展的双边或多边人权对话或技术援助，固然体现为对人权国际合作义

* 本文是作者主持的2012年度国家社科基金青年项目“中国参与人权国际合作的法律问题研究”（项目号12CFX104）的阶段性成果。

** 毛俊响，中南大学法学院讲师，法学博士。

务的履行，但也包含着参与者政治利益（包括物质利益与精神利益）的考虑。

我们认为，作为一种国际法义务的人权国际合作主要指在履行国际人权条约义务方面的国际合作，它明显区别于国际政治交往、国际经济活动领域的人权关注或合作。因此，人权国际合作义务是指国家和国际组织根据国际法（主要是国际人权条约）所承担的，通过协商制定国际人权标准、参与国际人权机构活动、进行人权领域的经济技术合作、开展人权双边或多边对话与交流等方式，为实现国际人权文件所载权利而进行相互协作的法律义务。

一　人权国际合作义务的法律渊源

在本质上，人权国际合作经历着从政治道德到法律义务的历史演变。虽然早在16世纪中叶，就存在开展人权国际合作的实践形态，[①] 但是早期涉及人权保障的国际条约很少明确规定缔约国有开展人权国际合作的义务，各国多是基于政治道德、经济利益等因素开展保障特定群体权利的国际合作。[②] 20世纪中叶以来，人权国际合作才作为一种法律义务普遍确立于《联合国宪章》及其之后的许多国际人权文件之中。[③]

《联合国宪章》（Charter of the United Nations）第1条第3项开宗明义地宣布："促进国际合作，以解决国际间属于经济、社会、文化及人类福利性质之国际问题，且不分种族、性别、语言或宗教，增进并激励对于全体人类之人权及基本自由之尊重。"为实现此宗旨，《联合国宪章》第55条规定："联合国应促进全体人类之人权及基本自由之普遍尊重与遵守，不分种族、性别、语言或宗教"；第56条规定："各会员国担允采取共同及个别行动与本组织合作，以达成第55条所载之宗旨"。从《联合国宪章》字面意义上来看，第56条"各会员国担允"体现了法律规范的含义，它针对联合国会

① 在这方面，较早的国际条约是涉及保障宗教自由的1555年《奥格斯堡和约》。该和约规定，在神圣罗马帝国，天主教徒和路德教徒享有同等地位。参见〔加〕约翰·汉弗莱《国际人权法》，庞森、王民、项佳谷译，世界知识出版社，1992，第19页。

② Antonio Cassese, *International Law* (New York: Oxford University Press, 2001), p. 350.

③ 尽管如此，在联合国成立前还是有一些多边公约强调国际合作的义务，如1926年9月25日在日内瓦制定的《禁奴公约》第4条规定："缔约各国应相互支援，以便实现消灭奴隶制和奴隶的贩卖。"

员国设定义务，即与联合国合作以达成第55条所规定的“促进对人权的尊重和遵守”的法律义务，这种法律义务是一种与联合国进行国际合作的义务。[①] 与此同时，《联合国宪章》第103条规定，宪章义务优先于其他国际条约义务，也强化了会员国促进第56条所规定的国际合作义务。另一方面，“担允采取共同及个别行动与联合国合作”还表明，会员国在与联合国合作的方式上，既包括采取单独行动，也包括采取共同行动，而且它们之间是一种并列而非选择关系，因此，会员国与联合国合作时还承担着彼此间协调一致、相互合作的法律义务。

《经济、社会和文化权利国际公约》(International Covenant on Economic, Social and Cultural Rights)[②] 明确而直接地将人权国际合作确定为缔约国履行义务的一种方式，从而使经济、社会和文化权利领域的国际合作具有坚实的法律基础。该公约第2条第1款规定：“每一缔约国担允尽最大能力，各自并经由国际援助和合作，特别是经济和技术方面的援助与合作，采取步骤以便用一切适当方法，尤其包括用立法方法，逐渐达到本公约中所承认的权利的充分实现。”[③] 此外，该公约实体权利条款，如第11条、第15条也有关于人权国际合作的规定。对于如何开展国际合作，《经济、社会和文化权利国际公约》第23条将之进一步具体化为包括签订公约、提出建议、进行技术援助以及为磋商和研究的目的同有关政府共同召开区域会议和技术会议等方法。

人权国际合作的义务条款还更加普遍地出现在其他专门性国际人权条约中。根据我们对联合国人权事务高级专员办事处主持编纂的《人权国际文件汇编》(第一卷·世界人权）所囊括的97项国际人权文件的分析，有36

---

① 白桂梅、龚刃韧、李鸣：《国际法上的人权》，北京大学出版社，1996，第55~57页。

② (1976) 993 UNTS 22.

③ 值得指出的是，国内流传的公约中文文本在“各自”和“经由国际援助和合作”之间使用的是“或”，联合国人权事务高级专员办事处发布的《人权国际文件汇编》(第一卷第一部分)，ST/HR/1/Rev. 6 (Vol. I/Part 1, 2002)，也是如此表述。但是该公约通过与生效时，英文作准文本使用的是“individually and through international assistance and co-operation”，中文作准文本使用的是“各自并籍国际协助与合作”。见，(1976) 993 UNTS 22。根据中国社科院国际法研究所孙世彦研究员的分析，虽然该条约中文作准文本后来作了修改，但只涉及将公约中文标题和文本中的“盟约”改为“公约”，其他地方并未作出修改。见孙世彦《ICCPR中文本的若干问题》，载徐显明主编《人权研究》第3卷，山东人民出版社，2004，第452页，注释89。因此，国内流传的公约中文文本并不是作准文本，其第2条第1款中使用“或”而不是“并”“及”，值得商榷。

项国际人权文书强调各国应在人权保护方面开展国际合作，其中至少有17项国际人权条约规定了缔约国开展人权国际合作的义务，即要求缔约国采取国际合作措施以实现条约所保障的权利。例如，联合国大会2006年通过的《残疾人权利公约》（Convention on the Rights of Persons with Disabilities）① 第32条明确规定："缔约国确认必须开展和促进国际合作，支持国家为实现本公约的宗旨和目的而作出的努力，并将为此在双边和多边的范围内采取适当和有效的措施，并酌情与相关国际和区域组织及民间社会，特别是与残疾人组织，合作采取这些措施。"

此外，一些区域性人权文件也规定了缔约国的合作义务。例如，《美洲人权公约》（American Convention on Human Rights）② 第26条明确规定："缔约国承允在国内并通过国际合作采取措施，特别是那些具有经济和技术性质的措施……"；《美洲人权公约附加议定书》（Additional Protocol to the American Convention on Human Rights in the Area of Economic, Social and Cultural Rights）③ 第1条、第16条第4款也直接或间接强调国际合作义务。《欧洲防止酷刑和不人道或有辱人格的待遇或处罚公约》（European Convention for the Prevention of Torture and Inhuman or Degrading Treatment or Punishment）④ 第3条明确规定，在实施公约时，公约的监督机构和有关缔约国的国内主管当局应相互合作。

一些具有世界影响力的国际人权决议、宣言等国际软法文件也先后强调并诠释国家、国家组织以及其他非国家行为体开展人权国际合作的义务。联合国大会1970年通过的《国际法原则宣言》（Declaration on Principles of International Law concerning Friendly Relations and Co-operation among States in accordance with the Charter of the United Nations）⑤ 强调，各国应合作促进对于一切人民人权及基本自由之普遍尊重与遵行……，联合国会员国均有义务依照宪章有关规定采取共同及个别行动与联合国合作。此外，联合国大会1986年通过的《发展权利宣言》（Declaration on the Right to Development）⑥

① （2008）2525 UNTS 3.

② （1979）1144 UNTS 143. Organization of American States（OAS），Treaty Series，No. 36.

③ OAS，Treaty Series，No. 69.

④ Council of Europe，European Treaties（ETS）No. 126.

⑤ A/RES/2625（XXV）.

⑥ A/RES/41/128.

第3条也强调，实现发展权利需要充分尊重有关各国依照《联合国宪章》建立友好关系与合作的国际法原则，各国有义务在确保发展和消除发展的障碍方面相互合作。1993年由180多个国家参加的维也纳世界人权会议通过的《维也纳宣言和行动纲领》（Vienna Declaration and Programme of Action）[①] 第1段就开宗明义地宣布："加强人权领域的国际合作对于充分实现联合国的宗旨（尊重人权和基本自由）至关重要。"为此，在行动纲领部分，它建议优先采取促进民主、发展和人权的国家和国际行动，包括人权事务中心、技术援助、促进区域人权安排等。尽管上述国际软法文件没有法律约束力，但是，正如有学者所言："即使'软法'规范不具有法律约束力，但是它会导致具有实际意义的效果。"[②] 在特定情况下，它们可以促进国家间更为深层次的合作；特别是，对于没有参加规定有人权国际合作义务条款的国际人权条约的国家而言，它们还具有一定的约束与引导作用。

二　人权国际合作义务的法律效力——弱强制性

从规范层面来讲，以《联合国宪章》第56条和《经济、社会和文化权利国际公约》第2条第1款为代表的义务性规则，给相关主体（如联合国和国家）施加了在履行人权条约义务方面开展国际合作的法律义务。但是，无论是《联合国宪章》，还是国际人权条约都没有明确规定人权国际合作义务的具体内容和实现方式。特别是，上述法律文件中"合作"与"援助"的内涵与外延都不甚清晰，相关国际人权机构也没有或者也不愿对之作出明确的界定。不仅如此，一些有关人权国际合作义务的条款还使用"基于自愿同意的国际合作""认识到……国际接触与合作的好处"等软化人权国际合作义务强制力的措辞。这些情况导致人权国际合作义务并不具备一般法律义务所应有的刚性和强度，从而呈现出弱强制性。根据国际人权软法规范所产生的人权国际合作义务，其强制色彩则更弱。因为，各国不必因此承担实在法意义上的法律义务，它们在国际关系上只负有开展人权国际合作的道德

① Adopted by the World Conference on Human Rights on 25 June 1993. 联合国人权事务高级专员办事处编《人权国际文件汇编》（第一卷·世界人权，第一部分），ST/HR/1/Rev. 6（Vol. I/Part 1），p. 43.

② 曾令良：《欧洲联盟法总论——以〈欧洲宪法条约〉为新视角》，武汉大学出版社，2007，第155页。

义务或政策压力。

正因为如此，在实践中，各国在履行人权国际合作义务时，具有较大的自由裁量空间。尽管《经济、社会和文化权利国际公约》第23条对该公约第2条第1款所规定的“国际援助和合作”作出了较为具体的列举，如签订公约、提出建议、进行技术援助以及为磋商和研究的目的同有关政府共同召开区域会议和技术会议等，但是，对于许多国家而言，这仍然是不确定的。不仅如此，《儿童权利公约》(Convention on the Rights of the Child)[①] 第4条在后半段更是明确规定，为更好地实现儿童的经济、社会和文化权利，缔约国应竭尽国内资源的最大限度的能力，并可视情况需要开展国际合作。可见，开展国际合作只是一种为实现人权所必要的义务，缔约国可以根据自身需要选择履行人权国际合作义务的方式和途径。

人权国际合作义务内涵与外延的不确定性导致当前人权国际合作的实现机制，如协商制定国际人权标准、参与国际人权机构的活动、开展经济和技术援助、进行双边或多边人权对话、召开国际会议等都没有强制效力，并且有赖于多元主体的自愿参与。首先，尽管从国际人权公约的措辞来看，开展人权国际合作的义务主体是国家，[②] 但是，没有哪一个国际人权条约规定缔约国有义务必须参与所有国际人权机构的活动或者发达国家有义务对发展中国家进行经济或技术援助。其次，除联合国及其部分专门机构根据其组织章程承担开展人权国际合作义务之外，[③] 绝大部分国际组织和非政府组织并没有基于其组织章程或其他法律规范所规定的开展人权国际合作的强制性义务。例如，虽然根据《经济、社会和文化权利国际公约》第22条的规定，经济社会理事会可以提请从事技术援助的其他联合国机构和它们的辅助机构，以及有关的专门机构对缔约国履行义务的任何事情予以注意，但这并不是一种法律义务的措辞和表述；联合国专门机构，如国际货币基金组织和世界银行，根据其与联合国签订的关系协定要考虑联合国的决议和建议意见，

---

① (1990) 1577 UNTS 3.

② 例如，《经济、社会和文化权利国际公约》第2条第1款采用的是“每一缔约国应……”，《儿童权利公约》《残疾人权利公约》《美洲人权公约》在规定国际合作义务时都是沿用此种针对缔约国的义务表述。

③ 一些联合国专门机构本身就承担着在保障基本人权方面开展国际合作的职能。例如，在保障健康权领域，世界卫生组织承担着指导和协调国际卫生工作，协助加强国家的卫生事业、提供技术援助的职能。在保障劳工权利方面，国际劳工组织承担着制定国际劳工公约和建议书供成员国批准实施，向成员国提供资金、技术和咨询援助与合作的职能。

从而可能在业务活动中关注人权问题并与联合国合作，但这也不是一种强制性义务。因此，一般情况下，非国家行为体，特别是国际组织和非政府组织等民间力量参与人权国际合作并不是基于一种法律义务，而是基于促进国际人权保障事业的现实考虑和其自身的宗旨与目标定位。可见，当前人权国际合作的诸多实践形态，多是特定历史、特定环境的产物，它的形式、内容及效果均受到参与人权国际合作的相关主体的意志及实际情况的制约。

或许正因为如此，有些西方学者认为，《经济、社会和文化权利国际公约》第 2 条第 1 款只包含一种较弱的国家承诺，在义务履行方面是一种软法规范。① 我们认为这种观点值得商榷。尽管人权国际合作义务因为规范不明而体现弱强制性，但这并不表明这种法律义务的来源是一种软法规范。基于《经济、社会和文化权利国际公约》第 2 条第 1 款以及其他有法律约束力的国际人权文件所产生的人权国际合作义务，本质上是一种具有法律约束力的条约义务。对此，阿尔斯顿和奎恩教授就公允地评论道："很难说公约施加了要求某一特定国家提供某一特定形式的国际援助的法律义务，但是不能因此就断定相关的规定是无意义的。在实施特定权利的情况下，依据公约第 2 条第 1 款开展国际合作义务是强制性的。"②

值得指出的是，虽然国家开展国际合作与寻求国际援助，特别是经济和技术援助的方式是任择性的，但是，这并不表明相关国家在实现国内人权的过程中可以斟酌不采取此种途径，从而"卸掉"此种义务。正如经济、社会和文化权利委员会多次在一般性意见中强调的，如果一个国家声称由于它无力控制的原因而无法履行义务，则有责任证明这种情况，并且证明它已经寻求国际合作与援助支持，但未能成功。③ 因此，对缺乏足够国内资源的国家而言，寻求国际合作与援助是基于履行国际人权公约义务所要求的法律义务，至少是在证明该国履行义务的行为是否符合条约规定时的强制性要求。

---

① Dinah Shelton, "International Law and 'Relative Normativity'", in Malcolm D Evans (ed.), *International Law* (New York: Oxford University Press, 2003), p. 166.

② Philip Alston and Gerard Quinn, "The Nature and Scope of States Parties' Obligations under the International Covenant on Economic, Social and Cultural Rights", (1987) 9 *Human Rights Quarterly* 156, p. 191.

③ 经济、社会和文化权利委员会第 3 号一般性意见：缔约国义务的性质（《公约》第 2 条第 1 款），E/1991/23, para. 10；经济、社会和文化权利委员会第 12 号一般性意见：取得足够食物的权利（第 11 条），E/C. 12/1999/5, para. 17.

三　人权国际合作义务的责任分担——差异性

国际人权条约并没有就不同主体的人权国际合作义务或责任作出明确区分，因此，理论上所有国家的人权国际合作义务具有同一性。但是，实际上，在国家参与人权国际合作过程中，义务履行或责任分担具有差异性。同一性体现在开展国际合作方面，[①] 例如，所有国家都共同参与制定国际人权标准，共同参与国际人权机构的活动，共同开展双边或多边人权对话，等等。差异性体现在寻求或提供国际援助方面，例如，发展中国家向发达国家或国际社会寻求经济或技术援助，出现了寻求援助方与提供援助方权利义务或责任分担的差异性。国际援助与国际合作是有区别的。国际合作意味着彼此需要，体现互惠性。国际援助意味着有能力的国家单方面提供经济或技术资源给有需要的国家，它存在于资源能力不平等的施援国和受援国之间。对于施援国而言，这意味着付出或义务；对于受援国而言，这意味着收获或利益。

借助于国家义务的三层次论，我们认为，人权国际合作义务也主要由尊重的义务、保护的义务和支持实现的义务组成。[②] 同一性体现在尊重和保护的义务方面，强调的是基于人权普遍性而产生的共同责任；差异性则体现为支持实现（促进和提供）的义务方面，强调的是基于国内资源多寡而产生的区别责任。

（一）国家履行人权国际合作义务的共同责任

1. 基于国际合作的要求，所有国家都有尊重（消极不作为）的义务

尊重的义务要求国家相互确保其政策和措施不会导致侵犯生活在其他国家的个人权利。尊重的义务是一种消极义务，并且是一种基于相互合作的自我约束义务。它意味着国家必须避免采取会对域外人权产生不利影响的某些

① 特别提出的是，这里的“国际合作”是狭义上的，与本文所论述主题——“国际合作”是不同的，后者的范畴要更为广泛一些，包括国际援助和合作等。

② 提倡国家义务“三分法”的主要代表人物是曾任联合国食物权特别报告员的阿斯布佐恩·艾德教授。他在1987年的一份报告中认为，国家在国际人权公约下的义务可分为尊重的义务、保护的义务和实现的义务三个层次。参见人权委员会《特别报告员阿斯布佐恩·艾德提交的作为一项人权的享有充足食物权的报告》，E/CN. 4/Sub. 2/1987/23。这一分析方法为联合国经济、社会和文化权利委员会所采用，它在多份一般性意见中运用此种方法来分析国家在《经济、社会和文化权利国际公约》下的具体义务。

行动。这一义务并不要求提供任何资源，它只是要求相互“不引起损害”。不仅如此，尊重的义务还体现为，各国应避免在世界贸易组织、国际货币基金组织或世界银行等国际经济组织内部作出可能导致侵犯其他国家领域内的个人权利的决定。[①]

2. 基于国际合作的要求，所有国家都有保护（积极防止）的义务

保护的义务要求国家相互确保受其管辖的第三方（如本国公民或跨国公司）不侵犯生活在其他国家的个人权利。[②] 这一义务强调国家有责任为保护其他国家个人权利而对其管辖下的私主体加以管理。

不仅如此，基于国际合作的要求，所有国家在履行尊重、保护义务的同时，还承担着非歧视的义务。基于人权普遍性原理，非歧视原则要求权利保障过程中不能基于种族、肤色、性别、语言、宗教、政治或其他见解、国籍或社会出身、财产等理由而作出任何区分。同样，基于人权普遍性原理，在人权国际合作过程中也要承担非歧视义务，它意味着各国在履行尊重、保护域外人权的义务过程中，不得基于种族、肤色、性别、语言、宗教、政治或其他见解、国籍或社会出身、财产等理由而作出任何区分。

（二）国家履行人权国际合作义务的区别责任

人权国际合作义务的差异性体现在第三个方面，即支持实现的义务。支持实现的义务核心是发达国家单方面提供经济或技术方面的援助。

1. 对于受援国而言，这是一种寻求国际援助的义务

这种意义上的人权国际合作，尽管意味着获取资源利益，但本质上还是一种义务。如果国内资源或条件不足以实现人权，特别是经济、社会和文化权利的话，那么向发达国家、联合国专门机构、其他国际组织或非政府组织寻求国际援助就是缔约国必须承担的次生义务，否则就是对国际人权公约义务的违反。为此，经济、社会和文化权利委员会认为，受援国应该在缔约国报告中明确它们可能特别需要技术援助和发展合作的领域。[③] 不仅如此，受

① 经济、社会和文化权利委员会第 19 号一般性意见：社会保障的权利（第 9 条），E/C. 12/GC/19，para. 58.

② Statement on the obligations of States Parties regarding the corporate sector and economic，social and cultural rights，E/C. 12/2011/1，para. 5.

③ 经济、社会和文化权利委员会第 2 号一般性意见：国际技术援助措施（第 22 条），E/1990/23，para. 10.

援国在寻求国际援助过程中，应该避免采取各种措施阻碍来自国际社会的援助惠及其管辖范围内有此需要的个人，并建立有效的监督机制保证此种援助能有效地被用于改善人权状况，特别是，被用于实现国际人权条约所规定的核心人权标准。[①]

2. 对于施援国而言，这是一种提供国际援助的义务

这一点已经为经济、社会和文化权利委员会所确认，它强调，发达国家和有能力的其他国际主体有提供国际援助的责任。例如，在关于健康权的第14号一般性意见中，经济、社会和文化权利委员会强调："缔约国和其他能够给予帮助的主体尤其有责任提供'国际援助和合作，特别是经济和技术援助和合作'，使发展中国家能够履行他们的核心义务和其他义务……"[②]

不过，发达国家提供国际援助是否是一种法律义务，是存在争议的。[③]这种争议在制定《经济、社会和文化权利国际公约任择议定书》过程中再次显现。英国、法国等国代表认为，《经济、社会和文化权利国际公约》第2条第1款不能被解释成为规定有提供发展援助的法律义务或接受这种援助的法律权利；[④] 与之相反，埃及、印度尼西亚、尼日利亚等国家代表则强调，国际合作与援助是《公约》所规定的一项法律义务。[⑤] 坦率地讲，很难说国际人权公约给缔约国，特别是发达国家施加了单方面提供国际援助的法律义务，这无论是从条约条款，还是从相关国际人权机构的解释来看都是如此。[⑥] 经济、社会和文化权利委员会在许多地方论及此问题时，都是采用"强调""建议"等谨慎的表述。因此，诚如马修·克雷文所言，当前的共

---

① Magdalena Sepulveda, "Obligations of International Assistance and Cooperation in an Optional Protocol to the International Covenant on Economic, Social and Cultural Rights", (2006) 24 *Netherlands Quarterly of Human Rights* 271, p. 291.

② 经济、社会和文化权利委员会第14号一般性意见：享有能达到的最高健康标准的权利（第12条），E/C. 12/2000/4, para. 45.

③ Alston and Quinn, "The Nature and Scope of States Parties' Obligations under the International Covenant on Economic, Social and Cultural Rights", pp. 186 - 192.

④ 人权委员会：《审议关于拟定〈经济、社会、文化权利国际公约任择议定书〉备选方案的不限成员名额工作组第二届会议报告》，E/CN. 4/2005/52, para. 76.

⑤ 人权委员会：《审议关于拟定〈经济、社会、文化权利国际公约任择议定书〉备选方案的不限成员名额工作组第二届会议报告》，para. 77. 人权委员会：《审议关于拟定〈经济、社会、文化权利国际公约任择议定书〉备选方案的不限成员名额工作组第三届会议报告》，E/CN. 4/2006/47, para. 78.

⑥ Sepulveda, "Obligations of International Assistance and Cooperation in an Optional Protocol to the International Covenant on Economic, Social and Cultural Rights", p. 287.

识是发展中国家有权寻求（were entitled to ask for）国际援助，但是不能声称它是一项法律权利（legal right）。[1] 这种认识应该说是符合当前理论和现实情况的。

四 人权国际合作义务的适用范围——域外性

国际人权法的传统理论认为，国家所承担的保护人权义务具有域内性。国家依据国际人权条约或人权国际习惯法承担着保护在其领土范围内和处于其管辖下的个人人权的义务，国家义务的受益者是一国内部的公民或居民。因此，国际人权条约或有关人权的国际习惯规则调整的是国家及其管辖下的个人之间的纵向关系，[2] 而非如传统国际法那样，调整国家间的横向关系。但是，实践表明，国家在国际人权条约下的义务（尤其是国际合作义务）也具有域外性。

人权国际合作义务就是一种体现域外性的人权义务。首先，就其地域范围而言，人权国际合作义务是一种跨越国界或者管辖范围的义务。[3] 尽管人权国际合作义务是基于提升国内人权保障能力而产生的，但它是一种发生在国际行为体（主要是国家）之间、体现国际行为体主体间联系的义务。其次，就其形式而言，人权国际合作义务是一种发生在国际行为体（主要是国家）之间的横向义务，而非发生在国家与其领土内或管辖下的个人之间的纵向义务，从而突破了人权义务域内性的传统认知。再次，就其内容而言，人权国际合作义务包含其影响溢出国界的作为和不作为。一方面，它要求各国应该对他国的人权状况尽到注意义务，防止其所采取的措施影响其他国家个人的人权状况，必要时，有能力的国家还有义务给予有此需要的国家以经济或技术方面的援助。另一方面，各国根据国际人权条约的规定或者联合国相关机构决议，履行向人权条约监督机构提交缔约国报告并参加审议程

---

① Matthew C. R. Craven, *The International Covenant on Economic, Social, and Cultural Rights: A Perspective on its Development* (New York: Oxford University Press, 1995), p. 149.

② 尽管如此，John H. Knox 还是提出并论证了人权的横向效力。参见 John H. Knox, "Horizontal Human Rights Law", (2008) 102 *The American Journal of International Law*1, pp. 1 – 47.

③ 与《公民权利和政治权利国际公约》第 2 条第 1 款强调“在其领土内和受其管辖的一切个人”不同,《经济、社会和文化权利国际公约》第 2 条第 1 款并没有这一限制条件，这似乎从侧面印证了关于国家在经济、社会和文化权利领域的义务（特别是开展国际援助与合作义务）具有域外性的论断。

序或者参与人权理事会普遍定期审查机制等程序义务，也体现了域外性。

与人权国际合作义务的域外性相关的一个概念是“域外人权义务”。域外人权义务（Extraterritorial human rights obligations）是近年来在学术界逐渐兴起的热点话题。[①] 众所周知，国家在国内采取的措施或者在国际组织内的决策行为，极有可能对域外人权状况产生不良影响。国家承担人权保障义务的范围与其管辖范围并不是对应的，各国有义务对域外人权状况尽到消极注意（尊重）乃至积极作为（保护、支持实现）义务。“尽管保障人权的首要责任始终属于国家政府，但在目前全球化和国际相互依存度增强的大环境下，政府并不总是有能力保护其国民免受别国所作决定的影响。所有国家都应该确保其政策不会导致对它国人权的侵犯。”[②] 因此，基于人权的普遍性和非歧视性原则，国家应该承担域外人权义务，在一定情况下还应该为其行为或措施造成的侵犯域外人权的情况承担相应的责任。例如，如果施援国给受援国提出的结构性调整政策或财政紧缩政策等附加条件剥夺了受援国人民享有的经济、社会和文化权利，那么，施援国应该承担违反人权义务的责任。不过，域外人权义务并不意味着国家对任何其他地方的人权状况负责，毕竟这既不合理也不现实；但是，它要求国家，无论是在国内行为（决策）还是国际行为（决策）（例如发达国家作为成员参加国际货币基金组织或世界银行援助发展中国家的决策过程）中，至少应该对与其行为有直接联系的域外人权状况尽到注意义务。

很多时候，学者们将人权国际合作义务与域外人权义务不加区别使用。例如，联合国食物权问题特别报告员让·齐格勒在一份报告中，就主要根据《联合国宪章》第 55 条、第 56 条以及《经济、社会和文化权利国际公约》第 2 条第 1 款的规定，阐述缔约国在保障食物权方面的域外义务，并将之具体化为尊重、保护和支持实现三个层次。[③] 但实质上，这也是一种在保障食物权方面的国际合作义务。尽管如此，我们认为，虽然人权国际合作义务与

① 参见 Sigrun Skogly, *Beyond National Borders: States' Human Rights Obligations In International Cooperation* (Intersentia: Antwerpen-Oxford Press, 2006); Sigrun I. Skogly & Mark Gibney, “Transnational Human Rights Obligations”, (2002) 24 *Human Rights Quarterly* 782, pp. 782 - 785; Mark Gibney, Katarina Tomasevski and Jens Vedsted-Hansen, “Transnational State Responsibility for Violations of Human Rights”, (1999) 12 *Harvard Human Rights Journal* 267, pp. 267 - 295.

② 人权委员会：《食物权问题特别报告员让·齐格勒的报告》，E/CN. 4/2005/47，para. 39.

③ 人权委员会：《食物权问题特别报告员让·齐格勒的报告》，paras. 35 - 39.

域外人权义务在法律基础、义务层次、义务主体等方面存在许多共性，但是两者是不能混用的。首先，域外人权义务针对国家而言，强调国家对其管辖范围以外的人权状况负相应注意义务；人权国际合作义务则不止如此，它还强调联合国及其专门机构等国际组织开展国际合作的义务。其次，域外人权义务强调不为害，主要是一种避免侵害域外人权的消极义务；[①] 人权国际合作义务强调互为利，主要是一种从事国际援助和合作的积极义务。再次，域外人权义务强调国家及其管辖下的私主体（如跨国企业）行为的域外人权责任，有时会涉及国家不法行为侵犯域外人权的责任；人权国际合作义务强调通过借助国际资源提升国家实施国际人权标准的能力。最后，域外人权义务主要是一种实体性义务；人权国际合作义务不仅包含实体性义务，还包括参与国际人权监督机制的程序性义务。

五　人权国际合作义务的基本功能——辅助性

人权保障活动主要是在各国国内领域展开，实施人权保障不能无视各国国内社会生活中法律、事实特征以及国内法中实质和程序特征。相对于国内履行措施而言，人权国际合作是一种不可或缺的辅助性义务。

一方面，保护人权的首要途径是国家充分利用国内可适用的资源采取各种有效的国内履行措施，争取国际援助与合作是对国家履行其人权义务首要职责的补充。由于国际社会的某些成员并不拥有全面落实国际人权公约所载各项权利的必要资源，因此，国际合作，特别是国际援助旨在弥补因国内资源有限而引发的国家履行义务能力的不足，在国内层面促进各国国内人权保障能力和水平的提升。早在起草《经济、社会和文化权利国际公约》第 2 条第 1 款的过程中，墨西哥代表就提出了一种得到普遍认同的主张：“（实现经济、社会和文化权利所需要的）经济发展首先建立在国内资源充分和有效的利用以及本国人民勤劳工作的基础上，国际经济援助只能作为补充，并且主要是一种应对由外部原因引起的经济失调的补充措施。”[②] 2005 年以来，人权与国际团结问题独立专家鲁迪·穆罕默德·里兹克也在其提交的系

① Skogly, *Beyond National Borders: States' Human Rights Obligations In International Cooperation*, p. 203.

② Craven, *The International Covenant on Economic, Social, and Cultural Rights*, p. 144, footnote 234.

列报告中多次重申，与国际援助和国际合作有关的义务是国家履行国家人权义务这一首要责任的补充。①

另一方面，相对于国内履行措施而言，体现并促进国际合作的各种国际人权监督机制以及其他人权国际合作实践与机制，也扮演着辅助角色。这种意义上的辅助性根源于国际人权保护体系职权配置与运行机制的基本特性——辅助性（Subsidiarity）。辅助性本来是欧盟权能的一项基本原则，它是指一个国家或国家联邦为共同利益而行使的权力，应仅仅是个人、家庭、公司和地方或地方政府所不能单独行使的那些权力。② 辅助性原则实质上是处理欧盟与成员国关系的分权原则，后来，它被引入欧洲人权保护领域，成为处理欧洲人权机制与各国人权保护之间关系的重要原则。在赫伯特·佩佐尔德看来，欧洲人权机制中的辅助性是指欧洲人权机构的作用不在于取代国内人权实施，而在于提供最终的、补充性的救济，以促进国内人权及基本自由。③ 我们认为，上述认识同样可以移植到人权国际合作中来。正如杰克·唐纳利所言："国际行为虽然对人权的命运业已产生、而且将会继续产生重大的影响，但是，从根本上说，它的作用仍然是辅助性的。"④ 无论是缔约国报告制度等国际人权条约监督机制，还是人权理事会普遍定期审查机制等联合国宪章监督机制，它们在人权保障方面的作用和责任都是次要的，它们的任务是辅助和协调。例如，经济、社会和文化权利委员会在关于缔约国报告的第 1 号一般性意见中认为，缔约国报告义务主要目的是帮助每个缔约国履行《经济、社会和文化权利国际公约》所规定的义务；⑤ 联合国大会在设立人权理事会的决议中也确认，促进和保护人权应以合作和真正对话的原则为基础，目的是增强会员国履行其人权义务的能力，以造福于所有人。⑥

---

① 人权理事会：《人权与国际团结——联合国人权事务高级专员的说明》，A/HRC/9/10，para. 31，A/HRC/12/27，para. 22；人权理事会：《联合国人权与国际团结问题独立专家穆罕默德·鲁迪·里兹克的报告》，A/HRC/15/32，para. 43.

② 曾令良：《欧洲联盟法总论——以〈欧洲宪法条约〉为新视角》，武汉大学出版社，2007，第 52 页。

③ Herbert Petzold，"The Convention and the Principle of Subsidiarity"，in R. St. J. Macdonald，F. Matscher and H. Petzold（eds.），*The European System for the Protection of Human Rights*（Dordrecht/Boston/London：Martinus Nijhoff Publishers，1993），p. 43.

④ 〔美〕杰克·唐纳利：《普遍人权的理论与实践》，王浦劬等译，中国社会科学出版社，2001，第 297 页。

⑤ 经济、社会和文化权利委员会第 1 号一般性意见：缔约国提交报告情况，E/1989/22，para. 1.

⑥ Resolution adopted by the General Assembly，*Human Rights Council*，A/RES/60/251.

六　结语

综上所述，人权国际合作是一种建立在国际条约和国际人权软法规范基础上、由国家及其他非国家行为体自愿选择实现方式和途径、旨在辅助国家更好地履行人权义务的多重性义务，它兼具弱强制性、差异性、域外性和辅助性。人权国际合作的义务无论是在规范要求的“强制性”方面，还是义务内容的“确定性”方面，都充满明显的弱法色彩，赋予了相关义务主体较大的自由裁量空间，从而在很大程度上削弱了这种义务的刚性和硬度。人权国际合作义务如此复杂的法律特征导致人权国际合作在实践中存在着法律性和政治性、强制性与任择性、义务要求与自愿履行之间的张力，并时常游离于法律和政治之间，难以最大限度地发挥推动人权国际保护的作用，而这也是导致当前国际援助与合作发展滞缓的法律层面的原因。因此，从法律角度来讲，解决上述问题需要进一步充实人权国际合作的法律基础，明确义务主体、义务性质、范围和内容，进而推动人权国际合作实现机制的制度化和法制化。但是，人权问题背后往往隐含着政治、经济或文化因素。因此，剖析人权国际合作义务多重性的政治、经济与文化原因并提出相应的对策，将是今后需要进一步深入研究的重要课题。

Multiple Legal Characteristics of Obligation of International Human Rights Cooperation

Mao Junxiang

Abstract: Since the middle of twentieth century, cooperation in international human rights has transformed from political morality to international obligation. The obligation of international human rights cooperation stems from not only treaties with legal binding, such as UN Charter and international human rights treaties, but also soft laws, such as resolutions of the UN. The obligation subjects have margin of appreciation in international human rights cooperation, and to a great degree, the rigid and hardness of obligation of international human rights cooperation has been weakened. Because of those, the obligation of international human rights cooperation has multiple legal characteristics, those are the weak mandatory of its legal force, the otherness of responsibility sharing, the extraterritorial scope of application and the subsidiarity of its fundamental function.

Key Words: International Human Rights Cooperation; Legal Basis; Multiple Legal Characteristics

中国战争受害者对日索赔与国际人道法的发展

管建强*

摘　要：国际人道法创立的保护和救济战争受害者的规则可以追溯到一百年前的《海牙第四公约》。严重违反国际人道法行为的被侵害者拥有获得赔偿或补偿的权利。回顾民间战争受害者对日索赔的实践、探究国际人道法在救济战争受害者机制方面的发展趋势、阐述中国学者主张的战争受害者私人请求权不受公权力剥夺的理论对国际人道法的发展具有重要的历史性意义。

关键词：国际人道法　战争受害者　外交保护　和平条约

引　言

侵华战争期间，日军对中国平民实施了无差别大轰炸、大屠杀、强掳强迫劳动、性奴役的随军慰安妇制度、细菌战、毒气战、活体实验以及对财产的不正当没收（如香港军票案）等等严重侵害中国平民的暴行。日军严重违反交战法规和国际人道法的违法行为，造成大量的中国平民成为战争受害者。战后，虽然远东军事法庭以及盟国战争罪法庭对主导发动侵略的组织、策划者和实施暴行的违反交战法规的战争犯罪者进行了应有的惩罚，但是，中国民间战争受害者要求加害国日本政府的损害赔偿问题并没有得到解决。

民间战争受害者救济涉及救济的法律依据、途径、主张权利的主体以及受害者直接向加害方索赔的法理基础和国际法实践等方面的问题。深入研究这些国际人道法中的理论和实践问题有助于指导民间对日索赔的斗争，归纳

* 管建强，华东政法大学教授。

分析中国民间对日索赔实践的特点和影响，不难看到这场对日索赔斗争的重大历史意义，它正潜移默化地推动着国际人道法向纵深的方向发展。

一 国际人道法法理、实践概述

（一）国际人道法产生的法理和背景

从国际法的角度来看，战争是两国或更多的国家间武装部队互相从事暴力行为的竞争。通常这些行为还伴随有损害敌人的其他措施。战争的目的是打败对方以便对之强加诸如胜利者准备给予的和平条件。至于个人之间的殴斗、决斗或者冲突等行为不构成一种法律的战争状态。

在上古和大部分中世纪时期，战争是各交战国全部居民之间的争斗。在战争时期，一个交战国的任何人，不论是否携有武器作战，不论男女，不论成年或未成年，都可以被交战国他方任意杀害或执为奴隶。支持这一行为的理论依据并不是自然法则，而是奴隶制社会中，奴隶主对奴隶所享有的不受限制的奴役和屠杀权利，其理论依据是基于人与人之间地位的不平等的观念，由此衍生了胜利者拥有杀死被征服者的权利的表象理解。英国哲学家霍布斯从学理上极力宣传人与人之间平等的观念，法国思想家卢梭不仅确认了霍布斯的人与人之间平等权利的观念，而且深刻批判了格老修斯在《战争与和平法》中所宣扬的征服者可以屠杀被征服者的理论。英国思想家洛克在他的《政府论》中也指出，自然状态……既然大家都是平等的、独立的，所以就没有一个人应该伤害别人的生命、健康、自由和财产。[①]

卢梭在他的《社会契约论》中指出：这种所谓杀死被征服者的权利，无论怎样都绝不会是战争状态的结果。在人类生存于原始独立状态的时候，彼此之间绝不存在任何经常性的关系足以构成和平状态或者战争状态。所以，他们就天然地绝不会彼此是仇敌。构成战争的，乃是物的关系而不是人的关系，因此，私人之间的战争，就既不能存在于根本还没有出现固定财产权的自然状态之中，也不能存在于一切都出于法律权威之下的社会状态之中。

因此，战争绝不是人与人的一种关系，而是国与国的一种关系；在战争

① 约翰·洛克：《政府论》下篇，商务印书馆，1997，第7页。

中，个人与个人绝不是以人的资格，甚至也不是以公民的资格，而只是以士兵的资格，才偶然成为仇敌的；他们绝不是作为国家的成员，而只是作为国家的保卫者。即使是在正式的战争中，一个公正的君主尽可以占有敌人国土上全部公共所有物，但是他尊重个人的人身和财富，他尊重为他自己的权利所依据的那种权利。战争的目的既然是摧毁敌国，人们就有权杀死对方的保卫者，只要他们手里有武器；可是一旦他们放下武器投降，不再是敌人或者敌人的工具时，他们就又成为单纯的个人，而别人对他们也就不再具有生杀之权。战争绝不能产生不是为战争的目的所必需的任何权利。这些原则是得自事物的本性，并且是以理性为基础的。①

在17、18世纪，欧洲版图的变更和新的主权国家的出现急剧地改变了人们对于战争及战争受害者的命运的观念和看法。三十年战争结束后签订的《威斯特伐利亚和约》在欧洲建立了新秩序，战争不再被认为是使一项教义、一个理由或一种宗教占上风的手段，而仅仅被视为是——虽然还很不完善——在两个主权国家之间发生争端，但又没有共同仲裁员情况下解决问题的一种办法。主权国家的兴起同样使得旨在阻止战争灾难的规则被接受。战争是王子们的事情；国与国之间通过它们穿着不同制服的强大的军队作战；不参与战斗的平民与受伤并退出战争的人员不应受到战争的影响。同样，国家同意不再使用背信弃义的手段，并且禁止使用可以造成巨大痛苦的诸如炸裂弹和有毒武器类的武器。它们只能使用与其唯一合法目的成正当比例的武器，该目的就是为了削弱敌人的军事力量。②

19世纪的国家之间的战争，交战的双方基本上能够恪守的原则是：屠杀的对象仅仅是对方国家的手持武器作战的敌人。随着冷兵器的发展，战争也变得越来越残酷。越来越多的思想家呼吁遵守战争习惯法规则。他们提出战争的目的是使敌人屈服，而不是杀人，当对方军人放下手中的武器，投降即不作抵抗的时候，他们就不属于可以被屠杀的敌人，否则就违反了战争的目的，违反了人道。

理论上，战争是国家通过武装部队的争斗。各交战国的不直接或间接属于武装部队的私人并不参加战争，他们既不进攻，也不防御，因此，也不应

---

① 卢梭：《社会契约论》，商务印书馆，2003，第13～14页。

② 《关于在战争中放弃使用某些爆炸性弹丸的宣言》（圣彼得堡宣言，1868年12月11日），载王铁崖、朱荔荪等编《战争文献集》，解放军出版社，1986，第7页。

该向他们进攻。这个理论结果的形成与以卢梭为首的思想家们对于人类间的违背战争目的以及非人道战争行为所造成的不必要的痛苦所进行的深刻反思和强烈的谴责有着相当的关系。

在资产阶级启蒙家、思想家的人道主义思想影响下，国际社会从限制战争手段、作战方法、保护平民、战争受害者和战斗员等方面，自 19 世纪中叶起，相继制定了一系列的战争法规。随着这些以尊重和保护人道为目的的交战法规的出现，国际人道法应运而生。国际人道法就是保护战争或武装冲突期间未参与或不再参与敌对行动的人员的规则的总称。它的主要目的是在发生武装冲突时，限制和防止人类遭受痛苦。国际人道法的规则不仅应得到各国政府及其武装部队的遵守，而且敌对武装团体和冲突各方都应恪守这些规则。所以国际人道法的主要目的有两个：第一个就是保护战争受害者，保护那些没有参加敌对行动的人，其中首先是平民，其次是保护那些已经停止敌对行动的人，比如陆战和海战中的伤病员、战俘及平民被拘禁者；第二个就是限制作战手段和方法。

（二）国际人道法规范及发展的不平衡性

在国际人道法的发展过程中形成了日内瓦法体系和海牙法体系。海牙法体系发端于 1868 年的《圣·彼得堡宣言》，该宣言在战争法中开始确立“禁止使用将引起不必要痛苦的作战手段和方法”的原则。1899 年和 1907 年的两次海牙国际会议中制定的《海牙公约》，在战争法上对作战人员的规则以及对作战方法、手段的限制，明确地禁止了诸多违反人道的行为。这类法规是与战争行为有关的规则。这些规则规定作战手段和作战方法，并禁止不分青红皂白的攻击及针对非战争人员的攻击，禁止使用滥杀滥伤、造成极大痛苦的武器及禁止背信弃义的作战手段。

日内瓦法体系是在 1864 年《改善战地武装部队伤者境遇的日内瓦公约》的基础上发展起来的。这类法规是保护非战争人员与退出战争人员的规则，即部队伤病员、遇船难者、战争俘虏、军队救护人员和平民。这类公约主要有《关于改善战地武装部队伤者和病者境遇的公约》（1906 年 7 月 6 日订于日内瓦）、《关于改善战地武装部队伤者病者境遇的日内瓦公约》（1929 年 7 月 27 日订于日内瓦）、《关于战俘待遇的日内瓦公约》（1929 年 7 月 27 日订于日内瓦）、《改善战地武装部队伤者病者境遇的日内瓦公约》（1949 年 8 月 12 日日内瓦第一公约、第二公约、第三公约）、《关于战时保护平民的日内瓦公约》（1949 年 8 月 12 日日内瓦第四公约）、《1949 年 8 月 12 日日内瓦四公约关于保护国际性武装冲突受难者的附加议定书（第一议定书）》（1977 年 6 月 8 日订于日内瓦）、《1949 年 8 月 12 日日内瓦四公约关于保护非国际性武装冲突受难者的附加议定书（第二议定书）》（1977 年 6 月 8 日订于日内瓦）等。

需要指出的是，日内瓦法与海牙法规范是互相依存和互为补充的，其中有些规则是相同的。那些限制空袭和禁止无区分的轰炸的规则，如果从飞行员的角度看就属于战争行为规则，如果从轰炸的后果看，则属于保护平民的规则。

回顾从海牙法体系到日内瓦法体系的国际人道法发展的历程，人们可以发现，国际人道法在惩罚战争罪的实践方面得到了极大的发展。

第一次世界大战之后，1919 年《凡尔赛和约》规定对德国皇帝威廉二世和其他违反战争法规和战争惯例的德国战犯应予以审判和惩治。《凡尔赛和约》第 228 条和第 229 条还规定，德国承认协约国有权以违反交战法规罪行审判德国国民并承担将罪犯交给由协约国组成的军事法庭之义务（由于威廉二世逃亡荷兰，并得到荷兰政府的庇护，最终没有实现对战争犯罪进行审判）。

第二次世界大战期间，出现了对人类尊严和文明严重践踏的暴行，使各国政府和人民对战争犯罪有了更深刻的认识。根据 1945 年的《欧洲国际军事法庭宪章》，在纽伦堡设立国际军事法庭，审判德国主要战犯。随后，于 1946 年 1 月通过《远东国际军事法庭宪章》，在东京设立了远东国际军事法庭，审判日本战犯。其依据是 1945 年的《欧洲国际军事法庭宪章》和 1946 年的《远东国际军事法庭宪章》的规定，即战争罪包括以下三种类型：（1）破坏和平罪；（2）战争罪；（3）违反人道罪。

的确，通过惩罚战争犯罪有助于维护人道尊严，但是国际人道法的发展并不平衡。国际人道法犹如一机两翼，惩罚战争犯罪是其核心内容的一个方面，另一个方面则是对战争受害者的救济。

在近代国际法的末期，国际法就产生了对违反战争法规行为的赔偿原则。国际社会认识到如果能够使一个交战国对于它的违反战争法规的行为所造成的一切损害都给付赔偿，这无疑是保证合法作战的一种间接方法。这种共识在第二次海牙会议上获得了确立。《1907 年关于尊重陆战法律及习惯之海牙第四公约》（以下简称《海牙第四公约》）就明确了这点。其第 3 条规定："违反本章程规定的交战一方在需要时应负责赔偿。该方应对自己军队的组成人员做出的一切行为负责。”

类似的关于就违反国际人道法行为进行赔偿的要求，在《1949 年日内瓦公约的 1977 年第一附加议定书》第 91 条中又明确地得到了重申：“违反各公约或本议定书规定的冲突一方，按情况所需，应负补偿的责任。该方应对组成其武装部队的人员所从事的一切行为负责。”[①]

根据这一条款，交战双方仅有权在不违背公约规定的范围内，进行交战。《海牙第四公约》责成国际社会的交战国家，作战时必须遵守战争法规，禁止屠杀俘虏、伤员和平民。一旦违反上述相关的战争法规，则由交战国家承担赔偿义务。这些公约的出现是人类文明发展的必然结果，也是人道主义法的必然要求。

概言之，一百多年来，国际人道法获得了长足的发展，尤其是在推动追究国际个人刑事责任方面，日内瓦四公约和日内瓦议定书都作出了明确的规定。在实践上，国际人道法的发展推动了 2002 年罗马刑事法院的建立，它增强了人们对未来尊重人的生命与尊严的信心。但是，就违反人权法和国际人道法行为的被害人而言，这一问题仍然含糊不清。[②] 尤其对在国际性武装冲突下的战争受害者，在较多的情况下，他们难以获得国际人道法上所规定的赔偿救济。其原因主要有以下几种：第一，受害者国籍国在缔结和约时不仅放弃了战争受害者对加害国的赔偿请求权，同时国籍国也没有对受害者进行补偿；第二，加害国对战争受害者个人的诉求以各种理由加以拒绝，如主权豁免、个人不得援引《海牙第四公约》以及《海牙第四公约》在加害国中属于非自动生效等理由；第三，受害者国籍国在其国民用尽加害国的救济程序并无结果后，不施行外交保护援手。

尽管战争受害者在寻求保护和救济方面面临着一些障碍，但是，在帮助战争受害者获得救济的途径方面业已呈现出多样化的特点和新的发展。本文试图就战争受害者各种主要的获得救济的途径，以及相关的法律层面的问题作进一步的探讨。

① 其他法律文件也明确规定了进行赔偿的义务。例如 1992 年联合国《保护所有人不遭受强迫失踪宣言》第 19 条规定，强迫失踪的被害人以及其家人有权获得适当的赔偿，包括所有尽可能使其康复的方法。宣言进一步规定：“如果被害人由于强迫失踪死亡，那么其受赡养者也有权获得赔偿。” A/47/49（1992）.

② 〔英〕埃马努埃拉·基亚拉·吉拉德：《对违反国际人道法行为进行赔偿》，李芝瑶译，《红十字国际评论》2003 年第 851 期，第 530 页。

二　交战国处分战争受害者权益的模式及评述

战争是国家之间的武装冲突的法律状态，缔结和约是结束战争状态的主要手段之一。就国家而言，对于战争受害者权益的维护，主要可通过缔结和约、与交战国之间创建混合仲裁赔偿委员会以及受害者个人在加害国用尽救济程序后的外交交涉。

（一）建立混合仲裁赔偿委员会救济战争受害者

19 世纪以来，已经成立了许多混合索赔委员会。相比较而言，个人通过这类准国际司法机构主张和行使自己的权利，要求国家对违反国际法的行为进行赔偿，已经有不少成功的案例。迄今为止，这些法庭通常为“混合索赔委员会”。它们是根据条约——通常是双边条约——所建立的专门的仲裁法庭，这样就使得受害者个人有了求偿的机会。如，第一次世界大战后，1919 年《凡尔赛和约》（第 279 条）成立的混合仲裁庭，承认同盟国与协约国的国民对于一战中在原来敌国境内遭受的财产损失有起诉权。

除了这些较为传统的司法和准司法赔偿机制，还应提及为解决不动产所属问题所作的尝试。这一问题通常与武装冲突造成的大规模平民迁移有关。1995 年波斯尼亚与黑塞哥维那和平的总体框架协议，由克罗地亚、波斯尼亚－黑塞哥维那及南斯拉夫联盟在代顿签订，其中特别明确强调了由于敌对行动和战时立法的原因，使得许多平民都丧失了财产而陷入困境。该协议附件 7 的第 1 条规定：“所有的难民以及流离失所者都有自由返回其原所在地的权利。他们享有恢复其在 1991 年以来的敌对行动期间被剥夺财产的权利，对于那些不能返还的财产有权得到赔偿。”① 协议建立了一项具有创新性的关于返还不动产的机制。该机制的适用范围十分广泛，其重点放在那些被剥夺了的财产上，而不仅仅局限于因违反国际人道法而被侵占的财产。

这方面的一个著名特例，就是埃塞俄比亚与厄立特里亚在 2000 年 11 月签订的和平协定。② 根据协议规定建立了一个中立的索赔委员会，委员会通

① 1995 年 12 月 14 日签署了附件 7，第一条规定了难民和流离失所者问题。

② 参见联合国网站，http：//www. un. org/chinese/peace/peacekeeping/Ethiopia/unmeeB. htm，最后访问日期：2008 年 3 月 30 日。

过有约束力的仲裁，负责对两个政府间及私人实体间的、与冲突有关或由于违反国际人道法或其他违反国际法的行为所导致的损失、损害和伤害的索赔主张进行裁判。该委员会的特殊性就在于，它的任务明确旨在对违反国际人道法的行为作出赔偿判决。

交战国之间建立的上述这类仲裁赔偿委员会给战争受害者扫除诉讼障碍提供了重要的救济途径，应当充分肯定。

（二）二战后战争受害者权益处分模式

一战后国际社会曾建立了混合仲裁赔偿委员会以救济战争受害者。按照正常的轨迹发展，第二次世界大战结束后，在处理日本战争责任、民间个人的损害赔偿请求权时理应秉承和推动这一模式，但是，二战后国际人道法的发展遭到了严重扭曲。这是因为，第一，美国在第二次世界大战中，也存在着严重违反国际人道法的损害行为。第二，在战后东西方冷战的背景下，美国为首的西方阵营为拉拢日本成为西方阵营的一员，因此，背离了由中、美、英、苏等 26 个国家签署的《联合国家宣言（1942 年 1 月 1 日）》规定的不得单独与敌国缔结和约的原则，在中国缺席和苏联等国拒绝签署的情况下，于 1951 年 9 月 8 日匆匆地缔结了《旧金山对日和约》（以下简称《旧金山和约》）。《旧金山和约》第 14 条（b）款规定："除本条约另有规定者外，盟国兹放弃其一切赔偿请求权，放弃战争期间日本及日本国民实施行为所导致的盟国以及其国民的其他请求权，以及盟国对于占领的直接军事费用的请求权。"同时，该和约第 19 条（a）款同时规定："日本放弃日本及其国民对盟国及其国民因战争状态之存在所采行动而发生的一切请求权……"

在国际法实践中，《旧金山和约》公然地开创了由国家放弃其国民战争损害索赔权的先例。尽管《旧金山和约》是获得缔约国国内最高权力机关批准的，然而，当时各缔约国放弃其国民的个人损害赔偿的权限在各个缔约国国内是找不到任何国内法依据的。

以荷兰为例，1951 年 9 月的旧金山和平会议期间，1951 年 9 月 7 日，荷兰给日本的外交照会，主要部分的内容如下："本大臣昨天在和平会议向议长和所有与会代表所做的发言中涉及的如下问题，谨望唤起阁下的注意。关于第 14 条（b）联盟国同意放弃'盟国以及国民的请求权'的解释，则产生一个问题。对此，以荷兰政府的见解，第 14 条（b）的规定，正确的解释是，该条款并不包含各个盟国政府对其国民请求权的剥夺并导致伴随该条约生效后该请求权不存在。这是一个十分重要的问题，因为包括荷兰政府在内的若干政府在没收或剥夺国民的私有财产方面受到宪法和其他法律上的若干的限制。此外，我们以为盟国国民的某种私人请求权是存在的，也许日本国政府有着以良心或贤明的方策，由自我选定某一方法自发处理的想法。”①

尽管日本对此作了模糊的回答，但是，战后日本在不同时期，在解释《旧金山和约》中关于放弃国民个人请求权问题上的立场颠三倒四，采取了南辕北辙的解释标准来欺骗战争受害者。

（三）日本与亚洲国家处理战后补充协议的性质

缔结和约是结束战争法律状态的主要手段。在缔结和约时将国家主张的战争赔款和民间战争受害者的损害赔偿一并提出是合理的处理方法。

第一次世界大战后开始了追究战争违法性的新正义战争论的检讨。② 通常的正战论（正义战争观），涉及战争的开战目的和交战方法（手段）的两个方面，前者是开战法规，即“国家诉诸战争权的开战法规（jus ad bellum）”，后者是交战法规，即“关于国际人道的交战法规（jus in bello）”，经由这些法规约束着战争开战的条件以及战争的手段。③ 显然，日本在第二次世界大战中不仅违反了“开战法规”，也违反了“交战法规”。交战法规的一个重要特点是，不论是战胜国国民、战败国国民还是中立国国民，都有权向实施了加害行为的军队之所属国请求损害赔偿。其结果，违反战争开战法规（如侵略战争的发动等）的国家应向受害国承担战争赔款（reparations claims）；违反交战法规的国家对于受害者个人损害赔偿请求权（other claims）应承担赔偿责任。④ 为此，《旧金山和约》第14条（b）款以及第19条（a）款涉及交战缔约国之间相互地放弃其国民向加害方的一切请求权，而《旧金山和约》第14条（a）款规定仅仅针对违反开战权的战败国日本：日本应对盟国作出赔偿，但也承认日本无力对一切损害和苦难给以完全的赔偿。因此日本必须与其领土曾为日本占领并受日军破坏的盟国就

① 日本国《第二十四届国会委员会参考资料四，外务二》No. 60。

② 加藤朗等：《战争的展开与抑制》，劲草书房，1998，第145页。

③ 加藤朗等：《战争的展开与抑制》，第146～147页。

④ 《旧金山和约》第14条（b）款规定：“除本条约另有规定者外，各盟国兹放弃其一切赔偿要求，盟国及其国民对由日本及其国民在作战过程中所采行动而产生的其他要求，以及盟国对于占领的直接军事费用的要求。”

此问题进行谈判。①

此后，日本与亚洲及东南亚国家缔结的和约、经济协助协定，使得缅甸、印度尼西亚、韩国、新加坡、马来西亚、泰国、菲律宾等国获得日本提供生产物资和劳役的赔偿。然而，日本与这些国家所缔结的和约、协定中无一例外地规定：双方认同（受害国）国家和国民的关于请求权问题已经完全并且最终地解决。② 尽管如此，我们也不能就此推断日本国以劳役、生产物资作为偿付方式的受益范围当然地包含了战争受害者国民。虽然在这些双边条约中重复了《旧金山和约》受害国国家和国民放弃对日本的战争赔偿权，但是上述日本与周边国家缔结的《旧金山和约》的补充协定是根据《旧金山和约》第14条（a）项规定的要求，履行日本违反开战权（实施侵略罪行）而导致的赔偿责任，就如何达成具体的劳务赔偿进行谈判的结果，因此，赔偿的对象同样不包括民间战争受害者。可见，亚洲各国的民间战争受害者根本没有获得过日本的战争损害赔偿。

虽然，从某种角度来看，在亚洲受害国与日本缔结经济协助协定的过程中，民间受害者间接地也获得了日本的利益，但是，这种国家获得赔偿就等同于战争受害者个人也获得赔偿的思想方式与国际人道法规定的要求有着很大的距离。

（四）政府放弃国民请求权的界限问题

理论上来说，在和约中以个人损害赔偿的名义获得的赔偿款项，国家应当将款项转交给受益人，这也是一个可行的补救程序。但是，在《旧金山和约》的赔偿框架下，如在日本与东南亚国家分别签订的经济协作条约中，日本的赔偿主要是以提供劳役服务或一定的生产物质来帮助受害国恢复经济。虽然可以说战争受害者个人也是间接的受益者，但是他们并没有直接地

---

① 有关日本战争赔偿的主要规定是《旧金山和约》，其中第14条（a）款规定：“缔约方认为日本国应该对于战争期间由日本国给同盟国造成的损害以及灾难作出赔偿。然而，缔约方认为目前日本的资源不足以为其维持可行的经济，并同时为履行它其他的责任，完全赔偿所有此类损失及灾难。”之后，第14条规定了日本的战争损害赔偿：日本必须与其领土曾为日本占领并受日军破坏的盟国就此问题进行谈判，日本用劳役，以及向盟国提供修复损害所需费用赔偿当地关于战争损害的要求。

② 在日本和交战国以及中立国在战后所缔结的和约、协定中无一例外地区分了国家（施政当局、公权力方面）与民间的对日求偿权。参见管建强《公平、正义、尊严——中国民间对日索赔的法律基础》，上海人民出版社，2006，第225~226页。

获得损害赔偿。值得思考是，《旧金山和约》第14条（b）项规定：除本条约其他规定处之外，同盟国放弃对于日本国及日本国民实施战争所导致的所有的赔偿要求，放弃同盟国及其国民的其他要求和同盟国对于占领直接军事费用的要求。这种将国家的战争赔偿请求权和国民的损害赔偿请求权并列记载对战争赔偿问题进行“一揽子”处理（英语称“Lump Sum”）的公约，是否只是放弃了政府对国民的所谓“外交保护权”，还是连每个国民的个人请求权也一并放弃了呢？若是存在后一种情况解释，政府真的能够放弃每个国民的个人请求权吗？特别在发生强制押送并强迫劳动、充当“慰安妇”或虐待战俘及扣留平民等严重侵害人权行为的时候，每个受害者的个人请求权本来不具有政府可以予以放弃的性质，这一点已成为国际法上重要的议论点。

关于政府是否能够根据《旧金山和约》放弃因违反海牙公约而产生的受害者个人的损害赔偿请求权的问题，各个政府的观点实际上并不一致。例如，美国司法部的立场是，根据和平条约，政府能够放弃基于战时国际人道法而产生的本国国民的损害赔偿请求权。[①] 这一立场虽很明确，但其法律依据其实停留在所谓“主权国家的权能不受限制”之原则的水平上。这是与上述国际人道法的发展史背道而驰的立场。

此外，放弃本国国民的损害赔偿请求权，由本国进行补偿处理也存在问题。1955年4月25日，广岛和长崎的原爆受害者以日本国为被告，向东京地方法院提起损害赔偿请求诉讼。[②] 对此，日本政府的一贯主张是：根据《旧金山和约》，日本国放弃的只是政府的外交保护权，原子弹受害者个人有权向美国政府提出损害赔偿请求，所以，日本政府没有赔偿义务。但是，此后随着在美国的对日战后赔偿诉讼的兴起，日本政府向美国法院提交了《日本政

① 从1999年夏天开始，在美国以日本企业为被告的接连不断的诉讼中美国政府的意见。2000年9月11日，在以日本企业为被告、要求对曾经被强迫从事的奴隶性劳动支付相应的劳动报酬并进行损害赔偿的战后补偿诉讼中，美国北加利福尼亚州联邦地方法院驳回了美国、英国、澳大利亚、新西兰等旧同盟国军队原战俘的请求（即沃克判决）。驳回请求的判决理由是：依据美国司法部的意见书，美国政府根据《旧金山和约》第14条（b）款的规定，已经放弃了美国国民对日本国及其国民的损害赔偿请求权。

② 投放原子弹的行为违反海牙公约之附属陆战规则第23条（禁止使用极端残酷的武器）和第25条（禁止攻击无防备的城市）的规定，美利坚合众国应负损害赔偿义务。但是，因为日本政府根据《旧金山和约》放弃了日本国及其国民的战争赔偿请求权，以致日本国民无法向美利坚合众国请求损害赔偿，所以以日本国为被告请求损害赔偿。在该诉讼中，被告日本国主张：《旧金山和约》第19条（a）款所放弃的“日本国民的权利”应该解释为只是外交保护权，而个人不通过本国政府直接请求赔偿的权利并没有被放弃，也就是说，个人请求权的行使不受放弃外交保护权的直接影响。

府意见书》，主张两国国民之间的请求权都业已被《旧金山和约》所放弃。[①]

概言之，回到原则上来看，政府未经战争受害者同意是否有权放弃其国民的赔偿请求权问题值得研讨。

在缔结《旧金山和约》之前的1949年，旧同盟国各国缔结了《日内瓦四公约》，其中，《关于战时保护平民的日内瓦公约》第148条规定："对于前条规定的违法行为，缔约国不能免除本国应该承担的责任，也不得使其他的缔约国免除其应该承担的责任。"[②]

关于1949年《日内瓦四公约》的追加议定书，国际红十字会对上述条款作了以下更为明确的解释："缔结和平条约时，原则上，缔约国有权以适当的方式处理战争受害和发动战争之责任等问题。但是，缔约国无权回避对战争犯罪的追究，也无权否定因违反诸公约及追加议定书的各项规定的行为而受到侵害的受害者的补偿请求权。"[③]《旧金山和约》在上述《日内瓦四公约》之后被缔结，该公约第14条条款当然应该以上述《关于战时保护平民的日内瓦公约》第148条之宗旨为前提来加以理解。这样的话，关于《日内瓦四公约》所规定的"严重的违反行为"，任何一个国家对受害者个人请求权的放弃都明确地受到了限制。

显而易见，政府放弃因违反战时国际人道法的行为而受到损害的国民的赔偿请求权是与国际人道法的相关精神相背离的。一些曾在《旧金山和约》中放弃国民对日索赔请求权的国家，在50年后，这些政府重新作出了对在第二次世界大战中被日本军俘获并且遭受强制劳动的本国军人提供一次性补偿。[④] 这些补救行为说明了这些国家对于战争受害者个人拥有不容否认的赔偿请求权有了重新的认识。

三　战争受害者直接在加害国法院提起的索赔请求

1907年的《海牙第四公约》特别对加害国课以向受害者个人进行损害

---

① 〔日〕高木喜孝：《战后赔偿诉讼的法律问题》，俞浪琼译，吉泽孔出版社，2005，第13、26页。

② 参见《关于战时保护平民的日内瓦公约》第147条规定："前条所述严重的违反行为是指，对本公约加以保护的人或财产实施下列任何一种行为：故意杀害；酷刑或不人道待遇（包括生物学实验）；故意使身体或健康遭受重大痛苦或严重伤害；对未成年人加以非法驱逐出境或迁移或非法禁闭；强迫未成年人在敌国军队中服役；故意剥夺本公约所规定的、享有公允及合法审判的权利；劫持人质；或是无军事上的必要，非法和恣意地广泛破坏和侵占财产。"

③ 皮罗德等：《对1977年6月8日追加议定书之解释》第3651款，引用出自ICRC，1987。

④ 管建强：《公平、正义、尊严——中国民间对日索赔的法律基础》，第358页。

赔偿的义务。该公约第 3 条规定："违反前述规则的条款的交战方，在损害发生时，应对损害负赔偿责任。交战方对组成其军队的人员的一切行为负其责任。"

依从逻辑虽然可以认为，有权请求赔偿的是受害者个人这一点是明白无误的，但是公约对此并无明确的表述。由此人们产生了对该第 3 条的不同见解。例如，日本政府针对民间战争受害者在其国内的诉讼主体资格的问题主张："国际法本来是规范国家与国家之间关系的法律，即使假定一个国家违反了国际法，使其他国家的国民受到了损害，能够向加害国追究责任的，不是受害者个人也不是其遗族，而是受害者的国籍国，预定该国通过行使外交保护权来间接地谋求救济。"①

与此完全相反的观点是，在日本战后补偿诉讼风起云涌的 1991 年，由荷兰国际法学会主要成员组成的国际法问题咨询委员会接受荷兰政府关于该国原战俘请求损害赔偿的咨询所作出的"关于因第二次世界大战向日本请求损害赔偿的可能性之答复"，对《海牙公约》第 3 条的起草和审议过程作了如下明确的叙述："该条条款的起草者之目的在于，创设个人请求损害赔偿的权利。"②

在国际法的实践中，个人拥有直接行使损害赔偿请求权的案例也是存在的。例如，德国波恩地方法院于 1997 年 11 月 5 日的判决，认可了第二次世界大战中，在奥斯威辛集中营被施以强制劳动的犹太人指控德国违反《海牙第四公约》第 3 条应负赔偿责任的诉求。③ 因将海战法规及惯例成文化而闻名于世的《伦敦宣言》（1908 年）之第 64 条也同样作了如下的规定："捕获审检所在审定对船舶或货物的捕获为无效时，或没有提交审检就解除对物件的捕获时，利害关系人有获得损害赔偿的权利。"④ 常设国际法院在"但泽法院管辖权问题"（1928）的咨询意见中明确承认：国家可以由条约明文

---

① 高木喜孝：《战后赔偿诉讼的法律问题》，第 47 页。

② 高木喜孝：《战后赔偿诉讼的法律问题》，第 55 页。

③ 〔日〕中国人战争被害赔偿请求事件律师团编《沙上の障壁——中国人战后补偿裁判 10 年の轨迹》，日本评论社，2005，第 218 页。

④ 根据海战法规而制定的关于捕获民间船舶、商品之捕获法及捕获规则的事例，也是众所周知的。如果看一看著名的国际法判例——关于"邮船哈瓦那号事件"的美国联邦法院判决（1900 年 1 月 8 日），在违法捕获海战法规上被禁止捕获的敌国沿岸渔船（按照国际习惯法，其被排除在捕获对象之外）的场合，作为该渔船之拥有者的个人可得经由敌国法院要求返还该船舶及进行损害赔偿是十分清楚的。这绝不是仅限于美国的事例。

规定给予个人以直接的权利；这种权利无须事先在国内法中加以规定，就可以有效地存在，并且是可以执行的。[①]

许多国家的国内法院已经多次接受了受害者个人就违反国际人道法行为提出的诉求，这些案件的结果却不尽相同。尽管少数诉求获到支持，多数却由于以下三个原因而失败：个人诉求为和平协定所阻碍；主权豁免；或根据国际法，索赔的权利在实质上属于非自动生效的性质。尽管如此，但是并没有任何法院否认获得赔偿这一根本权利，对于违反国际法的行为，受害者个人应当享有要求获得赔偿的权利，得到了越来越广泛的承认。[②]

这里需指出的是，按照很多国家的实践，在解决条约对自然人或法人的效力的问题时，把条约分为自动执行的和非自动执行的两类。自动执行的条约是指条约经国内接受后，无须再用国内立法予以补充规定，即应由国内司法或行政机关予以适用的那类条约。非自动执行的条约，是指条约经国内接受后，尚须再用国内立法予以补充规定，才能由国内司法或行政机关寓意适用的那类条约。[③] 在这种情况下，个人是难以与之对抗的，例外的是，受害者国籍国可以援引外交保护权与加害国交涉。一方面，管辖地法院可以拒绝适用国际条约，另一方面，加害国国家在国际法层面上负有承担违反条约的结果责任和拒绝履行条约的国家责任。援引外交保护权是国家与国家之间解决纷争的处理方式，在国际法上也不存在程序性的障碍问题。在援引外交途径救济本国国民方面，也有成功的范例：二战后，德国通过国内立法对民间战争受害者进行了赔偿（补偿），但是受益的对象有限。与亚洲国家战争受害者起诉日本国同时，在美国的犹太人也在美国接连不断地掀起了起诉德国企业强制奴役劳工的索赔运动。由于美国积极地与德国进行外交谈判，1999年初，德国政府对赔偿基金的设立重新进行提案，同年7月由德国政府和美国政府任命的两位调停人和诉讼代理律师以及相关国家的代理人参加了交涉。最终，德国于2000年7月为被强迫劳动的受害者设立了规模为100亿马克的、名为“记忆、责任和未来”的基金。[④] 这一例子反映了受害者国籍

① 中国政法大学国际法教研室编《国际公法案例评析》，中国政法大学出版社，1995，第59~61页。

② 参见2005年12月16日联合国大会决议：《严重违反国际人权法和严重违反国际人道主义法行为受害人获得补救和赔偿的权利基本原则和导则》，A/RES/60/147。

③ 李浩培：《条约法概论》，法律出版社，1988，第386页。

④ 高木喜孝：《战后赔偿诉讼的法律问题》，第29页。

国在外交保护背景下进行的积极介入，妥善地解决了战争受害者的救济问题。该基金也表明了德国政府在对待过去的战争犯罪的赔偿方面的积极态度。

四　战争受害者救济的新发展

（一）联合国安理会机制下的解决途径

近几年，由联合国安理会，或通过和平条约或由国家或组织单方面地成立了许多准司法机构，其作用在于审查受害者的诉求并作出裁决，这些裁决通常是但并不限于赔偿。其中新颖之处在于，个人乃至某些案件中的一些公司，在这些机构中被赋予了广泛的程序性权利：他们可以直接提起诉讼，并在不同程度上可以参与诉求的审查过程并直接获得赔偿。

这类仲裁机构给予赔偿的确切基础各有不同，例如，联合国赔偿委员会（UNCC）是安理会的下属机构。在安理会通过的第687（1991）1号决议的第16段里，安理会确认："在不损害通过正式的机制加以解决1990年8月2日前伊拉克所负的债务和责任的同时，伊拉克将根据国际法，对任何由于伊拉克非法入侵和占领科威特所导致的直接损失、破坏，包括环境破坏和自然资源的损耗，或者对于外国政府、国民和公司的损害，承担责任。"该机构由安理会成立于1991年，作为一个准司法机构，它被委托负责判决针对伊拉克的起诉，这些起诉基于"由伊拉克非法侵略并占领科威特造成的任何直接的损失和伤害——包括环境破坏以及对自然资源的损耗——或是对外国政府、国民以及公司造成的伤害"。[①] 除了政府及国际组织外，个人及公司也可以直接提起诉讼，并且不需要通过其国籍国的外交保护程序。

此外，在科索沃也成立了类似的公正独立的机制，以解决财产诉讼。1999年联合国在科索沃调停委员会通过1999/23号规则，成立了住宅及财产管理局和住宅及财产索赔委员会来调整科索沃的住宅和财产权，并解决与

① 联合国赔偿委员会建立于1991年，而委员会的工作小组从1993年开始正式运作。在经过了12年的运作后，联合国赔偿委员会的主要工作在2005年7月初画上了句号。至赔偿委员会宣布主要工作正式结束为止，该委员会一共向受害的个人或实体提供了520亿美元的赔偿。参见 http：//gb. cri. cn/1321/2005/08/02/542 @ 644491 _ 1. htm，最后访问日期：2008年3月30日。

住宅财产有关的纠纷。到目前为止，已经受理了大约 30000 起诉讼，大约 9600 件得到了解决。[①]

（二）国际刑事法院确立的对战争受害者的救济制度

《国际刑事法院罗马规约》（也称《罗马规约》）于 2002 年 7 月 1 日正式生效，这是国际法发展的历史性突破，它是第一个针对个人实施最严重犯罪的国际条法，改变了长期以来最严重的国际犯罪不受惩罚或难以受到惩罚的局面。不仅如此，在《罗马规约》的大量条款中，还涉及大量以往国际法所未涉及的领域，如个人在国际法中的地位。重要的是《罗马法规》还回答了个人是否负有义务对其违反国际人道法的行为的受害者进行补偿的问题。

《罗马规约》关于对被害人的赔偿的第 75 条规定："（1）本法院应当制定赔偿被害人或赔偿被害人方面的原则。赔偿包括归还、补偿和恢复原状。在这个基础上，本法院可以因请求、或在特殊情况下自行决定，在裁判中确定被害人或被害人方面所受的损害、损失和伤害的范围和程度，并说明其所依据的原则。（2）本法院可以直接向被定罪人发布命令，具体列明应向被害人或向被害人方面做出的适当赔偿，包括归还、补偿和恢复原状。（3）本法院可以酌情命令向第七十九条所规定的信托基金交付判定的赔偿金。"信托基金由会员国大会作出的决定所设立，旨在法院管辖区范围内维护犯罪被害人的利益，该基金由包括通过罚金或没收取得的资金或其他财产等提供经费，这些资金或财产可能由法院命令转移至该基金。

国际刑事法院的《程序及证据规则》（简称《规则》）详细安排了赔偿问题。除了其他事项，《规则》规定违法行为的被害人可以直接向该法院提起赔偿请求，[②] 所以，《规则》赋予国际刑事法院根据自身判断作出支付赔偿金的判决的权力；[③] 同时还规定，根据损害、损失与伤害的范围与程度，可以判决分别给予个人或是集体以赔偿。[④]

与个人赔偿义务相关的问题同样在"前南斯拉夫国际刑事法庭""卢旺

---

① 参见住宅及财产主管局网站：http：//www. hpdkosovo. org，最后访问日期：2008 年 3 月 30 日。

② 参见联合国国际刑事法院《对程序及证据规则》第 94 条。

③ 参见联合国国际刑事法院《对程序及证据规则》第 95 条。

④ 参见联合国国际刑事法院《对程序及证据规则》第 97 条。

达国际刑事法庭”和“塞拉利昂特别法”的三个《规约》中被提及。[①]

传统国际法上个人最多对其违反国际人道法的行为承担刑事责任，而赔偿责任仅仅由国家来承担。但是国际刑事法院（ICC）《罗马规约》采取了根本不同的方法，《罗马规约》赋予法院受理受害者个人的诉讼请求权，赋予法院本身以判决判令刑事被告支付赔偿的权力，并建立了用于救济受害者的信托基金。《罗马规约》极大地丰富和推动了国际人道法的发展。

五　中国民间战争受害者对日索赔的积极意义

首先，在犯罪事实上，中国民间战争受害者通过诉讼，推动了日本法院认定日军侵华期间的严重违反国际人道法的罪行。大量日军所犯严重违反国际人道法的行为，不是通过政府间外交层面上确认的。以细菌战为例，美军在获取细菌战技术资料后，并没有在远东军事法庭审判这类严重的违法行为。日军实施细菌战罪行是由中国民间战争受害者通过诉讼后才由日本法院确认的犯罪事实。其他通过诉讼后由日本法院确认的犯罪事实还有：强掳中国劳工、随军慰安妇制度、活体实验、实施化学武器犯罪等行为。推动日本法院对这类严重违反国际人道法行为的确认，具有重大的历史意义。

其次，公权力无权剥夺私权的理论主张正在被广泛接受。第二次世界大战中的受害国众多，中国是死伤最为惨重的国家。[②] 战后，虽然如韩国国民很早就开展了对日本的损害赔偿诉讼，但是韩国与其他二战时的受害国家一样无一例外地与日本缔结了放弃国家和国民对日索赔权的双边条约。只有中国政府在与日本达成的《中日联合声明》中，不仅没有声称放弃国民的对

① 个人赔偿的义务这一问题，已经在三个国际刑事法庭的《规约》中提及。前南斯拉夫国际刑事法庭《规约》第 24 条第 3 款规定：“除了监禁，审判庭可以命令将所有通过犯罪行为——包括胁迫——取得的财产以及因此获得的收益返还给合法的所有人。”该法庭的《程序与证据规则》第 105 条确立了返还财产的程序。根据这一程序，前南斯拉夫国际刑事法庭及国内法院将在裁定财产合法所有者问题上加以配合。卢旺达国际刑事法庭《规约》及其《程序与证据规则》的相关法条，则是照搬了前南国际刑事法庭的有关规定。塞拉利昂特别法庭《规约》采取了卢旺达国际刑事法庭的《程序与证据规则》。此外，关于刑罚的条款还专门指出，除了监禁外，法庭也可以命令没收任何非法获得的财产、收益及资产，并命令将其返还给其合法的所有者或是塞拉利昂政府。

② 在 1995 年于莫斯科纪念世界反法西斯战争胜利 50 周年的二战各同盟国领导人集会之际，中国国家领导人江泽民主席引用了中国军事科学院的研究成果公布了：“抗日战争中，中国军民伤亡总数达 3500 万人。”

日本的战争赔偿要求，同时该联合声明也没有经过全国最高权力机关的批准。

中国民间战争受害者展开的对日索赔诉讼与其他受害国国民的诉讼之不同之处，就是必须澄清中国政府没有放弃也没有权利放弃国民的损害赔偿权。在这场前赴后继的获得全国人民支持的对日索赔运动中，中国民间战争受害者是站在公权力无权剥夺私权的理论基础上与日本政府歪曲《中日联合声明》的无耻行为进行抗争的。20 世纪 50 年代，《旧金山和约》曾公然地剥夺所有同盟国国民对日本主张损害赔偿的权利，到了 90 年代末，中国民众的受害者私权不受剥夺理论，给予了二战期间遭受日本军奴役的英国、澳大利亚、新西兰战俘和荷兰人很大的鼓舞，他们相继到日本起诉日本政府，在日本法院以《旧金山和约》放弃国民对日索赔条款作为驳回理由后，他们分别要求本国政府予以解释。在这样的背景下，上述国家作出如下补救措施：

（一）受害者国籍国的救济方式

1. 英国的补救方式

2000 年 11 月 7 日，英国政府发布了对于第二次世界大战中被日军俘获并且遭受强制劳动等残酷奴役的英国军人，给予每人 1 万英镑（约 160 万日元）的补偿金。补偿的对象为原俘虏以及被拘押的平民和已经死亡者其配偶，共计 16700 人，补偿总额为 1 亿 6 千 5 百万英镑（约 265 亿日元），同时对象还包括当时殖民地军的兵士。

根据英国国防部的资料显示，被日军俘虏的有 50016 人，其中在拘押中死亡或被杀害的有 12433 人，日本政府基于《旧金山和约》，对于英国俘虏支付了每人 76 英镑（按现价计算为 1200 英镑）的补偿金，应该说当时支付的款项并没有考虑到强制和奴役战俘的侵权损害赔偿问题。英国政府的此项补偿表明了不打算对日本提出新的损害赔偿请求。①

2. 荷兰的补救方式

2000 年 12 月 12 日，荷兰政府与第二次世界大战中在日军占领的荷兰领地东印度（现在印度尼西亚）被收容所扣押的荷兰人的拘留者团体达成合意，决定向上述受害者支付 3 亿 8 千 5 百万荷兰盾（约 171 亿日元）的赔

① 管建强：《公平、正义、尊严——中国民间对日索赔的法律基础》，第 358 页。

偿金。战时被日军拘留的平民和俘虏约 13 万人，他们在被拘留期间遭受到了强制劳动的奴役，不仅如此，在印度尼西亚独立后，还遭到差别待遇，所以要求政府一并赔偿。此次实际赔偿的对象约 10 万人，扣除 3500 万荷兰盾作为服务被拘留者事业的机构所使用外，其余分配给了个人。[①]

3. 澳大利亚和新西兰的补救方式

2001 年 5 月 22 日，澳大利亚政府发表了 2001 至 2002 年度（7 月 ~6 月）财政预算案。其中添加了一项规定，即对第二次世界大战中被日军俘虏的澳大利亚兵士每人支付 2 万 5 千澳元（约 162 万日元）的补偿金。尚生存的原被俘军人约 2600 人，已死亡的原俘虏的配偶以及被拘押的平民合计约 1 万人。第二次世界大战中约 22000 澳大利亚军人成为日军的俘虏，其中约 8000 人在收容中死亡。新西兰政府在 2001 年 4 月也作出决定，给予被俘军人每人 3 万新西兰元（约 157 万日元），对象约 150 人。[②]

和美国一样，英国、荷兰、澳大利亚和新西兰在二战期间既是与日本作战的联合国家，也是《旧金山和约》的缔约国。依据《旧金山和约》第 26 条，上述四国虽然有着向日本提出新的赔偿要求的权利，但是这些国家出于国家利益的考虑，无意重启外交谈判来解决战争期间被俘军人和平民遭受奴役的损害赔偿的战后遗留问题。既然国家公权力曾“越权”地代替受害者个人放弃了个人的损害赔偿请求权，那么唯一可以弥补的方式就是这些国家以国家的名义向受害者直接予以补偿或赔偿。这种处理方式尽管不能有效地彰显正义和惩罚侵权行为者，不过也算是符合法理的一种恰当的措施。

4. 韩国的补救方式

1965 年 6 月 22 日，日韩两国缔结了《日本国与大韩民国基本条约》以及 4 个协定。《日本国与大韩民国之间关于请求权及经济协力协定》第 2 条第 1 项规定：“日本向韩国无偿提供 3 亿美元、政府贷款 2 亿美元、民间贷款 3 亿美元以上。双方确认日韩两国和国民的财产、权利以及利益并请求权问题也已完全并获得了最终的解决。”[③] 2011 年 8 月 30 日韩国宪法法院就慰安妇个人请求权问题作出判决。判决书中认定：“解决索赔权是国家的义务，政府应通过外交渠道予以解决。国家在财产和索赔权争端上的不作为，

① 管建强：《公平、正义、尊严——中国民间对日索赔的法律基础》，第 358 页。

② 管建强：《公平、正义、尊严——中国民间对日索赔的法律基础》，第 358 页。

③ 管建强：《公平、正义、尊严——中国民间对日索赔的法律基础》，第 225 页。

侵犯了受害者的基本权利，违反了宪法。”韩国外交通商部30日发表声明表示，韩国政府一直坚持日本政府对“慰安妇”负有责任的立场，但由于日本政府声称已通过1965年韩日间协定了结了赔偿责任，韩日间解决这一问题的过程势必旷日持久。声明表示，政府虚心接受宪法法院的裁决，今后将继续通过双边外交并在国际舞台要求日本采取负责任的措施。①同时，韩国政府认为，根据1965年《日韩基本条约》相关协定，两国间的财产和请求权问题已完全解决，但慰安妇等问题并不在此范围内。②

韩国政府的最新立场是，日韩协定中承认的“国民的财产、权利以及利益并请求权问题也已完全并获得了最终的解决”不包括慰安妇受害者的救济问题。这反映了国家最高立法机构也无权剥夺私人的诉权的原则对韩国政府的重大影响力。

结　语

目前在战争受害者救济问题上的进展主要是通过许多不同的方式逐步取得的，如缔结和约、建立混合求偿法庭、个人跨国诉讼、国际组织创建的准司法机制以及针对违法者个人的诉讼机制。逐渐发展形成的多种方式本身便是具有相当价值的贡献，但是似乎没有哪一种是适合于将来完美的模式。在目前阶段，由于每一种新机制都建立在过去经验的基础上，完善和发展区域性或全球性的保护、救济战争受害者的机制是一项长期而艰巨的任务。

有必要指出：受害者国籍国的立场和态度对于个人受害者是否能够最终获得救济起着至关重要的作用。有些受害国家在战后处理过程中，往往只注重考虑国家整体利益，而欠考虑国民个人的直接救济问题。加之国际政治力量的对比不平衡，导致这些国家不仅不能为战争受害者创设混合仲裁赔偿委员会，也未能在相当于和约的条约中争取救济战争受害者。在这种情况下，战争受害者仍然可以依据国际人道法所赋予的权利，在加害国法院向加害国提起诉求。不过，倘若管辖地法院认定国际人道法中相关的赔偿规定在法院

① 《韩国宪法法院裁定政府在“慰安妇”问题上“不作为”》，载新华网，http：//news.xinhuanet.com/word/2011－08/30/c－121934262.htm，最后访问日期：2012年4月30日。

② 《韩国政府拟近期向日本提议磋商慰安妇问题》，载日本共同社，http：//china.kyodonews.jp/news/2011/09/16013.html，最后访问日期：2012年4月30日。

地国内属于非自动生效的性质，那么，战争受害者个人所援引的这类条约将遭到拒绝适用。加害国法院拒绝在国内适用缔结的条约义务就会产生国家责任。然而，传统国际法不认为行使外交保护权是国家的一项义务，因此，在战争受害者用尽加害国司法救济，遭到拒绝赔偿后，其国籍国未必一定会通过外交途径来帮助战争受害者实现救济。这是战争受害者不能获得最终救济的一个重要原因。

尽管战争受害者在寻求救济的道路上遇到了各种障碍，但是，一个世纪以来保护平民的战争法规和国际人道法的发展除进一步巩固了原有的国际法原则以外，还显示出一些新规则的正在形成。

首先，任何不法行为，即对国际法义务的违反，都会产生给予补偿的义务。进而言之，严重违反国际人道法行为的受害人拥有获得补救的权利。其次，尽管国家有种种理由不采取外交保护途径救济本国的战争受害者。但是，缔结和平条约时，如前所述，缔约国无权否定来自国内战争受害者的对于加害国的个人赔偿请求权。这些规则越来越为国际社会所接受，最终将形成一项国际人道法的原则。最后，国际组织在推动国际人道法发展尤其是救济战争受害者方面也勇于开拓。例如，国际刑事法院在救济战争受害者方面更是匠心独具地设立了附带民事赔偿诉讼制度。考虑到在执行判决上也存在着问题，而且并非所有的违法者都具有支付执行判决的财力，为此国际刑事法院建立了用于救济受害者的信托基金。

同样，联合国安理会在保护战争受害者获得救济方面也作出了重大贡献。① 一些学者担心，今后联合国安理会能否达成一致意见，再建立一个类似联合国赔偿委员会这种模式机构的可能性问题。因为即使达成了一致，联合国赔偿委员会特殊的资金状况（来源于伊拉克通过销售其石油获得用于对委员会的运作费用和判决后须执行的资金）也不可能再次出现。② 尽管如此，联合国赔偿委员会的建立说明联合国安理会十分重视对战争受害者的救济，彰显了国际人道法发展的价值趋向。

令人鼓舞的是，2005 年 12 月 16 日，联合国大会通过了一项关于《严重违反国际人权法和严重违反国际人道法行为受害人获得补救和赔偿的权利

---

① 自从其 1991 年设立联合国赔偿委员会（UNCC）以来，已经审理了将近 260 万桩起诉请求，并判决大约 460 亿美元赔偿金，其中超过 175 亿美元已经支付给了原告。该机构在 2004 年末业已结束了所有的审查诉求。

② 埃马努埃拉·基亚拉·吉拉德：《对违反国际人道法行为进行赔偿》，第 540 页。

基本原则和导则》的决议。该决议确认:"国际社会通过尊重受害人享有补救和赔偿的权利,尊重、确保尊重和实施国际人权法和国际人道法的义务。承诺:将国际人权法和国际人道法规范纳入其国内法,或以其他方式在国内法律制度中实施这些规范;确保其国内法对受害人的保护至少达到其国际义务所要求的程度;向受害人提供下述有效补救,包括赔偿。"该决议还强调:"国内法应当反映国家根据国际法有义务确保获得司法救助和公正公平程序的权利。为此目的,国家应当:提供一切适当的法律、外交和领事途径,以确保严重违反国际人权法或严重违反国际人道法行为的受害人得以行使其补救权;对于受害人的赔偿请求,国家应当执行对所遭受的损害负赔偿责任的个人或实体作出的国内赔偿判决,并根据国内法和国际法律义务,努力执行有效的外国赔偿法律判决。为此,国家应当在其国内法中规定执行赔偿判决的有效机制。"① 不难看出,这些规则业已强调战争受害者国籍国的责任和保护义务。尽管联合国大会的决议不具有法的强制性,但是大会的决议对于国际法发展的方向、国际法原则规则的形成具有重要的意义。

Chinese Victims of War Claim against Japan and the Development of International Humanitarian Law

Guan Jianqiang

Abstract: It is known that providing protections and remedies to the war victims is an ancient rule established by *international humanitarian law*, which could traces back to *Hague Convention 1907*. The victims who had suffered from such behaviour which violate *international humanitarian law* seriously have the right to claim remedies or compensations. This thesis will look back to the practises which war victims claimed remedies against to Japanese government via the nongovernmental approach; explore the development of mechanisms of relief and helping war victims through *international humanitarian law*; expound the view which

① 参见2005年12月16日联合国大会决议:《严重违反国际人权法和严重违反国际人道法行为受害人获得补救和赔偿的权利基本原则和导则》,A/RES/60/147。

holds by some Chinese scholars makes a historic significance contribution to the development of *international humanitarian law* that the private right of war victim to claim compensation do not be deprived of by the public authority.

Key Words: International Humanitarian Law; War Victims; Diplomatic Protection; Peace Treaty

欧盟扫除市场准入贸易壁垒的法律措施及其对中国的启示

蒋小红[*]

摘　要：在金融危机的背景下，欧盟积极采取各种法律措施为欧盟出口企业扫除市场准入贸易壁垒，创造开放和公平的海外市场环境。这些法律措施包括：在多边层次上，利用第三国加入 WTO 的谈判，在 WTO 框架内积极参与规则的建立，充分利用 WTO 争端解决机制；在双边层次上，加快缔结自由贸易协定的步伐并作为其工作重点；利用欧盟竞争法的域外效力保护欧盟企业进入外国市场；充分利用自主性立法，通过贸易壁垒条例解决与第三国的市场准入贸易纠纷；为中小企业提供特殊的市场准入法律保护。欧盟的这些法律措施对中国实施“走出去”战略具有借鉴意义。

关键词：欧盟　市场准入　贸易壁垒　法律措施

前言：欧盟的市场准入战略

2010 年 3 月 3 日，欧盟[①]通过了旨在规划未来 10 年社会和经济发展的欧洲 2020（Europe 2020）战略。[②] 该战略提出了智能发展、可持续发展和包容性发展的经济增长目标，[③] 并强调了贸易在取得这三个目标中的重要作

---

* 蒋小红，中国社会科学院国际法研究所副研究员，法学博士。

① 2009 年 12 月 1 日生效的《里斯本条约》标志着欧洲一体化进程完全进入欧盟时代，欧共体这一名称成为历史。参见蒋小红《〈里斯本条约〉对欧盟对外贸易法律制度的影响》，《国际贸易》2010 年第 3 期，第 59 页。为方便统一论述，本文亦将《里斯本条约》生效前的欧共体统称为欧盟。

② European Commission，“Europe 2020：A strategy for smart，sustainable and inclusive growth”，http：//ec. europa. eu/eu2020/index_en. htm.

③ 基于知识和创新的智能性经济增长，注重资源效率、更绿色和更具有竞争力的可持续型经济增长和实现经济、社会和地区融合的高就业包容性经济增长。

用。其中，贸易政策是该文件的核心组成部分。为落实 2020 战略，欧盟委员会出台了新的贸易政策文件——《贸易、增长与世界事务》,① 全面描绘欧盟未来五年的贸易政策蓝图。市场准入战略是欧盟贸易政策的核心内容，是提升欧盟竞争力的重要工具。法律，作为实现贸易政策的工具，伴随着贸易政策的变化，在不断地发展演进，以期有效地实现贸易政策所追求的目标。

在金融危机背景下，随着海外市场需求的萎缩，各国更加注意维护稳定的海外市场，用各种方式创造开放和公平的海外市场环境。从美国政府出台的“国家出口倡议”、欧盟出台的“贸易、增长与世界事务”对外贸易新战略，到印度的商品出口计划，都提出在未来三五年内更加重视扩大出口，以期拉动本国、本地区的就业，促进经济增长，一场全球贸易和经济发展战略的深度变革正在世界范围内酝酿。伴随着经济全球化的发展，欧盟企业越来越感到强烈的竞争压力。据统计，欧盟进口的三分之二是用来生产出口产品的。这说明欧盟严重依赖全球的供应，是为了出口而进口。这也说明国外开放的市场和公平竞争的环境对于欧盟的重要性。因此，在这种情况下，欧盟更加迫切地需要排除阻碍公平竞争的外国贸易壁垒，更加关注市场准入问题。欧盟在战略上高度重视海外市场的拓展。1996 年，欧盟就制定了市场准入战略。② 2007 年，欧盟根据国际经济的发展变化作出了重大调整。③ 新战略旨在重点消除在进入新兴市场时所遭遇的非关税壁垒，首要的目标将会对准新兴发展中国家的市场准入问题。欧盟之所以要对 10 年前的政策作出修订，首先是因为非关税贸易壁垒越来越多，除了关税之外，诸如烦琐的海关手续、歧视性的税收法规以及不符合 WTO 规则的技术壁垒等，都构成了新形式的贸易壁垒。其次，新战略还将把重点放在对现存 WTO 规则的落实上，以敦促贸易伙伴国加大对规则的执行力度。尽管该战略处在不断的调整中，但其核心目标是不变的：（1）欧盟的贸易伙伴应切实履行 WTO 框架下

① *Trade, Growth and World Affairs: Trade Policy as a Core Component of the EU's 2020 Strategy*, COM (2010) 612, 9.11.2010.

② *Communication from the Commission to the Council, the European Parliament, the European Economic and Social Committee and the Committee of the Regions: The Global Challenge of International Trade: A Market Access Strategy for the European Union*, COM (96) 53, 14.2.1996.

③ *Communication from the Commission to the European Parliament, the Council, the European Economic and Social Committee and the Committee of the Regions: Global Europe: A Stronger Partnership To Deliver Market Access For European Exporters*, COM (2007) 183, 18.4.2007.

的各项义务；(2) 贸易政策工具应有助于借助进入第三国市场，推动欧盟经济发展这一长远目标；(3) 在许多领域，游戏规则还没有建立起来或者还不完善，欧盟必须推动这些规则的建立和完善；(4) 欧盟企业需要被告知可能利用的减除贸易壁垒的现有的方法，以及被告知有哪些贸易政策工具可以用来抵御例如像倾销、出口补贴这样的不公平贸易做法。1996 年，欧盟委员会贸易总司设立了市场准入处，单独负责市场准入战略涵盖的工作任务。市场准入战略是欧盟贸易政策中已经比较完善的组成部分，它的中短期排除市场准入的目标是对多边和双边贸易谈判中比较长期的降低或排除市场准入目标的补充。为实施这一战略，欧盟积极运用法律武器拓展海外市场，特别是针对亚洲，尤其是中国市场。

一 非关税壁垒：欧盟市场准入战略主要的对象

经过 GATT/WTO 多轮谈判，在全球范围内关税已经大幅度降低，关税壁垒已不像过去那样构成自由贸易的主要障碍，扫除非关税壁垒成为贸易自由化道路上的主要任务。在全球经济一体化背景下，贸易壁垒的性质发生了变化。新型的贸易壁垒更加复杂，在技术上更难发现，需要花费更多的时间去鉴别、分析和排除。

在现代社会中，对贸易的管理是必要的。尽管这些管理措施会增加贸易的成本，但是如果这些管理措施追求的是合法的公共政策目的，例如保护人类的生命和健康安全、保护环境、保护消费者的福利，这些管理措施就是必要的。同时，另外一个事实是，每一个主权国家都根据自己的国情和标准制定了一系列的管理贸易的措施，而没有充分考虑到这些措施可能会给国际贸易带来的影响。在许多情况下，如果实施这些必要的管理措施不符合合比例原则和非歧视原则，就会构成贸易壁垒。另外一种情况是，尽管这些措施可能是合乎法律规定的、合比例的、非歧视的，但是这些措施也会对外国公司造成贸易成本的增加。这是各国对贸易的管理的差异造成的。在全球经济一体化的背景下，各国管理贸易的措施的差异无疑增加了参与全球经济的成本，降低了一国在全球市场上的竞争力。广义地说，我们可以把这些导致贸易障碍的管理措施统称为非关税壁垒（也有人称之为非关税措施）。导致这些非关税壁垒产生的原因，一方面是既有的规则得不到正确的实施，另一方面是伴随着全球经济一体化的深入发展，非关税贸易壁垒的种类层出不穷，

WTO 规则的发展却不能与此同步，出现了规范的真空地带。

欧盟把非关税壁垒分为以下九类：（1）烦琐的关税程序；（2）不符合 WTO 贸易技术壁垒规则的技术管理、标准以及评估程序；（3）滥用卫生和检疫措施；（4）限制获得原材料，特别是限制原材料的出口；（5）保护知识产权不力；（6）服务贸易和对外直接投资壁垒；（7）限制性的政府采购规则和实践；（8）滥用或使用不符合 WTO 规定的贸易救济工具；（9）不公平地使用国家援助或其他补贴。

总体上看，非关税壁垒增加了交易成本，已经构成比关税更高的市场准入障碍。不像关税那样，可以用数字精确地表现出来，从而可以准确地测算贸易成本，非关税壁垒不能直接地用数字准确地表示出来，显示出其隐蔽性的一面。有学者通过使用统计学、抽样调查等方式间接地估算出非关税措施所构成的等同于关税的效果的数值。这些研究表明，非关税贸易管理措施所带来的贸易成本的增加通常要远远高于关税。减少或消除非关税壁垒成为欧盟市场准入战略中一个长期的任务。

二　欧盟排除市场准入贸易壁垒的方法和法律措施

从理论上讲，在全球贸易体制中，WTO 体制和多边合作是最重要的保障市场准入的机制。但是，欧盟认识到，不能仅仅依靠这一种方法来处理贸易壁垒问题。欧盟强调要使用多边的、双边的、正式的和非正式的多管齐下的方法来敲开对外贸易第三国的大门。

（一）WTO 机制

多边贸易体制与区域经济一体化这两种并存的贸易自由化安排是当今国际经济关系发展的一大特征。WTO 多边贸易体制以全球性的贸易自由化为己任，它通过在成员国之间互惠互利的安排，实质性削减关税和其他贸易壁垒，以推进世界贸易的自由化。借助重要的贸易伙伴加入 WTO 的机会，欧盟通过谈判要求对方满足一定的条件，包括降低或排除市场准入，从而打开进入对方市场的大门。但是，目前，作为欧盟最重要的贸易伙伴、欧盟的第二大出口市场，中国已经于 2001 年加入了 WTO。欧盟的另一个重要的贸易伙伴——俄罗斯，也于 2011 年 12 月 16 日正式加入 WTO，从而结束了长达 18 年的入世谈判。所以，在未来，欧盟利用这一渠道来排除市场准入贸易壁垒的机会越来越少。

2011年12月15日，世界贸易组织（以下简称“WTO”）《政府采购协议》的15个缔约成员在日内瓦举行会议，就修改和扩大《政府采购协议》涉及范围达成了一致。《政府采购协议》和《民用航空器贸易协议》是WTO仅有的两个诸边协议。与WTO框架下的其他协议不同，这两个协议不强制要求所有成员参与，而是采取自愿加入原则。欧盟是15个缔约成员之一。新协议将覆盖中央政府附属机构和地方政府采购行为，并涉及服务业等领域的政府采购。WTO估计，新协议开放的政府采购市场规模将达到每年800亿到1000亿美元。欧盟通过这一协议，一方面扩大了欧盟中央级机构的采购市场，另一方面，更为重要的是借此获得了更为广泛的外国市场准入机会。例如，韩国承诺开放铁路和城市交通政府采购市场。

欧盟是WTO规则积极的构建者。一方面，欧盟作为WTO的成员，要遵守WTO的规则，另一方面，WTO规则受到欧盟内部法律制度的诸多影响。欧盟的对外贸易法律规则在许多方面甚至走在了WTO的前面。为了给欧盟的企业创造一个公平的竞争环境，欧盟的贸易政策强调要积极参与国际经贸规则的建立。贸易救济规则是为了捍卫一个国家或地区内部公平的竞争秩序，但是，实践证明，有理有据地使用贸易救济工具将给外国产生一定的威慑力，防止外国滥用贸易救济工具，阻止出口企业进入他国市场。在多哈回合谈判中，欧盟在贸易救济规则的完善方面，提出了许多建议。例如，在反倾销制度方面，为了保持这一工具的有效性，欧盟建议建立反规避制度；在补贴和反补贴方面，欧盟推动更便于操作的补贴规则的建立，建议增加补贴通知程序的透明度以及加强违反通知程序的纪律，此外，欧盟还建议建立渔业补贴的特殊规则，明确哪些补贴是允许的，哪些补贴是禁止的。对于反补贴措施，欧盟建议要降低调查的成本，明确发起反补贴调查的标准；针对发展中国家，如果认定了补贴，要采取建设性的救济方法。

WTO争端解决机制是WTO多边贸易体制的一部分，理论上讲任何成员方都可以运用这个机制，各成员方的权利是平等的。但是由于贸易实力的大小不同，各国对争端解决的重视程度不同以及人力、物力的巨大差别，利用争端解决机制的情况千差万别。根据WTO的统计，美国和欧盟是WTO争端解决机制最大的使用者。据统计，至2009年10月15日，欧盟共积极参与了37个WTO争端解决案件，其中16个案件中欧盟是作为申诉方，21个案件中欧盟是作为被诉方，共与 15 个贸易伙伴发生了贸易纠纷。[①] 作为申诉方的案件中有 7 个案件是通过协商解决的，作为被诉方的案件中有 6 个案件是通过协商解决的。欧盟多次在其贸易政策文件中强调积极利用 WTO 争端解决机制捍卫开放的市场，抵御不公平的贸易实践。例如，2006 年 3 月，欧盟和美国、加拿大共同向 WTO 投诉我国的汽车零部件进口政策。2008 年 12 月，WTO 上诉机构作出终审裁决，维持了专家小组认为我国的做法违反 WTO 规则的结论。欧盟通过 WTO 争端解决机制为欧盟的汽车零配件出口商疏通了出口中国市场的渠道。

（二）缔结自由贸易协定

二战之后，区域经济一体化发展迅猛。根据 GATT 第 24 条的规定，区域经济一体化有三个层次，即关税同盟（Customs Union）、自由贸易区（Free Trade Area）和导致形成关税同盟及自由贸易区的临时协定（Interim Agreement）。[②] 进入 21 世纪以来，WTO 多边贸易谈判举步维艰，世界范围内的区域经济一体化进程明显加速。这一轮的区域经济一体化以签订自由贸易协定（FTA）为主要形式。相比 WTO 多边贸易体制，FTA 在促进开放和一体化方面走得更快、更远，涵盖的范围更广，通常涉及多边贸易谈判没有触及也很难触及的一些重要问题。例如，投资、竞争、知识产权的实施等重要的议题都还没有被纳入 WTO 的调整范围。通过 FTA，为未来逐步把这些关系国际贸易健康发展的重要议题纳入多边贸易谈判的框架下奠定基础。

欧盟在其政策性文件《贸易、增长和全球事务》（Trade，Growth and World Affairs）中明确提到，“欧盟贸易政策的重点必须放在更好地进入正在迅速发展的经济体，尤其是通过贸易协定的方式”。[③] 在全球化的欧洲战略中，欧盟认识到缔结新一代的双边贸易协定是一个艰巨的任务。之所以称为新一代的双边贸易协定，是因为在这些贸易协定中涉及的问题已经远远地超过了传统贸易协定所主要调整的关税的问题，它涵盖了有关商品、服

---

① 它们是阿根廷、巴西、加拿大、中国、哥伦比亚、厄瓜多尔、洪都拉斯、印度、日本、尼加拉瓜、巴拿马、菲律宾、中国台北、泰国和美国。

② 刘俊：《区域贸易安排的法学进路——GATT/WTO 框架下区域贸易一体化的法理学及其实证研究》，中信出版社，2004，第 20 页。

③ 主要是指中国、印度、巴西和俄罗斯。

务和投资的管理壁垒（或称其为非关税壁垒）、知识产权的实施、政府采购、可持续发展（包括体面的工作、劳工标准、环境保护等）、竞争规则、贸易救济等重要问题。虽然这是一个极具挑战性的任务，但是一旦目前开启的自由贸易谈判能够完成，将给欧盟带来巨大的利益：大约有一半的欧盟对外贸易将由双边自由贸易协定来调整；出口关税将下降一半（达到约1.7%）；平均进口关税也将下降约五分之一（达到约1.3%）；从长远来看，对欧盟GDP的贡献可达到0.5%。[①] 欧盟高度重视双边贸易协定的谈判已不足为奇。

2006年，欧盟通过了全球化的欧洲通报之后，在多哈回合谈判中止后的很短时间内就开启了新一轮的自由贸易协定谈判。2006年10月，时任欧盟贸易代表曼德尔森在伦敦发表的演讲中指出："我们必须在欧盟现有的双边贸易协定的基础上，通过新的自由贸易协定来打开更多的海外市场和获得更为公平的贸易条件，尤其是在亚洲经济高增长地区。"[②] 欧盟贸易司发表的新闻公报也指出："双边贸易协定能够在世界贸易组织多边自由化的基础上，在服务贸易、政府采购市场、反垄断政策以及管理协调等领域发挥欧盟的竞争力，弥补世贸组织现有规定和标准的不足。"可见，欧盟试图利用新一代的自由贸易协定超越世贸组织的结构性缺陷，在更为广泛的领域取得贸易自由化谈判的成果。自此，双边贸易谈判成为欧盟对外贸易政策中一个不容忽视的走向。

欧盟选择是否与贸易伙伴签订自由贸易协定主要考虑经济因素，即是否能够为欧盟创造就业机会和促进欧盟经济增长。具体来说，主要的经济标准包括贸易伙伴的市场潜力，主要看其市场规模和经济增长力，以及对欧盟出口利益的保护程度，主要看其关税和非关税壁垒的程度。同时，欧盟也将考虑贸易伙伴与欧盟的竞争者的谈判情况，分析其对欧盟市场和经济的潜在的

---

① 关于欧盟双边自由贸易协定谈判的情况，参见 *Commission Staff Working Document*: *Report on Progress Achieved on the Global Europe Strategy*, 2006 - 2010, *Accompanying document to the Communication from the Commission to the European Parliament*, *the Council*, *the European Economic and Social Committee and the Committee of the Regions*: *Trade*, *Growth and World Affairs*: *Trade Policy as a Core Component of the EU's* 2010 *Strategy*, COM (2010) 612, 9.11.2010.

② *Bilateral Agreements in EU Trade Policy*, speech by Peter Mandelson at the London School of Economics, London, 9 October, 2006, Http://trade.ec.europa.eu/doclib/october/tradoc_130516/pdf，最后访问日期：2012年6月5日。

影响，以及对欧盟周边国家和发展中国家等贸易伙伴优惠进入欧盟市场可能带来的不利影响。根据这一标准，欧盟优先考虑与东盟①、韩国和南方共同市场（Mercosur）② 签订双边自由贸易协定。其中，与韩国签订的自由贸易协定已经与 2011 年 7 月 1 日开始生效。该协定是欧盟与亚洲国家签订的第一个自由贸易协定，也是迄今欧盟签订的涵盖范围最广的一个自由贸易协定，包括了竞争规则、贸易救济规则、公共采购规则、对外直接投资规则、知识产权的实施、争端解决机制等。这一协定为欧盟未来的贸易谈判提供了一个重要的范本。目前，根据这一选择的标准，欧盟积极与印度③、俄罗斯④和海湾阿拉伯国家合作理事会（the Gulf Co-operation Council）⑤ 商讨签订自由贸易协定事项。当然，能否成功地签订双边自由贸易协定，还要看对方贸易伙伴的意愿，考虑更为广泛的政治因素。到目前为止，欧盟还成功地与加拿大、哥伦比亚、秘鲁等国家完成了自由贸易谈判。

以上欧盟签署的自由贸易协定都是互惠贸易协定。传统上，欧盟与第三国缔结三种优惠贸易协定：（1）与非洲、加勒比海和太平洋地区的发展中国家（简称非加太国家）签署的《洛美协定》。⑥ 根据公约中的特别优惠原则，大多数产品几乎可以自由地进入欧盟市场。（2）与北非和中东的地中海国家缔结的优惠贸易协定。北非和中东的地中海国家是洛美/科托努协定以外欧盟发展援助的最大受惠国。根据协定，除了敏感产品和农产品外的产品，可以自由进入欧盟市场。（3）普遍优惠待遇，简称普惠制，是发达国家给予发展中国家出口成品和半成品一种普遍的、非歧视的和非互惠的关税优惠待遇，是在“最惠国”税率基础上进一步减免或全部免税的更优惠的待遇。欧盟是第一个执行普惠制的世贸组织成员。欧盟鼓励更多的发展中国家的产品出口欧盟市场。以上三种优惠贸易协定都是非互惠性的，即欧盟并不要求对方给予优惠待遇。但是，欧盟扩大之后，面临着越来越严峻的国际

① 2007 年，欧盟开启与东盟 10 国中的 7 国集团的自由贸易谈判，开始是以区域对区域的方式，因困难重重，于 2009 年底，欧盟开始与东盟各个国家谈判。

② 欧盟于 1999 年开启与南方共同市场的自由贸易谈判。2004 年停滞后，于 2010 年重启。

③ 欧盟于 2007 年 6 月开启与印度的自由贸易协定谈判。

④ 欧盟于 2008 年与俄罗斯开启自由贸易谈判以代替现有的伙伴与合作协定。

⑤ 欧盟于 2002 年开启与海湾阿拉伯国家合作理事会的自由贸易谈判，2008 年底谈判中断。

⑥《洛美协定》是《欧洲经济共同体与非洲、加勒比和太平洋（国家）洛美协定》的简称。1975 年 2 月 28 日，非加太地区 46 个发展中国家和欧洲经济共同体 9 国在多哥首都洛美签署该公约。1976 年 4 月 1 日正式生效。此后，《洛美协定》一再续签。

竞争，欧盟在国际贸易中的权重发生了变化。长期以来，欧盟并不担心来自国外的竞争。非加太国家根本不会给欧盟的企业带来竞争的压力。来自日本和亚洲的竞争压力，欧盟也还能从容应对。但在新的国际贸易格局下，欧盟为保持其竞争力，必须进入快速发展的新兴市场。但是许多新兴市场逐步加入了 WTO，并且不断地缔结区域贸易协定，这实际上造成了对欧盟的歧视，导致欧盟出口企业在这些市场缺乏竞争力。欧盟为应对这种变化，逐渐在自由贸易协定中引入非互惠安排。非互惠安排让位于互惠安排成为一种趋势。这种变化可以看作欧盟在国际贸易中地位变化的背景下作出的政策调整。欧盟借此期望逐渐进入亚洲和拉美新兴市场。

另外，在新一代的自贸协定中都有争端解决和调解机制，充分利用这一机制也将提高市场准入的机会。

（三）应对第三国“贸易壁垒”的第 3286/94 号条例

1994 年 12 月 22 日，欧盟部长理事会通过了《关于在共同商业政策领域建立确保欧盟行使在国际贸易规则、尤其是世界贸易组织规则下权利的共同体程序》的 3286/94 号条例。[①] 这个条例，又被称作《贸易壁垒条例》。该条例从 1995 年 1 月 1 日起生效。

欧盟《贸易壁垒条例》所建立起来的程序机制是欧盟市场准入战略的重要组成部分。该条例与 1996 年 2 月欧盟委员会发布的市场准入战略分享共同的目标，即为改善欧盟的出口环境创造条件。但是，两者追求的目标不尽相同，是互为补充的，两者独立地发挥各自的功能。欧盟的市场准入战略是一个政策文件，本身并没有创制一个新的商业政策工具；《贸易壁垒条例》是一个法律文件，它创制了一个新的商业政策工具，该工具是排除市场准入壁垒的其中的一个选择。为实施欧盟的市场准入战略，欧盟委员会贸易总司特别设立了市场准入处。《贸易壁垒条例》则由贸易总司中负责 WTO 争端解决的部门来负责实施。

《贸易壁垒条例》规定了两种程序：第一种程序是为了回击对欧盟内部市场造成影响的贸易障碍，以排除其造成的损害；第二种程序是为了回击影响欧盟外部出口市场的贸易障碍，以排除其造成的不利的贸易影响。在这两种程序中，最重要的是后一种，它引入了一个新的概念——“不利的贸易

① OJ（1994）L 349/71.

影响”，免除了申诉方提供贸易障碍对欧共体在第三国市场造成损害的证明，使欧共体出口商更容易对影响他们出口到第三国贸易的贸易障碍采取行动，从而提高了贸易保护的程度。根据该条例，判断一个特定的第三国的贸易行为是否条例所指的“贸易壁垒”，其标准是这一贸易行为是否国际贸易规则所禁止的，或者是授予受影响的当事方寻求消除后果的权利。那么什么是国际贸易规则或者说哪些规则属于条例所指的国际贸易规则？条例所指的国际贸易规则基本上是指在 WTO 主持下制定的贸易规则；2008 年 2 月，欧盟修改了贸易壁垒条例，将范围扩大到涵盖双边贸易协定中规定的贸易规则。这样，欧盟就可以有效保护通过双边谈判获得的市场准入机会，从而更有效地维护出口商的合法利益。

欧盟《贸易壁垒条例》自 1995 年实施以来，逐渐被证实是一个解决市场准入问题的有效工具。许多欧盟工业，像汽车、钢铁、化妆品、纺织品等，利用这一工具为进一步打开欧盟的出口市场扫除了障碍。欧盟利用这一新的贸易保护工具通过协商或者是把案件递交到 WTO 与贸易伙伴解决了贸易纠纷。[①] 根据《贸易壁垒条例》发起的调查案件中，大多数是由成员国和欧盟的企业联合会提起的，其中也有单个的公司提起的。WTO 争端解决机制和欧盟与其贸易伙伴签订的双边协定中的争端解决机制的适用主体是国家，不对私人当事方开放。欧盟《贸易壁垒条例》则改变了这种状况。该条例为欧盟的企业提供了间接使用以上贸易争端申诉机制的方法，在欧盟企业与国际争端解决机制之间架起了一座桥梁。该条例建立了消除两种贸易壁垒的申诉方法，即对欧盟的出口市场造成不利影响的贸易壁垒和对欧盟的内部市场造成损害的贸易壁垒。实践证明，欧盟企业主要是使用前一种申诉方法，[②] 也就是说该机制主要是用来为欧盟的出口商扫除第三国的市场准入贸易壁垒。这主要是因为针对后一种贸易壁垒，欧盟企业可以通过其他的贸易政策工具，例如反倾销、反补贴，来寻求贸易救济。

（四）竞争法的域外适用与构建国际竞争规则

在国际贸易的发展史上，自由贸易与贸易保护历来属于对外贸易政策的

---

① 据欧盟统计，从该条例于 1995 年 1 月 1 日开始实施至 2005 年，欧盟共受理了 25 起案件，其中有 12 起案件，第三国采取了令人满意的措施，有 7 起案件提交到 WTO 争端解决程序解决。

② 据统计，从《贸易壁垒条例》生效至 2005 年 10 年间，尚无仅针对给欧盟内部市场造成损害的贸易壁垒提起的申诉。

两个基本方向，两者始终交织在一起，相互较量，只是在不同的国家（地区）和不同的经济发展阶段有不同的表现，侧重点不同而已。但贸易自由化始终是世界经济发展的总体趋势。WTO 的制定者已经认识到，WTO 成员国通过关税减让和减少或废除传统的（如价格和数量限制措施等）非关税壁垒的谈判虽然对国际贸易的自由化起到了巨大的推动作用，但要在 WTO 成员国内真正实现贸易自由化，确保国际市场的开放性和竞争性，至少还应做到以下两点：第一，成员国政府不得采取其他形式的贸易保护措施来替代废除了的关税和非关税壁垒；第二，成员国的企业不得通过反竞争的行为，例如，通过卡特尔行为或者滥用市场支配地位行为来阻碍外国产品进入国内市场，重建国际贸易壁垒。对于第二点，因 WTO 规范的行为是成员国政府对进出口贸易的管理措施方面的市场进入障碍，而不是企业或个人所采取的垄断、限制竞争和不正当竞争等私人措施，或者说，WTO 所调整的竞争关系是国家间的竞争关系，而不是企业和个人之间的竞争关系。WTO 在第二个方面所起的推进贸易自由化的作用实际上是一种间接的作用。① 但是，随着经济全球化的发展，跨国公司在世界经济中起了主导作用，成为国际投资和国际贸易的主要载体。它们依靠竞争优势，通过全球化生产、销售、采购和研发活动，实施全球范围内的最佳资源配置和生产要素的组合，从而加强了相互依存的全球分工体系，也带来了贸易的自由化。同时，伴随着跨国公司的竞争活动在全球范围内的展开，其限制竞争的行为所造成的贸易壁垒效果使得国际社会几十年不断降低关税和非关税措施的努力大打折扣。私人反竞争行为构筑了新的贸易壁垒。目前，在国际层面上，还没有一部系统地调整垄断、限制竞争行为和不正当竞争行为的国际公约。这是国际社会共同努力的一个目标。现在仍处于协调各国竞争法的阶段。② 目前，各国主要通过在其国内的竞争法中规定竞争法的域外效力来实现保护其国内和国际市场的双重作用。

国际贸易领域的限制竞争行为与国内贸易中的限制行为在表现形态上并无多大差别，仅仅是因为涉及跨国因素而具有国际性的特点。在实践中，国际贸易领域内的限制竞争行为主要是由跨国公司实施的，主要表现为：跨国公司的外部扩张、滥用优势地位和影响国内市场的国际卡特尔。为了遏制跨

① 参见柯达—富士胶卷案。本案全称为：日本—影响日常用胶卷和相纸的措施，WT/DS44/R。该案是 DSB 受理的第一个明显涉及国际竞争问题的案例。从本案中可以明显地看出 WTO 仍主要是规范政府在商业贸易中的行为的角色定位。

② 参见林燕萍《贸易与国际竞争法》，上海人民出版社，2005，第二章。

国公司的垄断势力，维护本国市场的有效竞争，市场经济国家不仅无例外地将反垄断法适用于本国市场上的外国企业和跨国公司，而且适用于在国外产生但对本国市场具有不利影响的限制性竞争行为。反垄断法适用于后一种行为，一般称之为反垄断法的域外适用。

欧盟的竞争法具有域外适用的效力，即可以适用于在其境外由其他外国企业或自然人实施的反竞争行为。在欧盟条约中，并没有直接规定其竞争法具有域外适用的效力，它是欧盟法院在其司法判例中确立的。欧盟法院通过司法判例，提出了一些竞争法域外适用的理论和原则以证明其存在的合理性与合法性。（1）效果原则，是指只要某种反竞争行为在欧盟领域内发生了可能影响成员国之间贸易的后果，即使行为人驻在欧盟领域外，同样可以适用欧盟竞争法。1997 年，欧盟委员会禁止美国波音公司和麦道公司的合并就是一个典型的案例。（2）履行地原则，是指虽然反竞争行为的协议的达成地点是在欧盟领域外，但是只要其履行地点在欧盟领域内，就可以适用欧盟竞争法。（3）单一经济体原则。这是一项专门针对跨国公司的域外适用原则。是指设在欧盟领域内的子公司与其领域外控制其经营活动的母公司虽然在民商法上是两个彼此独立的法人组织，但根据母公司与子公司之间的实际控制支配关系，在竞争法上视为单一的经济单位。因此，在这种情况下，欧盟的竞争法不仅可以适用于子公司，还可以适用于其境外的母公司。欧盟通过其竞争法的域外适用，一方面保护欧盟内部大市场的竞争，另一方面要在欧盟大市场外部，保护欧盟企业进入外国市场。

第三国市场上缺乏竞争规则或存在无效的竞争，同样会限制欧盟出口商的市场准入，因为在这种状况下会产生与传统的关税或非关税壁垒同样的效果，但在许多情况下又不能通过竞争法的域外适用通过欧盟竞争法来规制。因此，构建国际竞争规则与竞争政策的合作对欧盟具有战略意义。1996 年欧盟委员会以《新的贸易秩序中的竞争政策：加强国际合作和国际竞争规则》的报告为基础向 WTO 建议在 WTO 框架内建立一套有约束力的规则，实现竞争政策的国际统一化。根据这个建议，WTO 在 1996 年新加坡部长会议上成立了 WTO 贸易与竞争政策相互作用工作组。WTO 在推动国际反垄断规则的建立方面迈出了一大步。在国际合作领域，欧盟在 1991 年就与美国签订了竞争法领域合作的双边协定。1995 年，欧盟与美国重新修订了《美国与欧共体关于它们竞争法适用的协定》。在该协定中，首次提出了竞争法领域合作的“礼让原则”。这一原则包括“积极礼让原则”与“消极礼让原则”。1998 年，双方又签订了《美国和欧共体关于在实施它们竞争法中适用积极礼让原则的协定》。这一协定是对1995 年协定的补充说明。以上这些合作协定的内容大多是程序性的规定，缺少实体性事项的规定和强制性条款，其自觉遵守很大程度上还取决于双方的政治意愿，但双方毕竟能够在竞争法领域作出合作姿态，为各国竞争法的协调提供了范例。

目前，在国际层面，竞争规则的趋同进展缓慢，还处于协调各国竞争法的阶段。在这种情况下，欧盟转向双边自由贸易协定，力求有所作为。例如，欧盟最近与韩国签署的自由贸易协定中，在实体规则方面就有所突破。例如，除了 WTO 禁止的补贴，该协定还禁止在没有重组计划的情况下不受限制的保障和重组援助，如果该保障和重组援助不利地影响了国际贸易。另外，在透明度方面，要求双方必须报告每年各方补贴的总数量、类型和部门分配情况。

三　欧盟市场准入的组织机构

欧盟不仅采用多边的、双边的、正式的和非正式的多种方法来扩大市场准入，而且注重从组织设立上来保障其市场准入战略的有效实施。欧盟的市场准入战略包含两个文件，即市场准入伙伴关系和市场准入数据库。[①] 前者旨在为了发现和消除第三国市场上的贸易壁垒，在委员会、成员国和企业界建立起紧密的合作关系。为此，成立了一些组织机构。具体包括：（1）市场准入咨询委员会（MAAC）。由来自委员会、成员国和企业界的代表组成。该委员会负责分析欧盟大约 30 个重要的贸易伙伴的市场准入贸易壁垒，提前向欧盟企业发布信息，发挥预警功能。此外，该委员会也为欧盟其他的战略服务，如欧盟的原材料战略，收集并分析欧盟重要的原材料进口的贸易壁垒。（2）市场准入专家工作组。该工作小组是按照产品划分的，如纺织品市场准入工作小组、电子产品工作小组、动物和动物产品工作小组等。市场准入工作小组负责召集专家以及相关的利益当事方讨论某一产品的市场准入贸易壁垒并分析如何排除这些壁垒。（3）当地市场准入工作小组（MATs）。该工作小组是在欧盟 30 多个重要的贸易伙伴国家内成立的主要负责监督驻

① 欧盟贸易总司为欧盟企业出口产品到非欧盟国家而设立的贸易壁垒信息库。网址是：http：//madb. europa. eu/mkaccdb2/indexpubli. htm。

在国贸易保护措施的机构。市场准入贸易壁垒一旦成为事实，一般需要花费较长的周折才能排除。因此，当地工作小组通常在某项贸易壁垒还没有成为政策或法律时就积极干预，力求在早期阶段就消灭它。当地工作小组在信息收集、预警和监督方面发挥了重要的作用。例如，2008 年，印度政府建议制定对进口到印度的子午线轮胎实行强制认证的法令。这一认证实行不同于国际上认可的技术标准，因此也不认可欧盟根据国际标准制定的认证，从而导致额外的认证要求。印度政府认为这是出于对消费者安全的考虑。但是，印度并没有提供任何证据证明因使用欧盟的认证标准带来的道路安全问题。欧盟在 2008 年成立了市场准入工作组。该工作组召集委员会、成员国企业界的代表一起商讨共同的策略以避免法令的生效。该工作组还联合同样受到牵连的美国和日本协商达成一致立场并采取联合行动。通过工作组的努力最终延期实施该法令。实践证明，早期的预防和干预比被动地消除贸易壁垒更为快捷和有效。（4）贸易政策委员会。欧盟贸易政策制定的法律基础是《欧共体条约》第 133 条，因此，该委员会又被称为“133 委员会”。该委员会由各国高官及专家组成，负责协助欧盟委员会处理对外贸易事务。其主要职能在于协调欧盟的贸易政策，讨论议题大至 WTO 谈判事项，小至某一产品的出口问题，同时考虑其他政策涉及的贸易层面以确保欧盟贸易政策的一致性。谈判时，“133 委员会”辅助欧盟委员会的谈判工作。[①]（5）贸易壁垒条例委员会。该委员会是根据第 3284/94 号条例，即《贸易壁垒条例》设立的。这些机构分工侧重点不同，但相互配合，相互协调，共同构筑起保护欧盟企业进入第三国市场的网络。

四　为中小企业市场准入的特别保护

在欧盟市场上，99% 的企业属于中小企业，[②] 目前大约 2300 万个中

① 关于“133 委员会”的具体职能，参见张华《欧共体共同商业政策运行机制中的法律问题初探》，《欧洲研究》2007 年第 6 期，第 70 页；李计广：《欧盟贸易政策体系与互利共赢的中欧经贸关系》，对外经济贸易大学出版社，2009，第 152 页。

② 2003 年 5 月 6 日，欧盟委员会发布了关于界定中小企业的第 2003/361/EC 建议。根据该建议，雇员少于 250 人，年营业额小于或等于 5000 万欧元或者年资产负债小于或等于 4300 万欧元，是中等企业；雇员少于 50 人，年营业额小于或等于 1000 万欧元或者年资产负债小于或等于 1000 万欧元，是小企业；雇员少于 10 人，年营业额小于或等于 200 万欧元或年资产负债小于或等于 200 万欧元，是微小企业。

小企业提供了约9000万个就业岗位。可见，中小企业是欧盟经济发展的引擎。但是，根据欧盟官方的统计，只有约3%的欧盟中小企业出口其产品到欧盟27个成员国以外的国家。这方面还有巨大的潜力可挖。近年来，欧盟高度重视中小企业的发展。2008年6月，欧盟委员会在里斯本战略框架下发布了欧洲小企业法令（Small Business Act for Europe）。该法令以法律的形式承认了中小企业在欧洲经济发展中的核心地位，旨在为中小企业的创新和提高竞争力提供良好的环境，特别是树立了从政策制定到公共服务都要优先考虑中小企业的原则。法令其中的一个核心任务是帮助中小企业进入外国市场。为此，欧盟采取了以下一些措施：（1）更好地为中小企业提供有关市场准入的信息。应中小企业的要求，2009年底，欧盟完善了市场准入数据库。在该数据库中提供了在线使用市场准入数据库指南，并提供了相关的链接，包括关税、公共机构、企业联合会等，为中小企业进入国外市场提供一站式服务。此外，2007年12月，欧盟建立了网上申诉平台，为企业界、欧盟使团和成员国提供了报告市场准入贸易壁垒的渠道。该平台也为贸易壁垒数据库的不断更新创造了有利条件，从而能够为欧盟的出口企业更快速地提供最新的信息。2009年5月，第一个欧盟中小企业周活动在布鲁塞尔举办。该活动的其中一项内容就是为中小企业提供更多的信息。（2）在目前进行的自由贸易谈判中考虑到中小企业的需要，鼓励中小企业联合会更多地参与到与有关国家的知识产权谈判。（3）设立了欧盟中小企业中国中心（EU SME Center in China）、欧洲商业和技术印度中心，帮助中小企业进入印度和中国等新兴市场。（4）为方便中小企业使用贸易救济工具提供更多的服务。如设立听证专员、改善对中小企业的贸易救济咨询，简化贸易救济的申请程序等。

五　简要的结语

市场准入问题一直是各国政府都十分重视的问题，是各国贸易政策中的核心组成部分，因为它直接关系到一国的就业和经济增长。金融危机之后，这个问题越发凸显出来。中国正在实施“走出去”战略，但仍然处于初级阶段。许多专家认为，中国企业“走出去”目前已经进入了风险高发期。如何有效地进行风险防控成为中国企业“走出去”过程中亟须加强研究的重要课题。中国企业“走出去”遇到的第一道门槛就是市场准入。欧盟借助法律的手段，采取正式的和非正式的、双边和多边的各种方式为欧盟企业不断扩大市场准入的做法值得我们借鉴。

作为世界第二大经济体、欧盟的第二大贸易伙伴，中国这一巨大的新兴市场，对于欧盟既是一个机遇，也是一个挑战。尽管有巨额的对华贸易赤字，但中国已经成为欧盟增长最快的商品、服务出口市场和重要的投资市场。双方经贸之间虽不时会产生一些不愉快，但欧盟认为与中国保持长期的合作伙伴关系比以往任何时候都重要。早在2006年，欧盟就公布了一份题为《竞争与伙伴关系：欧盟—中国贸易与投资政策》的对华贸易战略文件。这是欧盟首次将对华贸易与投资政策文件作为独立内容对外公布，凸显了双边经贸关系在整个中欧关系中的重要位置。其中市场准入问题成为中欧贸易与投资关系中的主要问题之一。目前，这一问题仍然是双方关切的问题。

环顾四周，欧盟已经成功地与韩国签订了自由贸易协定，并正积极与印度和东盟谈判签署自由贸易协定。印度、韩国和东盟是中国周边最重要的经济体。根据欧盟对华贸易政策文件的观点，中国在过去对欧贸易的大幅上升很大程度上是中国产品替代其他亚洲国家对欧出口的结果。一旦印度、韩国和东盟与欧盟签署全面的自由贸易协定，势必导致中国对欧出口的贸易转移效应。因此，可以说，欧盟与这三个国家或地区的双边自由贸易协定将给中国与欧盟的贸易关系带来长期的、深远的影响。我国应一方面积极推动多哈回合谈判，另一方面继续加快谈判自由贸易协定的进程，并把其作为近期工作的重心，以期通过区域贸易的自由化来推动多边贸易的自由化进程。

我国的政府部门在为出口企业，特别是中小企业消除市场准入贸易壁垒方面还应该提供更多的公共服务。我国已经制定了《对外贸易壁垒调查规则》，其功能相当于欧盟的《贸易壁垒条例》。但实践证明，很少有企业利用这一规则去解决市场准入贸易壁垒。[①] 政府部门应采取措施鼓励企业利用各种渠道解决与贸易伙伴之间的贸易纠纷，多元化地为出口企业创造开放、公平的贸易环境。

---

① 成功的案例包括“江苏紫菜案”，利用这一程序规则打开了对我国封闭20多年的日本紫菜大门。

EU's Legal Measures on the Removal of Barriers to Market Access and the Enlightenment to China

Jiang Xiaohong

Abstract: Under the background of the financial crisis, EU is taking many legal measures to remove the barriers of market access for EU exporters, creating the open and fair market conditions for them. At the multilateral level, EU takes the chance of access to WTO of third countries to expand the market access; it is actively involved in the setup of the rules under the WTO; EU makes full use of the WTO dispute mechanism; at the bilateral level, EU defends the EU enterprises to enter the foreign markets through the extraterritorial application of EU competition law; it steps up the negotiating the free trade agreements; it makes full use of the autonomous legal instrument-trade barriers Regulation to resolve the dispute of market access with third country. What's more, EU provides the extra legal protection for the small and medium enterprises to enter the foreign markets, etc. The paper expects to draw lessons for China to implement the strategy of going out through the introduction and analysis of the above mentioned legal measures of EU.

Key Words: EU; Market Access; Trade Barriers; Legal Measures

国际私法、多元主义与全球治理

〔英〕艾力克斯·密尔　张美榕 译*

摘　要：在日益全球化的世界，包含跨境因素的纠纷可能随之增加，因此国际私法的学科重要性随之凸显。然而，与此同时，该学科的理论基础仍存在着争议，国际私法学科尚未得到长足发展。国际私法应被视为实现“正义多元主义”基本原则的一个途径——它接受不同制度的私法秩序的多样性。国际私法规则的目的在于促进多样性的存在及有序发展——它们是国际制度的组成部分。该主张是基于对国际私法历史渊源和发展演变的分析而得出的。通过进一步考察国际私法在联邦制度的作用，尤其是在欧盟、加拿大和澳大利亚，有助于我们从系统性角度去理解国际私法。在这些制度中，他们认识到了国际私法和宪法之间存在的关系，认为国际私法是联邦各州之间法律权力横向秩序的一部分。联邦层面的理解有助于我们认识到，全球层面的国际私法应视为国际法律秩序宪法化的一个部分。因此，国际私法应被视为国际公法的一个重要对手和制衡力量——国际公法希望将普遍性规则和原则具体化，国际私法则在促进全球多样性的共存和包容。

关键词：国际私法　多元主义　全球治理

一　多元主义与国际私法

在一个日益全球化的世界，人员、财产和资本的国际流动日益加剧，涉

---

* 〔英〕艾力克斯·密尔，伦敦大学学院（University College London）法学院讲师。这篇论文的观点，此前在如下著作中有所提及：A. Mills, *The Confluence of Public and Private International Law-Justice, Pluralism and Subsidiarity in the International Constitutional Ordering of Private Law* (Cambridge University Press, 2009)。张美榕，中国社会科学院国际法研究所博士后研究人员。

外纠纷可能随之增加。因此，国际私法是一门实践重要性日益增强的学科。与此同时，国际私法规则的目的和功能仍然存在着严重争议，它仍像从前一样名声不佳，被视为“最令人困惑的法律学科之一”。[①]

分析国际私法的一个起点是，思索国际私法是如何促成“正义”的——当然这是评价任何法律的检验标准。事实上，关于国际私法的普通法书籍通常是从这个问题开始的：“到底为什么存在国际私法规则?”通常答案几乎都是“正义”。[②] 然而，经更严密的考察，这些答案并没有明确地回答国际私法语境下“正义”的含义。

国际私法规则必须处理多个法律制度可以适用的情形。管辖权规则决定哪个法院对纠纷行使管辖权，进而确定适用哪个程序规则。准据法规则进一步确定法院将适用哪一个实体法。在每一个案件中，评估国际私法规则是否违背“正义”，面临着一个概念问题。一个涉及国际私法问题的案件，也必然涉及私法的某些方面，诸如合同、侵权或家庭法。它也可能涉及程序问题，诸如什么证据是可以通过庭前程序收集的。现在的问题在于，每个国家的规则都包含并表现着关于纠纷的“公正”结果的不同判断——法律是每个社会的正义理论的一个映像。如果英国契约法体现着英国的“正义”理论，那么英国法官应如何适用外国契约法才是“公正”的？当一个英国法官适用外国法时，他们是真的认为适用外国法比适用英国法更“公正”吗？如果英国的证据规则体现了英国的正义主张，那么英国法院不行使案件管辖权而导致当事人在外国法院适用不同的外国程序规则，这是否真的公正？

将“正义”视为支持国际私法正当理由的观点尚存在争议——因为，问题在于，哪种“正义”观得以适用仍需确定。通常意义上的“正义”观念几乎不涉及国际私法，国际私法却揭露了一些有关正义观的至关重要的内

---

① BN. Cardozo, *The Paradoxes of Legal Science* (New York: Columbia University Press, 1928), p. 67.

② 由此，“为什么一个英国法院应适用外国法律？……其中最重要因素之一在于……期望能实现当事人之间的正义”。CMV Clarkson and J. Hill, *The Conflict of Laws* (Oxford University Press, 4th edn, 2011), p. 9；“理论上，英国法院是有可能……在所有案件中适用英国本地法。但是，如果他们这样做，严重的非正义……将不仅会发生在外国人身上，而且对英国人也不例外”。L. Collins (ed.), *Dicey, Morris and Collins on the Conflict of Laws* (London: Sweet & Maxwell, 14th edn, 2006), p. 5；“绝对地适用法院地法，即法院所在地的法律，将经常导致严重的非正义”。JJ. Fawcett and JM. Carruthers (eds.), *Cheshire, North and Fawcett: Private International Law* (Oxford University Press, 14th edn, 2008), p. 4.

容。如果适用外国实体法确实符合正义的要求，或者外国法院迟延行使管辖权，这隐含地意味着接受适用外国法或外国法院的结果比适用本地法律更“公正”。[①] 一般认为，对英格兰发生的意外事故引起的侵权之诉适用英格兰实体法以实现“公正”结果，与在外国发生的意外事故引起的损害赔偿之诉适用外国法律以实现“公正”结果是存在差异的。这揭示了一个潜在的共识，在本文中将称之为“正义多元主义”。

正义多元主义的概念，可以被理解为哲学上“价值多元论”概念在法律层面的反映，一方面，它区别于绝对论或客观主义，另一方面，它又区别于价值相对论。[②] 在这个概念之下，纠纷的公正结果并不纯粹地取决于纠纷事实本身，而且取决于纠纷发生时的背景——这里存在一个假设是，法律文化多样性呈现在各个应予重视的重要且独特的规范中。依据呈现于国际私法中的限制，这种限制通过规范国家间差异包容度的“公共秩序”概念体现出来，[③] 对某类争议并不存在统一的“公正”结果，而是存在着体现于不同国内私法中的不可比较的价值冲突。

国际私法因而被视为“差异包容”原则的具体体现，这不是体现在家长式的或放任的意义上，而是体现在平等个体间尊重的意义上。[④] “相互承认”这一术语也被欧盟采纳为描述成员国之间遵守约定的义务，这并非巧合。[⑤] 承认外国法律和外国判决，也就是尊重外国及其人们的价值，接受共存于同个国际社会的国家及价值多样性。

从这个角度而言，国际私法问题是调整的权力（regulatory authority）恰

---

① “我们并不会狭隘地因为某一问题不在本国处理而认为外国的每一个处理结果都是错误的。” *Loucks* v. *Standard Oil Co. of New York*（1918）224 NY 99，p. 111（Cardozo，J.）.

② 关于“价值多元主义”的现代概念，可参见如下论著：J. Raz，*The Practice of Value*（Oxford University Press，2003）；I. Berlin，*The Crooked Timber of Humanity*（London：John Murray，1991）；I. Berlin，“Two Concepts of Liberty”，in *Four Essays on Liberty*（Oxford University Press，1969）；参见类似的文化之间的“平等价值的假定”，C. Taylor，“The Politics of Recognition”，in A Gutmann（ed.），*Multiculturalism：Examining the Politics of Recognition*（Princeton University Press，1994）.

③ 进一步参见 A. Mills，“The Dimensions of Public Policy in Private International Law”，（2008）4 *Journal of Private International Law*，pp. 201－236.

④ 另参见 J. Habermas，*The Divided West*（Cambridge：Polity Press，2006），p. 21；H. Batiffol，“Reflections on the Co-ordination of National Systems”，（1985）15 *Seton Hall Law Review* 793.

⑤ 另进一步参见 K. Nicolaidis and G. Schaffer，“Transnational Mutual Recognition Regimes：Governance Without Global Government”，（2005）68 *Law and Contemporary Problems* 263；HG. Maier，“Interest Balancing and Extraterritorial Jurisdiction”，（1983）31 *American Journal of Comparative Law* 579，p. 585.

当分配的问题——哪个国家应审理某个争议，哪个法律应被适用，是否一个外国判决应在本地执行。确定适用英国法律还是法国法律，不应当涉及判断英国法还是法国法有利于实现更公正结果。它应当考虑的是，英国法或者法国法的适用对这类争端的解决是否更为合适。国际私法在本质上为我们评估某一争议与法院或法律制度之间紧密程度提供了标准。

这些标准不仅对于他们做什么而言是重要的，对于他们如何做也是重要的。通过选择任何单一的调整权都不足以避免在潜在的争端解决问题上不一致的法律态度，这意味着调整权是可以选择的。调整权分配本身也属于一个正义问题——或许是“目标正义”[①] ——在正义多元主义框架下运行。关于如何确定国际私法中的正义（哪个国内法）的答案，可能是最公正地适用法律。关于国际私法的正确理解，应是确定调整权的最“公正”分配的规范——因此，国际私法规则并不是处理纠纷并决定纠纷结果的“主要规则”，它属于分配调整权的“二级规范”。[②] 国际私法确定的结果，是调整权的分配，不是一个终局判决。一个国际私法规则不应当因为它的效果而受到批评（被选择的法院和法律是“错误”的），除非这些效果是调整权不合理或不公正分配的结果（立法者不应当成为裁决者）。

国际私法规则，尽管是国内法的正式组成部分，但它也是组成国际秩序分配系统的一种类型。这种秩序是潜在国际规范的反映和重现，这同时反映在国际公法规则之中。国际公法规则试图定义概念性的架构，并在国际私法范围内寻找特定国际功能实现的途径——减少私法纠纷中的法律冲突。在这个架构下，基于不同背景的类似于关于调整权分配的竞争概念的国际私法规则的差异兼受国际因素和国内因素的影响。

下文将通过考察国际私法的历史渊源、联邦制度下类似方法的证据，探讨这一国际私法方法的正当性。本文在本质上，是通过公共层面的全新理解来探讨国际私法学科的复兴。因此，国际私法不应该被认为是国际民事诉讼程序的技术层面的问题，也不应该认为其主要部分属于国内法，而应当将国际私法作为全球治理下的法律多元体系的一部分，并且其将在国际法律秩序中发挥至关重要的作用。

---

① Mills, *The Confluence of Public and Private International Law*, p. 18.

② 一般参见 HLA Hart, *The Concept of Law* (Oxford: Clarendon Press, 2nd edn, 1994), p. 79.

二 国际私法的历史[①]

国际私法的最早起源，通常被认为是意大利文艺复兴时期——国际贸易和商业的扩张导致了涉外纠纷的显著增加。意大利城邦法律制度采取了古罗马法作为共同的“自然法则”，但在实践中又有必要对基本罗马法规则补充更详细的规则，而且城邦文化日益多元化，导致了起源于这些普通古罗马法的不同法律制度的发展。[②] 这种法律差异与不同城市和国家间相互尊重的强烈程度是结合在一起的，它是宽阔的世界观和商业观的共同产物，在某些情况下也可视为神圣罗马帝国所延伸的联合（a continuing union）。

这些现实的和意识形态的问题转化为一个法律问题——在今天，这是一个在全球范围内重现和扩张的问题。多个法律制度的存在产生了对争议采不一致法律态度的可能性。除了法律执行机制之间可能发生冲突的现实问题之外，如果每个法律制度都是自然（罗马）法的一个表现，或者都是在自然法框架下有效运作的人定法，那么，在理论上，每个法律制度都必须视为包含着一个有效“正义”观。国际私法是为解决这些问题而出现的机制，它通过承认一定程度的多元化以化解私法纠纷中法律冲突带来的危机。国际私法规则被视为普遍自然法中的独特部分，是促进和支持不同法律存在的“二级”规范。值得强调的一点是——国际私法第一次不作为调整城邦之间关系的法律的一部分，而是作为普遍（自然）国际法律制度，其范围涵盖国际公法和私法之间的现代领域，协调法律冲突问题。[③]

国际私法领域的第一个学说也许是法则区别说，[④] 然而，这个复杂的传

---

① 进一步参见 A. Mills，“The Private History of International Law”，（2006）55 *International and Comparative Law Quarterly*.

② 另参见 HE. Yntema，“The Historic Bases of Private International Law”，（1953）2 *American Journal of Comparative Law* 297，p. 299.

③ 进一步参见 HJ. Berman，“Is Conflict of Laws becoming passé? An Historical Response”，in Rasmussen-Bonne et al.（eds.），*Balancing of Interests*：*Liber Amicorum Peter Hay zum 70 Geburtstag*（Frankfurt am Main：Verlag Recht und Wirtschaft，2005）.

④ 法则区别说与自然法学者有着密切关系，虽然巴托鲁斯是当时各种复杂的传统理论中唯一的、最为杰出的人物，参见 FK. Juenger，“A Historical Overview”，in *Selected Essays on the Conflict of Laws*（Ardsley，NY：Transnational Publishers，2001），p. 10；K. Lipstein，“The General Principles of Private International Law”，（1972 – I）135 *Recueil des Cours* 97，p. 110；R. de Nova，“Historical and Comparative Introduction to Conflict of Laws”，（1966 – III）118 *Recueil des Cours* 435，p. 441；HE Yntema，“The Comity Doctrine”，（1966）65 *Michigan Law Review* 9，p. 13；A. Nussbaum，*A Concise History of the Law of Nations*（New York：Macmillan，1954），p. 41.

统学说被提炼为一个简单的论点。法则区别说认为，每个法则“自然”都可以归属于两类法则之一。如果该法律是有关人的法则，那么，人法“依附”于人，并可以随人适用于城邦范围之外。如果法律是有关本城邦的（或者“不动产”，意味着领地），那么它“依附”于土地，仅仅适用于制定者管辖的城邦范围之内，但可以适用于所属城邦范围之内的所有人。因此，任何法院在处理争议时，应该参考当事人的身份特征（如果权力机构制定了任何有关的人法）和相关诉讼或事实发生地（如果当地权力机构制定了相关领地的法律）以确定和适用所指引的法律——以保证法律结果的一致性。因此，法则区别说方法，通过试图发展一个原则的、分析的方法来决定不同法律的效力范围，从而解决法律制度之间的潜在冲突。值得再次强调的一点是，国际私法是普遍国际法律制度的一个组成部分——不同法则的划分是用来反映运行于所有法律制度的一个自然划分。①

在19世纪早期，德国学者萨维尼反对法则区别说对法律本身的归类，质疑法则归类是“不全面和充满争议的”，是“完全无用的基础”。② 萨维尼认为，“法律关系”才是国际私法的基础和分析国际私法的基本单位。对萨维尼而言，国际私法的作用在于寻找每个关系所应“从属”的法律，从而“确认每个法律关系的本座（家）”。③ 萨维尼方法的核心在于，他所发展的国际私法规则是一个更高层次的、普遍的二级规范——是产生于国家社会现实的一部分国际法律制度。④

意大利学者和政治家孟西尼19世纪末的著作认可了萨维尼关于存在法律的

① Berman, “Is Conflict of Laws becoming passé? An Historical Response”; Nova, “Historical and Comparative Introduction to Conflict of Laws”, p. 442.

② FC von Savigny, *A Treatise on the Conflict of Laws and the Limits of their Operation in Respect of Place and Time* (1849) (Edinburgh: T & T Clark, 1880), pp. 140 - 142. 尽管他的确似乎建议，在任何情况下，法则区别说（确定每个法律的范围）可以像他所主张的方法（确定每个法律关系）那样达致同样的结果。

③ von Savigny, *A Treatise on the Conflict of Laws and the Limits of their Operation in Respect of Place and Time*, p. 140; R. Michaels, “Globalizing Savigny? The State in Savigny's Private International Law and the Challenge of Europeanization and Globalization”, in M. Stolleis and W. Streeck (eds.), *Dezentralisierung. Aktuelle Fragen Politischer Und Rechtlicher Steuerung Im Kontext Der Globalisierung* (Baden-Baden: Nomos, 2007); M. Reimann, “Savigny's Triumph? Choice of Law in Contracts Cases at the Close of the Twentieth Century”, (1999) 39 *Virginia Journal of International Law* 571, p. 594.

④ JR. Paul, “Comity in International Law”, (1991) 32 *Harvard International Law Journal* 1, p. 29; Yntema, “The Historic Bases of Private International Law”, p. 309.

“国际社会”的假设，但是他采纳国籍作为基础概念和确定分配国家间法律争议的决定性因素。这是以个人连接点为基础的国籍概念（表现着人民及其历史和文化），而不是领土主权。在这个方法基础上，孟西尼主张，国际私法纠纷的准据法应当（一般）由当事人的国籍决定。因此，孟西尼反对这种观点，即国际私法规则的适用是每个国家法律固有的一部分自由裁量权。他认为，国际法要求一国国内法律应对另一个人予以承认——拒绝给予该人的国内法以效力，就是拒绝这个国家和人民本身。① 因此，跟萨维尼一样，孟西尼也将国际私法规则视为广义法律制度中必不可少的一部分的“二级规范”——在孟西尼看来，这种法律制度是由各民族所组成的社会而不是萨维尼所说的由领土所属国家组成的社会的法律制度。在这两种情况下，国际私法规则在本质上都具有服务于全球秩序或治理、协调不同法律秩序之间关系的国际功能的特征。

尽管国际私法的普遍国际的观点在 19 世纪中期占据了优势地位，但是，事实上，19 世纪各国出现的国际私法方法呈现出显著增加的现象。一方面，这反映了因为在调整权力的恰当基础问题上存在相竞争的观点而随之导致的国际私法方法的变化——比如，是否法律适用于个人，应当基于领土标准，还是基于代表个人身份的国籍，或者基于住所或惯常居所这两个连接点中的一个。另一方面，它也反映了国际公法领域的变化，国际公法被重新定义为不考虑私人当事人及其争议的、纯粹调整国家之间关系的法律。取而代之的是，国际私法的基础是私人的“既得权利”——这是一个关于确认私人既得权利保护的问题，甚至这些权利是基于外国法而取得的——应避免这么一个观点，即认为国际私法规则决定什么时候获得或不能获得这些权利。萨维尼和孟西尼的技术性方法至今仍然保持着影响力，但是他们将国际私法普遍制度作为国际社会法律组成部分的观点被转化为不同的独立的国内国际私法计划。②

将国际私法作为国内法的观点产生的影响包括，国际私法现代规则的多样化，将国际私法理解为执行国内私权利的机制，以及必然将问题集中在“正义”和“公平”的现代国际私法理论上。在这个有限的模式下，国际私法并不利于（或者并没有察觉到其有利于）国际私人关系的秩序化或系统

---

① Juenger, “A Historical Overview”, p. 39.

② 参见 Reimann, “Savigny's Triumph? Choice of Law in Contracts Cases at the Close of the Twentieth Century”; FK. Juenger, “Private International Law or International Private Law?”, (1994) 5 *King's College Law Journal* 45; JR. Paul, “The Isolation of Private International Law”, (1988) 7 *Wisconsin International Law Journal* 149.

化。实际上，它常常增加了国际事务和国际争端的复杂性，造成了不确定和费用的消耗，甚至可能削弱了国内和国际规范制度的有效性。这种国际私法观念并不具有法则区别说、萨维尼或孟西尼所设想的国际私法所应具有的特征和功能。与现实步调不一致的是，国际私法在实践着全球公共治理的功能，即使目前大部分国际私法规范呈现为零散状态。

三 国际私法与联邦制度下的宪法

传统国际私法曾经被忽视的一个领域（作为公法调整着法律制度之间的关系）在近期有所复兴。在联邦制度下，形成了这么一种观念，认为国际私法是联邦制度中各州之间调整权力的分配制度部分，这可视为是一个联邦制度的水平宪法秩序或“结构”。在这个背景下，我们认为，国际私法规则的重现（或延续）并不是由公正或正义的国内观念支配的一般法律规范，而是反映或规范着调整权分配的“二级”规范。

这个观点在20世纪早期的美国具有一定影响力，宪法关于“充分诚信”和“正当程序”的规定被认为在联邦国际私法规则形成过程中发挥了重要作用。1926年，有学者认为，“在某种程度上，最高法院已经高度具备致力于制定或进行冲突领域的统一规则的能力”。[①] 国际私法被理解为与“独立权、‘主权’国家以及对其团结于联邦体系之中的限制”[②] 有关，导致“存在于我们联邦体系中的几个独立法律制度之间的行政司法合作”。[③] 基于种种理由，从此，这个“公”的观点在美国国际私法学说中变得越来越重要，[④] 该部分将考察其晚近发展，尤其针对欧盟、加拿大和澳大利亚。

（一）欧盟[⑤]

欧盟国际私法在近期获得了长足发展，这意味着人们已经逐渐认识到国

---

① EM. Dodd, “The Power of the Supreme Court to Review State Decisions in the Field of Conflict of Laws”, (1926) 39 *Harvard Law Review* 533, p. 560.

② RH. Jackson, “Full Faith and Credit: The Lawyer's Clause of the Constitution”, (1945) 45 *Columbia Law Review* 1, p. 11；进一步参见 *Milwaukee* v. *ME White* (1935) 296 US 268, pp. 276 – 277.

③ Jackson, “Full Faith and Credit: The Lawyer's Clause of the Constitution”, p. 2.

④ 一般参见 A. Mills, “Federalism in the European Union and the United States: Subsidiarity, Private Law and the Conflict of Laws”, (2010) 32 *University of Pennsylvania Journal of International Law* 369, p. 408.

⑤ *Ibid.* p. 387.

际私法在多元的欧洲法律秩序中发挥的重要作用。关于国际私法作用的本质所在，存在着各种各样的观点，即使在单一的欧洲国际私法机制中，这些观点都反对将国际私法视为服务于国内政策利益的国内法的应有组成部分，相反，他们认可国际私法规则的公共职能，并将国际私法作为具有系统性特征和影响力的二级法律规范。从这个角度而言，国际私法是明确欧洲法律秩序和促进国内市场有效运作的一个重要组成部分。如果需要界定欧盟成员国的不同法律的适用范围，则需要国际私法来界定它们各自调整权的范围。

欧盟条约已经将国际私法作为调整内部市场的法律发展战略的一部分。1999 年，《阿姆斯特丹条约》授权欧盟在国际私法领域一项新权力。[①] 根据新修订和通过的《里斯本条约》（2009）第 81（2）条关于欧盟条约（此前是欧共体条约）的（部分）规定如下：

欧盟议会和理事会……将采取相应措施，尤其是为了满足内部市场正常运作的需要，旨在确保：

（a）成员国做出的涉外案件的判决和决定的相互承认与执行；

……

（b）成员国的冲突法和管辖权规则的兼容性。[②]

此项强化的调整权力在立法项目中得到了体现，我们可以看到，国际私法在欧洲法律制度中发挥着日益重要的作用。[③]《布鲁塞尔条例 I》（2001）[④] 更新和加强了《布鲁塞尔公约》（1968 年），[⑤] 这或许是行使新权限的最突出的体现。自 2000 年开始发展而来的调整有关婚姻和父母责任的判决承认与执

---

① 一般参见 K. Boele-Woelki and RH. van Ooik, "The Communitarization of Private International Law", (2002) 4 *Yearbook of Private International Law* 1; O. Remien, "European Private International Law, the European Community and its Emerging Area of Freedom, Security and Justice", (2001) 38 *Common Market Law Review* 53, p. 60; J. Basedow, "The communitarization of the conflict of laws under the Treaty of Amsterdam", (2000) 37 *Common Market Law Review* 687.

② 《关于〈欧洲联盟运作条约〉的综合文本》，2010 OJ（C 83）47，30 March 2010。

③ 另参见 EB. Crawford and JM. Carruthers, "Conflict of Loyalties in the Conflict of Laws: The Cause, The Means and the Cost of Harmonisation", (2005) *Juridical Review* 251; K. Boele-Woelki and RH. van Ooik, "The Communitarization of Private International Law", (2002) 4 *Yearbook of Private International Law* 1; PM. North, "Private International Law: Change or Decay?", (2001) 50 *International and Comparative Law Quarterly* 477.

④ Council Regulation (EC) No 44/2001 of 22 December 2000 on Jurisdiction and the Recognition and Enforcement of Judgements in Civil and Commercial Matters, Official Journal of the European Union L 12, 16 January 2001.

⑤ Convention of 27 September 1968 on Jurisdiction and the Enforcement of Judgments in Civil and Commercial Matters, Official Journal of the European Union C 27, 26 January 1998.

行规则由《布鲁塞尔条例II》(2003)[①] 所取缔并有所扩展，该规则自2005年3月生效。自2009年12月生效的《罗马条例I》(2008)[②] 是更新《罗马公约》(1980)[③] 项目的发展高潮，它使得欧盟法律框架更为清晰明确。《罗马条例II》(2007)[④] 生效于2009年1月，为有关非合同之债的争端提供了统一的冲突法规则。近期被采纳的《新罗马条例III》制定了离婚和合法分居的冲突规范，将于2012年在某些成员国生效（根据加强合作规则）。[⑤] 欧盟已于2009年提出关于继承和遗嘱的规则的提议，[⑥] 2011年3月亦提出关于婚姻财产[⑦]及登记伙伴关系[⑧]的后续财产的两份更详细提议。这一系列欧盟规则，体现了作为规则协调的专业性手段的国际私法的重要性，它有助于进一步实现和谐平衡的欧盟法律秩序目标。

欧盟规则的重要性，不仅仅反映在国际私法规则渊源的变化上，而且反映在国际私法特征的变化上。在欧盟，国际私法规则明确其服务公共秩序的功能，对成员国在内部市场服务领域的调整权进行分配。这是国际私法规则原有功能的重现。然而，联邦制度也为国际私法的传统公法职能的重建、国际私法学科的复兴提供了重要机遇。

---

① Council Regulation (EC) No 2201/2003 of 27 November 2003 concerning jurisdiction and the recognition and enforcement of judgments in matrimonial matters and the matters of parental responsibility, repealing Regulation (EC) No 1347/2000, Official Journal of the European Union L 338, 23 December 2003.

② Regulation (EC) No 593/2008 of the European Parliament and of the Council of 17 June 2008 on the law applicable to contractual obligations (Rome I), Official Journal of the European Union L 177, 4 July 2008.

③ Convention on the law applicable to contractual obligations, opened for signature in Rome on 19 June 1980, Official Journal of the European Union C 027, 26 January 1998 (consolidation).

④ Regulation (EC) No 864/2007 of the European Parliament and of the Council on the law applicable to non-contractual obligations (Rome II), Official Journal of the European Union L 199, 31 July 2007.

⑤ Council Regulation (EU) No 1259/2010 of 20 December 2010 implementing enhanced cooperation in the area of the law applicable to divorce and legal separation.

⑥ Proposal for a Regulation of the European Parliament and of the Council on jurisdiction, applicable law, recognition and enforcement of decisions and authentic instruments in matters of succession and the creation of a European Certificate of Succession, COM (2009) 154 final, 2009/0157 (COD), 14 October 2009.

⑦ Proposal for a Council Regulation on jurisdiction, applicable law and the recognition and enforcement of decisions in matters of matrimonial property regimes, COM (2011) 126 final, 2011/0059 (CNS), 16 March 2011.

⑧ Proposal for a Council Regulation on jurisdiction, applicable law and the recognition and enforcement of decisions regarding the property consequences of registered partnerships, COM (2011) 127 final, 2011/0060 (CNS), 16 March 2011.

（二）加拿大和澳大利亚[①]

加拿大和澳大利亚法院还没有最终认识到，传统国际私法中的普通法规则会受到它们新的联邦环境影响的可能性。[②] 对于这一现象，可以提供大量的解释。如前所述，直至19世纪末期，国际私法被广泛地视为是国际法律制度的一部分，作为一个“普遍主义”的产物，往往可能忽视“本土”关注。进入20世纪，取而代之的是不同的“普遍主义”。国际私法的普通法规则被计划适用于整个普通法世界。[③] 加拿大和澳大利亚宪法规则的潜在作用在很长时间因枢密院对普通法的统一影响方式而得以掩盖。在国际范围内实现统一普通法的观点阻碍了国际私法规则专门体现联邦制度下普通法国家的本土特色。[④] 尽管长久以来，普通法传统在加拿大和澳大利亚的独立发展使得普通法的统一有所弱化，但是，将国际私法视为每个国家的自由裁量权的观点，比认为国际私法是联邦制度下每个“省”的自由裁量权问题的观点，更值得质疑。基于所有这些理由，国际私法的发展及其公共规范职能的承认在很长时间内都被忽视了。

然而，有迹象表明，这样的忽视终于得到了解决。加拿大法院最近在认识和阐述国际私法规则和联邦宪法原则之间潜在相互作用中发挥了主导作用——国际私法在加拿大法律秩序多样化治理中发挥了重要作用（包括魁北克民法制度在内的多样化）。[⑤] 加拿大的国际私法“革命”，开始于

---

① 进一步参见 Mills, *The Confluence of Public and Private International Law*, p. 157.

② 另参见 M. Tilbury, G. Davis and B. Opeskin, *Conflict of Laws in Australia*（Oxford University Press, 2002）; B. O'Brien, “The Role of Full Faith and Credit in Federal Jurisdiction”,（1976）7 *Federal Law Review* 169; JG. Castel, “Constitutional Aspects of Private International Law in Australia and in Canada”,（1969 - I）126 *Recueil des Cours* 1; Z. Cowen, *American-Australian Private International Law*（New York: Oceana Publications, 1957）, p. 10.

③ D. McClean, “A Common Inheritance? An Examination of the Private International Law Tradition of the Commonwealth”,（1996）260 *Recueil des Cours* 9; R. Graveson, “Problems of private international law in non-unified legal systems”,（1974 - I）141 *Recueil des Cours* 187, p. 210; *Breavington* v. *Godleman*（1988）169 CLR 41 at [4]（Brennan J）.

④ *Morguard Investments Ltd.* v. *De Savoye* [1990] 3 SCR 1077, p. 1091; 参见 Castel, “Constitutional Aspects of Private International Law in Australia and in Canada”; Cowen, *American-Australian Private International Law*, p. 17; 另参见 *Pfeiffer* v. *Rogerson*（2000）203 CLR 503.

⑤ J. Swan, “The Canadian constitution, federalism and the conflict of laws”,（1985）63 *Canadian Bar Review* 271; MT. Hertz, “The Constitution and the Conflict of Laws: Approaches in Canadian and American Law”,（1977）27 *University of Toronto Law Journal* 1.

Morguard Investments Ltd. v. *De Savoye*（1990）案件[①]，这是一个关于在不列颠哥伦比亚省法院执行埃伯塔省的民事判决的案件。依据“坚持属地原则”的普通法方法，[②]外国（包括其他省）的民事判决仅仅可以在严格有限的情况下才能予以执行，例如，当被告在诉讼开始时出现于判决管辖权范围之内，或者被告主动服从法院管辖。[③]然而，最高法院拒绝这个方法的适用，它强调，继续适用为解决国际争议而产生发展的原则来解决加拿大联邦制度下内部争议是不恰当的。取而代之的是，最高法院认为，“国际私法规则……必须为与宪法的联邦结构相一致”。[④]

这个原则的地位在 *Hunt* v. *T&N*（1993）[⑤]案得到了确认，国际私法必须遵循加拿大宪法所规定的秩序和公平的原则在此案中被确立。法院采信并延伸了 *Morguard Investments Ltd.* v. *De Savoye*（1990）案的论述，认为，“‘当宪法性安排适用于跨省流动问题时，我们应对宪法性安排的文字进行整合。’这要求各省法院应给予姐妹省法院做出的判决予以‘充分诚信’。这……是加拿大联邦结构的本质，而且，它本就凌驾于各省立法权限之上”。[⑥]

加拿大最高法院在这些案件中所提出的理由明确了联邦环境下国际私法的功能。明确承认——国际私法的公法性质，与宪法关系更密切——国际私法规则作为二级法律规范发挥着作用，与其说与个案结果相关，不如说与调整权分配相关。

最近，澳大利亚高等法院也开始承认联邦宪法对国际私法的影响。法院

---

① 3 SCR 1077；T. Monestier，“Foreign Judgments at Common Law：Rethinking the Enforcement Rules”，（2005）28 *Dalhousie Law Journal* 163；J. Blom，“Private International Law in a Globalizing Age：the Quiet Canadian Revolution”，（2002）*Yearbook of Private International Law* 83；R. Wai，“In the Name of the International：The Supreme Court of Canada and the Internationalist Transformation of Canadian Private International Law”，（2001）39 *Canadian Yearbook of International Law* 117；D. McClean，“A Common Inheritance? An Examination of the Private International Law Tradition of the Commonwealth”，（1996）260 *Recueil des Cours* 9，p. 70.

② *Morguard Investments Ltd.* v. *De Savoye*［1990］3 SCR 1077，p. 1095.

③ *Ibid.* p. 1092.

④ *Ibid.* p. 1101.

⑤ ［1993］4 SCR 289；Blom，“Private International Law in a Globalizing Age：the Quiet Canadian Revolution”，p. 91；Wai，“In the Name of the International：The Supreme Court of Canada and the Internationalist Transformation of Canadian Private International Law”.

⑥ *Morguard Investments Ltd.* v. *De Savoye*［1990］3 SCR 1077，p. 1100.

接受 *Pfeiffer* v. *Rogerson*（2000）所确立的宪法对冲突法规则的影响，[①] 认为，一定领土的主权国家之内的统一联邦制度下的宪法观念，隐含着澳大利亚各州之间的侵权之诉应适用法律选择规则中的侵权行为地法规则。它认为，仅仅一项机械的属地的法律选择规则可以满足宪法要求的明确的各州之间的主权权力的领域划分。

尽管至少改变做法的部分动机是出于改革侵权法律选择规则的愿望，但所采纳的理由体现了高等法院发展联邦法律选择规则的更广泛的意愿。这也标志着，法院认可了国际私法在联邦制度架构下的作用。采纳机械的选法规则意味着，从独立看待每个国际私法纠纷并将国际私法视为实现个案正义的主要法律规则，转变为将国际私法作为与系统性或结构性问题相关的二级法律规则。

四　国际私法的公国际性

国际私法是广义国际法一部分的观点直至 19 世纪仍占据国际私法理论的主导地位。国际私法的“公”的概念，作为法律合作手段，可能在全球化意义上被忽略了，但（从前面部分的考察来看）在国际私法作为联邦制度宪政组成部分的观点中，“公”的概念得到了延续和复兴。在 19 世纪早期，萨维尼主张，国际私法规则应建立在一个国家间社会存在的基础上。与之很相似的是，世界范围的联邦制法院认为，联邦内部国际私法规则应基于他们的联邦社会而产生——它们是联邦制度的一个关键组成部分。

那么，问题是，这个趋势可否逆转——国际私法的公法性质被欧盟、加拿大和澳大利亚的司法实践所重新定义，这是否可以视为再一次从公国际视角审视国际私法。作为国际法律秩序一部分的“联邦主义”观念的发展，意味着联邦制度所发展的观念可以类推适用于国际层面。这种国际私法方法，是萨维尼和孟西尼等传统国际私法学者所主张方法的一种延续，但该方法的基础，并不是国家构成国际社会的观点，而是国际法律秩序宪政化这个

① 203 CLR 503；一般参见 J. Stellios，“Choice of Law and the Australian Constitution：Locating the Debate”，（2005）33 *Federal Law Review* 7；Tilbury，Davis and Opeskin，*Conflict of Laws in Australia*，p. 533.

非常现代的观点。

正如联邦宪法，国际法被认为包含着国际制度的界定标准——关于调整权的二级规范。一个国家的调整权作为限制的产物日益得到承认，它必须遵守主要规定于国际公法管辖权规则中的限制。因此，这些国际公法中的管辖权规则是“二级”法律规范——目标正义规范。在调整这些立法者和法院的行为时，国际公法的管辖权规则并不规定一般的国家行为，它只规定国家的规范行为，即明确规定国家可以立法、司法或执法的情况。对这些规则的集体接受，包含着一个相互承认各国作为国际制度组成部分的合法性问题。反过来，通过普遍接受选择法院协议和选择法律协议，国家也通常接受通过个人意思自治确定解决争议的法院或法律的合法性——这表明，国际公法的管辖权模式应予以更新，以反映国际私法下权力分配的真实性。

国际法中的管辖权规则将“包容差异”原则予以规范化，体现了对多元化的接受，这些为国际私法提供了存在基础。限制国家调整权的作用在于，通过减少规则重叠和承认每个国家调整权限的合法性，尽可能地减少国家间不一致的法律态度的可能——在本质上，这也是国际私法的功能。事实上，国际公法和私法的律师均注意到，从不同角度而言，存在着相同的调整国家间调整权分配的潜在原则。①

当我们聚焦国际私法规则时，尤其是关注个案“正义”的普通法规则时，我们通常忽略国际秩序视角中的国际私法。然而，从这个视角体现国际私法的一个机构，一直以来在保证国际私法方法的国际性和系统性方面起着主导作用——这就是海牙国际私法会议，② 它主要通过国际条约方式从事国

① 另进一步参见 L. Reed，“Mixed Private and Public International Solutions to International Cases”，(2003) 306 *Recueil des Cours* 177；C. McLachlan，“The Influence of International Law on Civil Jurisdiction”，(1993) 6 *Hague Yearbook of International Law* 125；FA. Mann，“The Doctrine of Jurisdiction Revisited After Twenty Years”，(1984 - III) 186 *Recueil des Cours* 19，p. 28；HG. Maier，“Extraterritorial Jurisdiction at a Crossroads：An Intersection Between Public and Private International Law”，(1982) 76 *American Journal of International Law* 280；AF. Lowenfeld，“Public law in the international arena：conflict of laws，international law，and some suggestions for their interaction”，(1979 - II) 163 *Recueil des Cours* 311.

② 另进一步参见 G. De Baere，and A. Mills，“T. M. C. Asser and Public and Private International Law：The life and legacy of ‘a practical legal statesman’”，(*Netherlands Yearbook of International Law*，2011)，available at http：//ghum. kuleuven. be/ggs/publications/working_ papers/new_ series/wp71 - 80/wp73. pdf.

际私法规则的逐步统一工作。这个机构，始建于19世纪末期的国际会议，它倡导其成员国将国际私法视为应对全球问题的、提供全球解决方案的全球性法律。正如欧盟，它所追求的国际私法协调，不仅带来了国际私法渊源的变化，而且使国际私法性质和标准产生了变化——从其制定的调整特定争议的私法规则到公共全球治理手段。

五　结论

国际私法规则的存在意味着承认，在一些情况下，适用外国法的结果比适用国内法律原则可能更为公正。因此，国际私法是正义多元主义观点的法律体现——包容和相互承认原则。依据该原则和国际私法的规定，法律制度存在差异并不必然需要区分法律的优劣，而应视为呈现多元价值的各种法律文化的体现。

对这一根本原则缺乏认识，导致了国际私法学界和律师对国际私法中国际准则的重要作用视而不见。同样，这也导致了国际律师无视国际私法的重要功能，将国际私法视为“纯”国内法，由此削弱了其调整国际私法纠纷的效力。国际公法和国际私法律师均未能认识到，国际私法及其实施中的所有缺陷和不完美之处、政策和手段的不足，构成全球治理的国际制度——一个隐藏的（私）国际法。

对联邦制度国际私法的分析揭示了，原有“系统”的国际私法观点依旧保存于联邦制度中。联邦国际私法规则在欧盟、加拿大和澳大利亚的发展，意味着国际私法与宪法是紧密联系的，在某些案件中，国际私法甚至受宪法性原则的直接影响。国际私法规则被视为联邦制度的组成部分，是构成各州间私法调整权分配的二级规范。

联邦制度经验的核心启示在于，从制度角度来看，国际私法必须理解为国际公法的一部分——分配和“设定”调整权的二级法律制度。该制度是通过接受正义多元主义而解决国内法律制度多样性导致的国内实体法的潜在冲突问题。国际私法规则并不主要涉及私法正义或公平问题，而是还涉及正义多元主义的影响，也就是目标正义——对不同法律秩序的接受，依据案件情况而平等地公正适用法律，以协调不同私法规则。

国际私法规则逐渐为国内立法者正式采纳和发展，这意味着，从国际视角而言，国际私法的功能已经从原有国际私法规则的国内自治性，转变为全球治理的法律制度组成部分。国际私法规则可能不一致，但是，尽管如此，它们都是希望通过公国际秩序减少私法冲突并实现普遍价值的多种不完美对策。普遍将国际私法规则视为仅关心个案正义的观点，阻碍了这一功能的实现。

国际私法应当不仅仅是一门吸引着处理国际私人关系和争端解决的学者和实务专家的范围狭窄的专业学科。国际私法是——或者至少可能是——多元国际秩序中的全球私法制度。全球法律存在（应该存在）差异，这存在着和必须存在着国际公法规则和原则对之进行一定限制。国际私法，作为促进并支持包容、接受并调整差异的手段，在 21 世纪的国际法中有潜能发挥重要作用。

Private International Law, Pluralism and Global Governance

Alex Mill

Abstract: In an increasingly globalised world, disputes with cross-border elements are increasingly likely, and private international law is thus a subject of growing importance. At the same time, however, it is a subject whose theoretical foundations remain contested and insufficiently developed. This paper argues that private international law should be viewed as giving effect to an underlying principle of "justice pluralism" —the acceptance of diversity in the private legal orders of different systems. The rules of private international law serve the purpose of structuring and ordering that diversity-they are part of the architecture of the international system. This argument is developed based on an analysis of the historical origins and evolution of private international law. The idea of understanding private international law from a systemic perspective is explored further through examination of the role of private international law within federal systems, in particular the European Union, Canada and Australia. Within these systems, there is an emerging understanding of the connection between private international law and constitutional law, that private international law is part of the horizontal ordering of legal authority between federal states. The paper argues that this federal understanding should inform our ideas of private international law at the global level, as part of the constitutionalisation of the international legal order. Private international law can thus be viewed as an important counterpart and counter-balance to public international law-while public international law aspires to embody universal rules and principles, private international law facilitates the coexistence and tolerance of global diversity.

Key Words: Private International Law; Pluralism; Global Governance

日韩学者国际私法立法联合建议稿的主要特点

〔日〕木棚照一　王　艺　译*

摘　要：东亚各国在知识产权保护方法的法律规定各有差异，不利于国与国之间知识产权的授予与移转。考虑这一现状，日本和韩国的国际私法学者以统一东亚各国在知识产权保护方面的法律规定为目的，经过长期的努力和积极商讨，于2010年提出了日韩联合建议稿。该草案既参考了国际上具有较大影响力的美国法学会原则（ALI Principle）和知识产品冲突法学会提案（CLIP），又充分考虑日本和韩国的法律传统的两国现有立法、司法实践。建议稿涉及知识产权争议的多个方面，在国际司法管辖权和法律适用等问题的解决上均取得了突破性进展，基本实现了日韩知识产权立法最低限度的联合。该建议稿为今后东亚国家在知识产权保护方面的联合立法提供了示范作用。

关键词：知识产权　日韩联合建议稿　国际司法管辖　法律适用

一　日韩联合建议的形成过程

本组织的前身是一个国际私法研究工作组，它由日本及韩国国际私法协会的若干成员于2004年2月建立。在初期阶段，来自日本和韩国的成员各自形成了自己的提议并于2006年12月在早稻田大学举办的公开研讨会上进行了讨论。以韩国成均馆大学的孙京汉（Kyung Han Sohn）教授为首的六位韩国学者，于2006年、2008年和2009年分别提交了三份

* 〔日〕木棚照一，日本早稻田大学法学教授；王艺，中国社会科学院国际法研究所博士研究生。

草案。[①] 2009 年 3 月，日本的草案确定下来以后包括我本人在内的七位日本学者负责起草日韩联合草案。[②] 以 2009 年 9 月在韩国中央大学和 2010 年 9 月在韩国首尔大学的研讨会上的讨论为基础，日韩联合草案于 2010 年 10 月 24 日完成。2011 年 1 月 29 日至 30 日，于早稻田大学国际会议中心举行的公开研讨会上，该草案获得了说明和讨论。

本组织在认真研究美国法学会原则（ALI Principle）和知识产权冲突法学会提案（CLIP）的基础上认识到形成国际统一的关于知识产权的国际私法原则尚不现实，故致力于从东亚国家（特别是日本和韩国）的角度出发，提出一些原则。与此同时，我们从 ALI 原则和 CLIP 中发现东亚国家可以共同接受的元素，并加以整合。另外，通过日本和韩国学者在相关议题上开诚布公的研讨，我们也提出了符合东亚国家情势需要的自己的原则。此外，我们还致力于寻求简明且更为易懂的规则。[③]

二　日韩联合草案的主要特征

日韩联合草案致力于呈现东亚国家最低标准的示范法。在一系列讨论之后，我们共同认为，既然多数东亚国家皆有着大陆法系传统，故应该寻求如 CLIP 一般以成文法为主要表现形式的示范法。这与以司法判决为主要来源的“软法”性质的 ALI 原则是背道而驰的。但是，联合草案与 CLIP 还是有差异的：为避免与已普遍存在于欧盟法院的共同原则或判例法之间的冲突，CLIP 为欧盟及其成员国将来的制定法提供了示范法样本；而东亚各国与欧盟国家不同，并未形成普遍原则，更有甚者，法律原则本身也并不总是十分清楚。因此，我们的提议仅限于呈现最低标准，而非与 CLIP 相似的涵盖诉讼各个阶段的细致严密的原则。同时考虑到最近东亚出现的法律原则，我们的提议尽可能地尊重当事人意思自治。

---

① 参与该计划的韩国成员为：崔公雄，韩国国际私法协会前主席；孙京汉，成均馆大学教授；石光现，首尔大学教授；鲁泰乐，韩国高等法院专利法庭法官；李成浩，首尔高等法院法官；李奎浩，韩国中央大学教授。

② 参与该计划的日本成员为：松冈博，大阪大学原教授，日本国际私法协会前会长；渡辺惺之，大阪大学原教授，立命馆大学教授；樱田嘉章，京都大学原教授，日本国际私法前会长；道垣内正人，早稻田大学教授；野村美明，大阪大学教授；中野俊一郎，神户大学教授以及我本人。其中，最后三名教授被推举为“日韩联合草案”的起草人。

③ CLIP 包括四个部分 73 条法规，我们的联合草案则由四个部分共 38 条法规组成。

三　与国际司法管辖权相关的原则

我们联合草案中有关国际司法管辖的最具特色的条款是提出对“特殊情况”予以考虑的第 211 条。该条规定了在哪些特殊情况下诉讼可以被驳回。当具有国际诉讼管辖权的法院发现存在将会损害当事人间公平、阻碍正当程序或迅速审判的特殊情况时，考虑诉讼的性质、被告出庭的便利与否、当事人及问询证人的住所以及实质证据所在地等情况，可以部分地或全部地驳回诉讼。日本 2008 年的初步草案从追求法律确定性的角度出发，没有设置与案件性质相配合的一般性例外条款。比如在损害于多国发生时，第 203 条授予诉讼所涉侵权主要发生地法院国际司法管辖权，而不考虑其他损害发生国。该条以韩国的提议为基础，该提议意识到国际管辖的广泛合并。起初的日本提议将合并管辖限制在通过类似因特网之类的无所不在的媒体导致侵权共时发生的情形。但是，我们后来认识到过度的国际司法管辖合并可以通过对第 211 条的适用获得限制，而不需要上述限制。修改后的日本民事诉讼法（2001 年第 36 号发，2011 年 5 月 2 日颁布）中关于国际司法管辖的第 3 条至第 9 条也作出了类似的规定，除非当事人之间达成的合意有相反的意思表示。一些韩国的判决也考虑了特殊情势，但是韩国学者强烈坚持法院地与当事人或案件有实质联系这一点应该整合进草案中。这一主张意在涵盖韩国 2001 年国际私法中与之类似的第 2 条第 1 款以及体现在随后判决和理论中的观点。然而，整合这一留有解释可能性的含义模糊的条款可能会有损条款的明确性，而这是在解决问题时仔细设计以求实现的。因此，我们将韩国学者的观点作为禁止管辖的基础纳入第 212 条。

与 CLIP 相比，联合草案中关于客体合并的第 207 条和关于主体合并的第 208 条也是具有特色的。第 207 条第 1 款允许对相同当事人之间发生的多个诉讼要求加以客体合并。该条规定：“一方当事人可以向有国际管辖权的法院提起与之前的诉讼要求有密切联系的任何其他诉讼要求。”该条款体现了日本和韩国的判例法。① 但是，需要注意的是，该条限制了对侵权地管辖

① 日本最高法院于 2002 年 7 月 24 日判决的ウルトラマン案（Ultra-man）（民事判决报告，第 44 期，第 727 页）和另一起由韩国仁川地方法院于 2003 年 7 月 24 日审判的案件都表明“这些可以合并的诉讼请求间有着密切的关系”。

权的合并，它规定："遵照由第203条第2款推断而来的国际司法管辖规定，任何与发生在另一法域的交易或侵权相关的诉讼，法院地不得合并管辖。"第208条第1款准许主体合并，它规定："原告可以在任一被告有惯常居所的法域提起对另一共同被告的诉讼。"但是，该条款增加了一个条件，即这些诉讼要求必须"联系如此紧密以致它们应该被一起审理以避免分别审理导致的判决不一致"。如果第208条第1款与排他性法院选择合意的内容相违背，第208条第2款将否定建立在其上的国际司法管辖。该条款尊重排他地选择法院的当事人的意愿。这些条款通过主体和客体的合并扩展了管辖权，① 但是我们认为从业者可以容易地通过限制管辖灵活性的第211条找到合适的结论。

四　与法律适用相关的原则

我将重点说明联合草案有关法律适用的三个主要特征。第一，关于专利保护地法（*lex protectionis*）与专利登记地法之间的关系。第301条第1款所提出的一般原则认为，与一项知识产权相关的所有争议都由专利保护地法管辖。第301条第2款的第一句话指出"专利保护地法"的定义同CLIP的规定。② 该条款的第二句话指出，一项已登记知识产权的专利保护地法视为权利登记地法。该规定没有采用与ALI原则类似的规定，后者将知识产权分为已登记的和未登记的权利并据此为准据法的确定分别设置了不同的联结点，即登记地和保护地。③ 草案以登记地即为保护地为前提，因为登记地法是不言而喻并在实践中得到广泛运用的，保护地则是作为联结点的主流概念。

第二，第302条是关于法律选择合意的，并尽可能地尊重当事人意思自治。④ 特别是第302条第1款的主体部分规定，"当事人可以在任何时候选择适用于部分或全部争议的法律"，且该条款的限制性规定允许就"仅与合

① CLIP的第2：701条至第2：706条是关于程序协调的规定，但是没有关于合并管辖的规定。

② 见CLIP，Article 3：102。

③ 见Article 301（1），ALI Principles。

④ CLIP的第3：103条规定了当事人双方可自由选择准据法。该条仅就合同（Article 3：501）、雇佣关系（Article 3：503）、赔偿（Article 3：605）和创设及移转知识产权的义务（Article 3：801）等领域进行了限制。

同当事人相关的”知识产权的专属权利的准据法达成合意。在早期阶段，我们曾经设想仅在当事人可以根据争议本身的性质自行解决争议的情况下承认合意选择准据法的有效性，比如以知识产权的存在和有效性为对知识产权的侵权或合同违反争议的先决问题。我们担心当事人间对知识产权的专属绝对权利的存在和有效性所达成的准据法合意有可能导致当事人之间及其与第三人间适用不同的准据法，而这将使权利所有者之间的关系复杂化而需要加以调整。据此，有观点认为应该允许司法解决过程中的准据法合意，因为知识产权仲裁的当事人可以自由地在仲裁过程中决定准据法。另有观点指出，在东亚各国中尚未建立有关知识产权保护的明确、稳定的规则——有关知识产权的特定争议的判决结果是不能在确定范围内预见的。因此，草案规定当事人选择的法律至少对合同当事人而言是有效的。根据第 302 条第 2 款，当事人的法律选择合意不得有损第三人于合意达成之前享有的权利。第 302 条第 3 款明确了当事人选择的准据法适用于当事人准据法选择协议的存在及有效性问题。概括说来，若当事人就准据法达成书面的或明确的默示合意，则该合意将最大可能地得到被选择的法律的承认。这些规则预计将能够促进亚洲国家之间知识产权的移转和授予。

第三，第 308 条是关于最初所有权（initial ownership）的规定。第 308 条第 1 款指出，与 CLIP 一样，知识产权的最初所有权受保护地法管辖。[①] 但是，第 2 款规定，对有著作权的作品的最初所有权由获得著作权保护的作品首次完成地的法律管辖而非保护地法管辖。[②] 此外，该条款规定：“如果享有著作权的作品的最初创作地无法确认，则以创作者在作品创作时的惯常居所地法为准据法。在创作者为多人的情况下，准据法应为创作者们协议认为是创作者在创作时的惯常居所地的法律。如果未达成此类协议，则准据法为多数创作者在创作时的惯常居所地法。”此外，第 3 款指明，如果第 2 款所指定的法律“未能对知识产权给予保护，则最初所有权由主题问题最初被利用并得到保护的法域的法律管辖”。该条款为保护著作权所有人提供了补充性联结点。我们认为，一条有关最初知识产权所有权的规定可以减少或最小化佚名作品和未经授权地使用有著作权的作品的情况。

① 见 CLIP，Article 3：401。

② 关于该问题，我们的规定更接近于 ALI 原则的第 313 条。

Main Characteristics of the Joint Proposal by Japan and Korea under Waseda University Global COE Project

Shoichi Kidana

Abstract: The regulations on intellectual property right vary among East Asian countries, which is not conducive to the grant or transfer of intellectual property rights in this region. Considering this situation and for the purpose of unification of East Asian countries in the protection of intellectual property rights, private international law scholars from Japan and South Korea brought up a joint Japan-Korea proposal in the year 2010 after long-term efforts and numerous active discussions. With reference to the internationally greatly influential ALI Principle and CLIP, This draft takes into full account of legal traditions, present legislation and judicial practice of Japan and South Korea. The proposal contains many aspects of intellectual property disputes and has achieved breakthrough progress in matters regarding to International Judicial Jurisdiction and law application. The proposal has presented the minimum standards as a model law for East Asian countries and hopefully it will serve as an example for the future legal unification in East Asia.

Key Words: Intellectual Property Right; Joint Japan-Korea Proposal; International Judicial Jurisdiction; Law Application

前沿动态

碳排放权：一种新的发展权[*]

杨泽伟[**]

摘　要：近年来国际社会逐渐把碳排放权作为一种新的发展权来看待。作为发展权的碳排放权的法理依据主要有：《联合国气候变化框架公约》《京都议定书》以及可持续发展原则、共同但有区别的责任原则和公平正义原则等。后京都时代碳排放权的分配应考虑发展需要、人口数量、历史责任以及公平正义原则等因素。作为温室气体排放大国，中国在坚守“共同但有区别的责任原则”的前提下，应逐步实现从“差别原则”到“共同责任”的转变，在加强与发展中大国协调的同时，适当支持小岛国联盟和最不发达国家的要求，并重视碳排放权分配中的发展权问题。

关键词：气候变化　碳排放权　发展权

近年来随着全球极端天气现象的不断出现，气候变化问题成为国际舆论关注的焦点。尤其是伴随着迈向后京都时代（2012～2020年）的步伐日益加快，碳排放权分配问题再次成为气候谈判的核心问题之一。中国作为世界上最大的发展中国家和温室气体排放大国，碳排放权的分配不但关系到中国未来的发展空间，而且涉及广大发展中国家的根本利益。因此，从发展权的角度研究后京都时代碳排放权分配问题，无疑具有重要的现实意义。

---

* 本文系作者主持的“国家社科基金重大招标项目‘发达国家新能源法律政策研究及中国的战略选择’（项目批准号09&ZD048）”阶段性研究成果之一。

** 杨泽伟，武汉大学珞珈特聘教授，法学博士，博士生导师。

一　碳排放权的定位

（一）气候变化与碳排放权的产生

碳排放权是指权利主体为了生存和发展的需要，由自然或者法律所赋予的向大气排放温室气体的权利，这种权利实质上是权利主体获取的一定数量的气候环境资源使用权。① 碳排放权的产生与人类对气候变化问题的关注密切相关。

早在20世纪70年代，科学家们就已经把气候变暖作为一个全球性环境问题提出来了。1988年，世界气象组织和联合国环境规划署共同建立了“政府间气候变化专门委员会”（the Intergovernmental Panel on Climate Change，简称IPCC）。同年12月，联大通过了关于保护气候的第43/53号决议，宣布气候变化是“人类共同关切之事项”。② 1992年，里约环境与发展大会通过的《联合国气候变化框架公约》（以下简称《气候变化公约》）规定，发达国家应率先对付气候变化及其不利影响，发达国家应在20世纪末将其温室气体排放降到其1990年水平。1997年，第三次缔约方会议通过了《京都议定书》，要求发达国家应在2008～2012年间，将其温室气体的排放量在1990年的基础上平均减少5%，其中欧盟将削减8%，美国将削减7%，日本和加拿大将削减6%。由于《京都议定书》的目标承诺期只到2012年，因此2012年后的碳排放权如何分配就成为国际社会争论的焦点。③

（二）碳排放权的主体

关于碳排放权的主体，主要有以下三种类型：

1. 国家

《气候变化公约》和《京都议定书》都是从国际公平的角度出发，以国

---

① 参见韩良《国际温室气体排放权交易法律问题研究》，中国法制出版社，2009，第29页。

② Cass R. Sunstein, “Of Montreal and Kyoto: A Tale of Two Protocols”, (2007) 31 *Harvard Environmental Law Review* 1, p. 24.

③ 参见 Anita M. Halvorssen, “Common, but Differentiated Commitments in the Future Climate Change Regime-Amending the Kyoto Protocol to Include Annex C and the Annex C Mitigation Fund”, (2007) 18 *Colorado Journal of International Environmental Law & Policy* 247, p. 247.

家为单位来界定一国的碳排放权的，在国家减排责任中区分了发达国家和发展中国家在不同阶段的“国家碳排放总量”（National Total Carbon Emissions）的指标。以国家为主体的国家碳排放权的，虽然注意到了国家层面的公平，但是忽略了人与人之间的不公平。[①]

2. 群体

以群体为主体类型的群体碳排放权，主要是指各种企业或营业性机构在满足法律规定的条件下所获得的排放指标从而向大气排放温室气体的权利。群体碳排放权具有可转让性，这是国际温室气体排放权交易制度建立的基础。

3. 自然人

以自然人为主体类型的个体碳排放权，是指每个个体为了自己的生存和发展的需要，不论在何处，都有向大气排放温室气体的自然权利。后京都时代碳排放权的分配，应更多地着眼于个体碳排放权问题。

（三）碳排放权是一种新的发展权

众所周知，“发展权既是一项独立的人权，也是实现其他人权的前提”。[②] 1977年联合国人权与和平司司长将发展权归入一种新的人权，使其成为人权的“第三代”。1979年，联合国人权委员会通过一项决议，重申发展权是一项人权。1986年，联大通过《发展权宣言》，指出，“发展权利是一项不可剥夺的人权”。

而“气候变化既是环境问题，也是发展问题，但归根到底是发展问题”。[③] 因此，把气候变化问题与可持续发展联系起来，已经成为国际社会的共识。在此基础上，将碳排放权作为一种新的发展权来看待，也逐渐得到了国际社会的认可。例如，美国学者波斯纳（Eric A. Posner）、森斯坦（Cass R. Sunstein）和格林（Bryan A. Green）都承认，碳排放权是一种发展权。[④] 肯尼亚内罗毕大学穆马（Albert Mumma）教授认为：“排放权实际上

---

① 参见杨洁勉主编《世界气候外交和中国的应对》，时事出版社，2009，第243～245页。

② 杨泽伟：《新国际经济秩序研究——政治与法律分析》，武汉大学出版社，1998，第88页。

③ 国家发展和改革委员会：《中国应对气候变化国家方案》，2007年6月4日。

④ 参见 Eric A. Posner & Cass R. Sunstein, “Climate Change Justice”, (2007 - 2008) 96 *Georgetown Law Journal* 1565, p. 1603; Bryan A. Green, “Lessons From the Montreal Protocol: Guidance for the Next International Climate Change Agreement”, (2009) 39 *Environmental Law* 253, p. 281.

是代表发展权，是为了满足一国及其国民幸福生活的需要。"[①] 森（A. Sen）根据可持续人文发展理论，提出"发展的根本目的是为了扩大人的选择范围，实现人的全面发展"。[②] 此外，格林还进一步指出，"共同但有区别责任原则"还应当包括发展中国家的"发展责任"。[③]

事实上，作为一种新的发展权的碳排放权有两层含义：第一，碳排放权"是一项天然的权利，是每个人与生俱来的权利，是与社会地位和个人财富都无关的权利"；[④] 第二，"碳排放权的分配，是意味着利用地球资源谋发展的权利"，[⑤] 对发展中国家而言更是如此。

二　作为发展权的碳排放权的法理依据

（一）碳排放权的法律基础

自1990年联大为缔结防止气候变化公约而开始政府间谈判以来，国际社会先后制定了《气候变化公约》《京都议定书》《波恩协定》《布宜诺斯艾利斯行动计划》《马拉喀什协议》以及《德里宣言》等一系列重要文件，它们在加强全球共识和减缓全球气候变化的过程中发挥了关键作用，[⑥] 并为碳排放权奠定了坚实的法律基础。其中，最重要的是《气候变化公约》和《京都议定书》。

1.《气候变化公约》

《气候变化公约》申明："应当以统筹兼顾的方式把应对气候变化的行动与社会和经济发展协调起来，以免后者受到不利影响，同时充分考虑到发展中国家实现持续经济增长和消除贫困的正当的优先需要。认识到所有国家

---

① Albert Mumma & David Hodas, "Designing A Global Post-Kyoto Climate Change Protocol that Advances Human Development", (2007 - 2008) 20 *Georgetown International Environmental Law Review* 619, p. 639.

② A. Sen, *Development as Freedom* (New York: Oxford University Press 1999), p. 18.

③ Green, "Lessons From the Montreal Protocol", p. 281.

④ 〔英〕简·汉考克：《环境人权：权力、伦理与法律》，李隼译，重庆出版社，2007，第58、64页。

⑤ Mumma & Hodas, "Designing A Global Post-Kyoto Climate Change Protocol that Advances Human Development", p. 641.

⑥ 参见国家气候变化对策协调小组办公室、中国21世纪议程管理中心：《全球气候变化——人类面临的挑战》，商务印书馆，2004，第2页。

特别是发展中国家需要得到实现可持续的社会和经济发展所需要的资源”；“各缔约方有权并且应当促进可持续的发展。保护气候系统免遭人为变化的政策和措施，应当适合每个缔约方的具体情况，并应当结合到国家的发展计划中去，同时考虑到经济发展对于采取措施应对气候变化是至关重要的。”

2.《京都议定书》

《京都议定书》也明确将量化的排放限制以及减排承诺与促进可持续发展的努力联系起来。例如，第 2 条第 1 款规定：“附件一所列每一缔约方，在实现第 3 条所述关于其量化的限制和减少排放的承诺时，为促进可持续发展，应根据本国情况执行和/或进一步制订政策和措施。”第 3 条指出：“附件一所列缔约方，应个别地或共同地确保其在附件 A 中所列温室气体的人为二氧化碳当量排放总量，不超过按照附件 B 中量化的限制和减少排放的承诺以及根据本条规定所计算的分配数量，以使其在 2008 ~ 2012 年承诺期内这些气体的全部排放量从 1990 年水平至少减少 5%。”

此外，《巴厘行动计划》（Bali Act Plan）也提及了可持续发展原则，并提出对后京都体制进行协商的任务。①

由上可见，无论是《气候变化公约》还是《京都议定书》，都肯定了发展中国家基于发展需要的碳排放权。

（二）碳排放权的理论依据

可持续发展原则、共同但有区别的责任原则以及公平正义原则，为作为发展权的碳排放权提供了理论依据。

1. 可持续发展原则（the Sustainable Development Principle）

国际法院卫拉曼特雷（Weeramantry）法官曾经指出：“可持续发展原则是现代国际法的组成部分，这不仅因为其具有必然存在的逻辑，也在于全球已普遍、广泛地认可该原则。”② 根据《布伦特兰报告》（Brundtland Report），可持续发展是指“既满足当代人的需要，又不对后代人满足其需要的能力构成危害的发展”。③《气候变化公约》无疑是可持续发展领域内的主要法律文件之一。例如，该公约第 3 条第 4 款宣布“各缔约方有权并且应当促进可持

---

① FCCC/CP/2007/6/Add. 1，p. 3.

② Nico Schrijver，“The Evolution of Sustainable Development in International Law：Inception，Meaning and Status”，（2007）329 *Recueil des Cours* 1，p. 217.

③ 蔡守秋等：《可持续发展与环境资源法制建设》，中国法制出版社，2003，第 14 ~ 15 页。

续的发展”；公约第4条第7款指出“发展中国家缔约方能在多大程度上有效履行其在本公约下的承诺，将取决于发达国家缔约方对其在本公约下所承担的有关资金和技术转让承诺的有效履行，并将充分考虑到经济和社会发展及消除贫困是发展中国家缔约方的首要和压倒一切的优先事项”。公约的这些规定，体现了发展权以及改变不可持续的生产和消费模式的义务。《京都议定书》第2条第1款也将减排承诺与可持续发展联系起来。

2002年8~9月，在南非约翰内斯堡召开了世界可持续发展首脑会议，通过了《可持续发展执行计划》。此后，在可持续发展框架下，考虑减缓和适应气候变化问题成为谈判的新思路。① 同年10月，《气候变化公约》第八次缔约方大会通过了《德里宣言》，“首次在国际文件中明确提出应在可持续发展框架下应对气候变化问题，这是国际社会在应对气候变化问题上的又一新进展”。②

值得注意的是，2009年《哥本哈根协议》第2条也规定：“我们应该合作起来以尽快实现全球和各国碳排放峰值，我们认识到发展中国家碳排放峰值的时间框架可能较长，并且认为社会和经济发展以及消除贫困对于发展中国家来说仍然是首要的以及更为重要的目标，不过低碳排放的发展战略对可持续发展而言是必不可少的。”

2. 共同但有区别的责任原则（the Principle of Common but Differentiated Responsibilities）

“共同但有区别的责任原则”是指在地球生态系统整体性的基础上，各国对保护全球环境都负有共同的责任，但各国承担的具体责任又因能力的不同而有很大差异。1992年联合国环境与发展大会确立了“共同但有区别的责任原则”。《里约环境与发展宣言》原则7宣布“各国拥有共同但有区别的责任”。《气候变化公约》则是第一份在条文中明确使用了“共同但有区别的责任”措辞的国际环境法律文件，③ 它在序言中强调“所有国家根据其共同但有区别的责任和各自的能力及其社会和经济条件，尽可能开展最广泛的合作，并参与有效和适当的国际应对行动”。此外，《气候变化公约》第3

---

① Anita M. Halvorssen, “Global Response to Climate Change-From Stockholm to Copenhagen”, (2007 – 2008) 85 *Denver University Law Review* 841, p. 846.

② 庄贵阳、陈迎：《国际气候制度与中国》，世界知识出版社，2005，第251页。

③ 参见杨兴《〈气候变化框架公约〉研究——国际法与比较法的视角》，中国法制出版社，2007，第133页。

条“原则”、第4条“承诺”都体现了“共同但有区别的责任原则”的要求。而《京都议定书》通过以发达国家量化减排、发展中国家不承担强制减排义务的方式，进一步贯彻了“共同但有区别的责任原则”。可见，“共同但有区别的责任原则”明确承认：历史上和目前全球温室气体排放的大部分源自发达国家；发展中国家的人均排放仍相对较低；发展中国家在全球排放中所占的份额将会增加，以满足其社会和发展需要。

“虽然共同但有区别的责任原则实际上还没有被看作有约束力的国际法，但是在国际环境条约中它已经成为了确立责任分担安排的基石。因此，发达国家对于控制温室气体排放应承担更大的责任。”① 在后京都时代碳排放权的分配中，鉴于发展中国家经济和社会发展的需要，“共同但有区别的责任原则”的基石地位仍不可动摇。正如温家宝总理在2009年12月哥本哈根气候峰会领导人会议上所强调的：“‘共同但有区别的责任原则’是国际合作应对气候变化的核心和基石，应当始终坚持。”②

3. 公平正义原则

气候变化不仅仅是一个生态问题，也是一个公平问题。③ “如果不解决气候变化与正义之间的相互影响，就绝不可能成功应对气候变化。”④ 因此，公平正义原则成为作为发展权的碳排放权的理论依据之一。

首先，《联合国宪章》序言庄严地宣布“大小各国平等权利之信念”，并在第1条确定“发展国际间以尊重人民平等权利及自决原则为根据之友好关系”的宗旨。其次，《世界人权宣言》第1、2条分别规定：“人皆生而自由，在尊严及权利上均各平等”；“人人皆得享受本宣言所载之一切权利与自由，不分种族、肤色、性别、语言、宗教、政见或其他主张、国籍或门第、财产、出生或他种身份。”最后，按照罗尔斯“正义的两个原则”理论，“每个人对与其他人所拥有的最广泛的基本自由体系相容的类似自由体

---

① Christopher D. Stone, “Common but Differentiated Responsibilities in International Law”, (2004) 98 *American Journal of International Law* 259, p. 276.

② 温家宝：《凝聚共识、加强合作，推进应对气候变化历史进程——在哥本哈根气候变化会议领导人会议上的讲话》（2009年12月18日），http://www.gov.cn/ldhd/2009-12/19/content_1491149.htm，最后访问日期：2010年10月6日。

③ 参见 Etienne Vermeerrsch (ed.), *Reading the Kyoto Protocol: Ethical Aspects of the Convention on Climate Change* (Delft: Martinus Nijhoff Publishers, 2005), p. 84.

④ Seth Johnson, “Climate Change and Global Justice: Crafting Fair Solutions for Nations and Peoples”, (2009) 33 *Harvard Environmental Law Review* 178, p. 297.

系，都应有一种平等的权利；社会的和经济的不平等应这样安排，使它们被合理地期望适合于每一个人的利益，并且依系于地位和职务向所有人开放”，[①] 前者为“平等自由原则”，后者为“差别原则与机会的公平平等原则”。

因此，在考虑世界各国对碳排放权的分配问题时，必须坚持公平正义原则。诚如罗尔斯所指出的：“所有社会价值——自由和机会、收入和财富、自尊的基础——都要平等地分配，除非对其中的一种价值或所有价值的一种不平等分配合乎每一个的利益。”[②]

三　作为发展权的碳排放权的分配

（一）现有的碳排放权分配方案

当前国际社会已有 20 多种关于碳排放权的分配方案，其中较有代表性的主要有以下几种：[③]

1. “紧缩与趋同方案”（Contraction and Convergence）

1990 年，英国全球公共资源研究所（Global Commons Institute，GCI）倡议的“紧缩与趋同方案”主张，发达国家从现在的高排放逐渐降低到人均水平，发展中国家则从目前较低的排放水平逐渐增加到世界人均水平，从而使全球的人均排放量在目标年达到趋同，并最终实现全球稳定的浓度目标。[④] 有学者在此基础上提出了“两个趋同”的分配办法，即 2100 年各国的人均排放趋同、1990 年到趋同年（2100 年）的累积人均排放趋同。[⑤]

2. 巴西案文

1997 年，巴西政府向“柏林授权特别小组”提交了《关于〈气候变化

---

① 〔美〕约翰·罗尔斯：《正义论》，何怀宏等译，中国社会科学出版社，1988，第 56 页。

② 〔美〕约翰·罗尔斯：《正义论》，何怀宏等译，第 58 页。

③ 参见 A. Torvanger et al.，*A Survey of Differentiation Methods for National Greenhouse Gas Reduction Targets*（Centre for International Climate and Environmental Research，Oslo Report，1999），p. 5；Daniel Bodansky，*International Climate Efforts Beyond* 2012：*A Survey of Approaches*（Prepared for the Pew Center on Global Climate Change，Washington D. C. 2004），pp. 1 - 35.

④ http：//www. globalcommons. org，最后访问日期：2010 年 10 月 3 日。

⑤ 参见陈文颖等《全球未来碳排放权“两个趋同”的分配方法》，《清华大学学报》（自然科学版）2005 年第 6 期，第 850 ~ 853 页。

公约〉的议定书提案要点》，旨在根据附件一国家对全球增温的相对历史贡献来区别和划分它们在《京都议定书》第一承诺期的减排责任和目标，其中越早工业化的国家需要承担的减排义务就越大。巴西案文一出笼，就引起了科学界的广泛关注，并在此基础上衍生了一些新的分配方案。①

3. “多部门减排分担方案”（Multi-sector Convergence Approach of Burden Sharing）

2001 年，荷兰能源研究中心（Energy Research Centre of the Netherlands，NCN）和挪威奥斯陆国际气候与环境研究中心（Centre for International Climate and Environmental Research-Oslo，CICERO）在“三部门方法”（Triptych）的基础上合作开发了一个更复杂的全球“多部门减排分担方案”。它主要将世界各国的国民经济划分为发电、工业、民用、交通、服务、农业和废弃物等七个部门，并按照各国各部门人均排放趋同的方法确定部门排放限额。②

4. “国际减排责任分担体系评价框架”（Framework to Assess International Regimes for Burden Sharing，FAIR）

2001 年，荷兰国家健康与环境研究所（National Institute of Public Health and the Environment，RIVM）开发了“国际减排责任分担体系评价框架”（简称 FAIR 模型），将以历史责任为基础的分担方法扩展到了发展中国家，其多阶段参与法把发展中国家承担的减排义务分为以下四个阶段：基准排放情景阶段、碳排放强度下降阶段、稳定排放阶段和减排阶段。③

5. 满足人文发展基本需求的碳排放方案

该方案将碳排放分为用以基本生活需要的碳排放和奢侈、浪费性的碳排放，强调人均排放是人的基本发展权之一，减排方案必须能够同时保证国际公平和人际公平，减排的具体目标应当与联合国的人文发展目标结合起来考虑。④

---

① 参见韩良《国际温室气体排放权交易法律问题研究》，第 79~80 页。

② 参见于胜民《基于人均历史累积排放的排放权分担方法》，载国家发展和改革委员会能源研究所编著《能源问题研究文集》，中国环境科学出版社，2009，第 296 页。

③ 参见 Michel den Elzen et al.，*FAIR* 2.0：*A Decision-Support Tool to Assess the Environmental and Economic Consequences of Future Climate Regimes*（RIVM Report 2003，Netherland 2003）.

④ 潘家华：《人文发展分析的概念构架与经验数据——以对碳排放空间的需求为例》，《中国社会科学》2002 年第 6 期，第 15~25 页；Jiahua Pan，“Fulfilling Basic Development Needs with Low Emissions-China's Challenges and Opportunities for Building a Post - 2012 Climate Regime”，in Taishi Sugiyama（ed.），*Governing Climate*：*The Struggle for a Global Framework beyond Kyoto*（International Institute for Sustainable Development，2005），pp. 87 - 208。

由上可见，上述种种方案虽然出于不同的利益取向，各有侧重，但是它们要么回避历史责任，要么忽视发展权或其他因素，因而不是完全令人满意的方案。换言之，统一的为世界各国所接受的排放权分配制度，目前还没有建立起来。

（二）影响碳排放权分配的因素

鉴于国际社会已有碳排放权分配方案的缺陷，我们认为，在制定碳排放权分配方案时应考虑以下因素：

1. 发展需要

“发展权是实现其他人权特别是经济和社会权利的重要基础”，[①]“因为一个社会若没有相当程度的发展，就不可能为其成员实现自己的社会和经济权利提供条件或给予保障，即为社会成员提供积极的公共服务，并保障其达到最低生活标准”。[②] 因此，碳排放权的分配，一方面，应满足发展中国家的基本生存需要，保障其公民的基本能源需求和物质需要；[③] 另一方面，由于“最不发达国家是迄今气候变化的最大受害者”，[④] 因而确定后京都时代的减排目标要以代内公平为基础，保证发展中国家的可持续发展需要。[⑤] 发展中国家只有通过可持续发展，提高经济发展水平和自身的能力，才能有效地应对气候变化。

2. 人口数量

每个国家的公民都对气候、环境等全球公共产品拥有相同的权利，任何国家都无权在人均排放方面高于其他国家。因此，排放权的分配考虑人口因素，意味着从另一个侧面承认排放权就是生存权和发展权，是基本人权的一个组成部分，也体现了人类生存、发展和利用自然资源的平等权利。此外，人均排放权原则也符合伦理正义。因为按照国际能源机构的统计，2004 年人

---

① 吴卫星：《环境权研究——公法学的视角》，法律出版社，2007，第 127 页。

② 国际人权法教程项目组编写《国际人权法教程》第 1 卷，中国政法大学出版社，2002，第 464 页。

③ 现今世界上还有 15 亿到 20 亿的人没有用上电。他们没有冰箱、收音机、汽车，晚上也只能靠煤油或蜡烛照明。Mumma & Hodas，“Designing A Global Post-Kyoto Climate Change Protocol that Advances Human Development”，p. 635.

④ Richard Tol，“Estimates of the Damage Costs of Climate Change”，（2002）21 *Environmental & Resource Economics* 119，p. 135.

⑤ 参见 Mumma & Hodas，“Designing A Global Post-Kyoto Climate Change Protocol that Advances Human Development”，p. 639.

均二氧化碳排放最高的是美国19.73吨，其次是俄罗斯10.63吨、德国10.29吨、日本9.52吨、英国8.98吨、法国6.22吨，而中国只有3.66吨。[①]

3. 历史责任

《气候变化公约》序言明确指出："注意到历史上和目前全球温室气体排放的最大部分源自发达国家。"发达国家的历史累积排放总量和人均历史累积排放要远远高于发展中国家。据联合国开发计划署的统计，自1840年以来，全球70%的二氧化碳来自美国、俄罗斯、德国、英国、法国、日本、加拿大和波兰。[②] 而世界资源研究所（World Resources Institute）的资料表明，1850～2003年历史累积排放最多的国家是美国，占29%；其次是欧盟，占26%。[③] 因此，发达国家理应承担"历史责任"（Historical Responsibility），[④] 对其行为引发的后果负责，并为其行为付费。有鉴于此，在后京都时代排放权分配中，发达国家必须考虑其过去提前耗用的排放空间，并相应地扣减其未来的排放额度，从而实现"矫正正义"（Corrective Justice）。[⑤]

4. 公平正义原则

《气候变化公约》第3条第1款规定："各缔约方应在公平的基础上，并根据他们共同但有区别的责任和各自的能力，为人类当代和后代的利益保护气候系统。"因此，碳排放权指标的分配，必须遵循公平正义原则。一方面，要考虑国家层面的公平，保证发展中国家与发达国家同样的排放权。诚如有学者所言："如果不在北方和南方之间实现更大的公平，关于有效保护气候的一切呼吁都是徒劳的。"[⑥] 另一方面，更要寻求"代内公平"（Intra-generational Equity），[⑦] 以保障所有人，尤其是处于社会不利地位的弱势群体应享有的基本权利，从而实现人类享有平等的生存权和公平的发展权。

---

① International Energy Agency, "CO_2 Emissions from Fuel Combustion 1971 - 2004", at II. 49 - II. 51, 2006.

② United Nations Development Program, *Human Development Report* 2007/2008, pp. 40 - 41.

③ World Resources Institute's Climate Analysis Indicators Tool, available at http: // cait. wri. org, 最后访问日期：2010年10月4日。

④ Mumma & Hodas, "Designing A Global Post-Kyoto Climate Change Protocol that Advances Human Development", p. 625.

⑤ Daniel A. Farber, "Basic Compensation for Victims of Climate Change", (2007) 155 *University of Pennsylvania Law Review* 1557, p. 1605.

⑥ Vermeersch, *Reading the Kyoto Protocol: Ethical Aspects of the Convention on Climate Change*, p. 84.

⑦ Mumma & Hodas, "Designing A Global Post-Kyoto Climate Change Protocol that Advances Human Development", p. 639.

5. 其他因素

进行后京都时代碳排放权的分配时，还应考虑其他一些因素，如地理条件、资源禀赋、能源效率、[①] 产业结构、技术水平、[②] 人类发展指数（Human Development Index）[③] 等。这些因素，都能对碳排放权指标的分配起到一定的矫正作用。

四 中国的对策

关于碳排放权的分配问题，从表面上看是发展中国家和发达国家之间关于应对气候变化和保护地球环境的争论，但本质上是各主要国家和利益集团关于21世纪能源安全和经济发展战略的较量，其影响可能涉及几代人。中国作为温室气体排放大国，如何寻找化解气候变化问题的巨大压力之策，显得尤为紧迫。

（一）从“差别原则”到“共同责任”的转变

前已述及，“共同但有区别的责任原则”是世界各国合作应对气候变化的基础。然而，该原则现今正面临严峻的挑战。一方面，“共同但有区别的责任原则”近年来饱受批评，有被抛弃的危险。例如，美国一直强调，由于没有给中国和其他发展中国家设定有约束力的减排义务，所以它拒绝批准《京都议定书》。[④] 而一些欧美学者也认为：“在处理全球环境问题的国际条约中，发展中国家完全有理由享受差别待遇。然而，《京都议定书》似乎沿着区别责任的方向走得太远，以致偏离了共同责任的轨道。该原则不应解释为，对共同关切事项需要有区别责任。把某些国家排除在外，貌似公平，实则影响了整个目标的实现。”[⑤] 另一方面，全球温室气体排放格局的变化，

---

① *Vermeersch, Reading the Kyoto Protocol: Ethical Aspects of the Convention on Climate Change*. p. 633.

② 参见 Green，“Lessons From the Montreal Protocol”，p. 279.

③ 参见 United Nations Development Program，*Human Development Report* 2007/2008，pp. 355 - 372.

④ 参见 Anita M. Halvorssen，“Global Response to Climate Change”，p. 850.

⑤ Michael Weisslitz，“Rethinking the Equitable Principle of Common but Differentiated Responsibility: Differential Versus Absolute Norms of Compliance and Contribution in the Global Climate Change Context”，(2002) 13 *Colorado Journal of International Environmental Law & Policy* 451，p. 477.

也导致“共同但有区别的责任原则”正在被削弱。1997年《京都议定书》制定时，包括中国在内的发展中国家碳排放量在国际上所占的比例并不高。然而，随着中国、印度、巴西等发展中国家的经济高速发展，它们的排放量也迅速增加。“如果作为主要二氧化碳排放的发展中大国，没有被施加有约束力的减排义务，那么‘共同但有区别的责任原则’就会超越《气候变化公约》的目标和宗旨的限制。”① 所以，“‘共同但有区别的责任原则’中的‘责任’，不仅仅是指发达国家的责任，也是指每个国家的共同责任”。②

因此，中国政府在坚守“共同但有区别的责任原则”的前提下，与发展中国家特别是发展中大国一起逐渐承担更多的减排责任，逐步实现从“差别原则”到“共同责任”的转变，应当是今后发展的一个重要趋势。在哥本哈根会议前夕，中国政府主动作出的减排承诺，从某种意义上说也是这种趋势的反映。

（二）强调由贸易和投资引起的转移排放问题

近年来由贸易和投资所导致的转移排放问题，日益引起世界各国的重视。在2008年联合国气候变化波恩会议上，印度学者就提出应该让发达国家对外国直接投资给发展中国家带来的新增排放负责，从而为发展中国家拓展更多的出于自身发展需要的碳排放空间。③ 事实上，由于国际分工和贸易的影响，发达国家纷纷利用中国低廉的生产成本，把低附加值、高耗能的产业转移到中国，使中国在全球经济体系中扮演着“世界工厂”的角色。这种世界经济贸易格局，使来源于欧美国家的消费，占到了中国温室气体排放总量的20%左右。因此，在后京都时代碳排放权的分配中，应当考虑这一因素。只有这样，才能真正体现公平正义原则。

（三）利益诉求的差别导致发展中国家的分化，因而应寻找新的联盟

在当今全球气候政治舞台上，出现了形形色色的国家集团，它们复杂的内部关系已经完全超越了20世纪60年代以来所谓“南北鸿沟”或“两个

① Halvorssen, “Global Response to Climate Change”, pp. 849 - 850.

② Green, “Lessons From the Montreal Protocol”, p. 282.

③ 参见杨洁勉主编《世界气候外交和中国的应对》，第246页。

世界”的简单二分法。其中，发展中国家内部不同集团间的利益诉求也有很大差别。例如，小岛国联盟[①]最担心海平面上升，因而强烈要求严格执行减排方案；最不发达国家则特别关注未来资金援助问题，而不是排放权的分配。而中国、印度、巴西和南非“基础四国”[②]，因其经济、社会发展仍处于工业化、现代化进程之中，国内仍有相当一部分地区和人口处于贫困状态，所以反对对其施加有约束力的减排义务。与此同时，中国的发展中国家地位也日益受到质疑。一些欧美学者认为：“如果仍把中国作为发展中国家，不但无法创建一种有效应对气候变化的制度框架，而且对整个世界来说也是不公平的，因而必须加以区别。”[③]

事实上，在哥本哈根会议上，围绕后京都时代碳排放权的分配与技术转让等问题的博弈双方，主要是以美、欧为代表的传统大国和以中、印为代表的新兴大国。因此，在未来气候变化问题的谈判中，中国政府除了继续坚持以发展中国家身份参加谈判以外，也应注意到发展中国家已经分化的事实，在加强与发展中大国协调的同时，适当支持小岛国联盟和最不发达国家的要求，以应对发达国家的压力和挑战。

（四）重视碳排放权分配中的发展权问题

“中国参与气候变化领域国际活动及履约谈判的首要任务，是为实现工业化和现代化及可持续发展而争取应有的发展权，即为未来发展争取必需的排放空间。”[④] 因此，中国政府应坚持可持续发展战略，维护《联合国气候变化框架公约》和《京都议定书》的基本框架。一方面，中国承认减排是经济社会发展的大势所趋，是人类文明进步的必然；另一方面，坚决维护中国作为发展中国家的发展权益，强调发展经济和消除贫困是发展中国家压倒一切的优先任务，并立足于发展权的实现，坚持赋予发展中国家、气候变化

---

① 小岛国联盟成立于1990年，由43个成员国和观察员国组成，包括新加坡及来自非洲、加勒比海、印度洋、地中海、太平洋和南中国海的小岛国。其宗旨是，为加强在全球气候变化下有着相似发展挑战和环境关注的脆弱小岛屿与低洼沿海国家，在联合国体制内的话语权。

② “基础四国”是指中国、印度、巴西和南非，其称呼来源于四国英文的首字母缩写“BASIC”，基础之意也喻指中国、印度、巴西和南非是当今世界上最重要的发展中国家。

③ 他们把中国、印度等国称为“新兴经济体”（the Emerging Economies）或“快速增长的发展中国家”（the Fast-growing Developing Countries）。参见 Halvorssen，“Common，but Differentiated Commitments in the Future Climate Change Regime”，pp. 247 - 248.

④ 庄贵阳、陈迎：《国际气候制度与中国》，第280页。

的脆弱群体和穷人以更多的碳排放权。[①]

总之，碳排放权的分配问题与各国的未来发展空间密切相关。因此，从发展权的角度来研究碳排放权的分配问题，或者说，把碳排放权作为一种新的发展权的理念，可以为人们设计后京都时代的国际气候机制提供更多的思路和创意。

The Right to Carbon Emission: a New Right to Development

Yang Zewei

Abstract: For the past few years, the international community has regarded the right to carbon emission as a new right to development. The legal basis of this mainly includes "the United Nations Framework Convention on Climate Change", "the Kyoto Protocol" as well as the sustainable development principle, the principle of common but differentiated responsibilities and the principle of fairness and justice, etc. The distribution of the right to carbon emission of the post- Kyoto age should consider the need of development, population, historical responsibility, the principle of fairness and justice and other factors. As a dominant country of greenhouse gas emission, on the premise of sticking to "the principle of common but differentiated responsibilities", China should achieve the transformation from the "difference principle" to "common responsibilities" progressively. Meanwhile, in strengthening coordination with developing countries, China should appropriately support the requests of the Alliance of Small Island States and the least developed countries and attach importance to the issue of the right to development in the distribution of the right to carbon emission.

Key Words: Climate Change; the Right to Carbon Emission; the Right to Development

① 参见 Mumma & Hodas, "Designing A Global Post-Kyoto Climate Change Protocol that Advances Human Development", p. 641.

全球反恐的法治转型*

何志鹏　孙　璐**

摘　要： 2001 年开始的大规模反恐行动已持续十年，虽然 2011 年美国的反恐努力取得了一些成就，但是鉴于导致恐怖主义的社会根源没有消除，恐怖主义还会在相当长的时间内持续下去。现有的国际法体系已经触及恐怖主义问题，不过还存在着规范不够系统、以国内法律为中心、以国际政治为杠杆的特征。当前，应当厘清"预防性自卫"在国际法领域中的非法性，避免"反恐战争"的暴力化发展，促进国际社会以法治的方式处理恐怖主义问题，在统一恐怖主义的范围界定、确立打击恐怖主义的实质与形式原则、改善国际社会的整体环境几个方面入手，通过各国的合作，创建一个和平、稳定的世界秩序。

关键词： 恐怖主义　法治　国际法

恐怖主义是 21 世纪国际关系与国际法领域的重要方面。① 虽然早在 20

---

* 本文系教育部重大课题攻关项目"中国特色社会主义法学理论体系研究"（10JZD0029）的阶段性成果。

** 何志鹏，法学博士，吉林大学法学院教授、博士生导师；孙璐，吉林省社会科学院法学所研究人员。

① 在国际关系方面，恐怖主义表达了"文明的冲突"的现实性，更对非传统安全产生了重要影响，因而也就改变了全球化的进程；而对恐怖主义内涵的界定反映了国家之间的政治紧张。从国际法的角度看，针对恐怖主义的国内、国际立法对国际法体系产生了重要影响，特别是针对恐怖主义的限制措施影响了人权保护。在学术研究领域，恐怖主义也引起了人们的广泛重视。参见 Daniel S. Hamilton, *Terrorism And International Relations* (Brookings Institution Press, 2006)；B. Peter Rosendorff and Todd Sandler, "The Political Economy of Transnational Terrorism", (2005) 49 *Journal of Conflict Resolution* 171；Eric Neumayer and Thomas Plümper, "International Terrorism and the Clash of Civilizations", (2009) 39 *British Journal of Political Science* 711；Steve Hewitt, *British War on Terror: Terrorism and Counter-Terrorism on the Home Front Since 9 - 12* (London and New York: Continuum Inte- （转下页注）

世纪60年代以后，国际社会对恐怖主义斗争的重要性已经初步凸显，① 但由于2001年9月11日美国世界贸易中心和五角大楼受到打击这一事件的出现而进入全面提升的新阶段，② 甚至对国际法长期存续的威斯特伐利亚体系构成了冲击。③ 此后，联合国安理会迅速通过了1368号决议，谴责恐怖主义行动对世界和平与安全带来的威胁；④ 这一决议以及此后的各项决议确认了国际社会对于恐怖主义危害的认识，⑤ 以美国为首的西方国家引领和带动世界诸国，通过一系列的国际法律文件和国际政治行动，与恐怖主义展开了一场"战争"。⑥ 2011年5月，"反恐战争"达到一个高潮。此时，美国声称其海豹突击队在巴基斯坦击毙恐怖主义魁首、基地组织创始人奥萨马·本·拉登，这一方面激起了基地组织更激烈的反抗声音和行动，⑦ 引致以美

（接上页注①）rnational Publishing Group, 2008）; Ronald J. Burke and Cary L. Cooper（eds.）, *International Terrorism and Threats to Security: Managerial and Organizational Challenges*（Northampton: Edward Elgar Pub, 2008）; Stephen Barnhart, *The New International Terrorism and Political Violence Guide*（Bloomington: Trafford, 2002）; Thomas McDonnell, *The United States, International Law and the Struggle Against Terrorism*（London: Routledge, 2011）; Centre for Studies and Research in International Law and International Relations Staff, *The Legal Aspects of International Terrorism*（Berlin: Springer, 1989）; International Relations of The Hague Academy of International Law, Research In International Law, *Terrorism and International Law/Terrorisme et Droit International*（The Hague: Martinus Nijhoff Publishers / Brill Academic, 2007）.

① Robert Kumamoto, *International Terrorism and American Foreign Relations: 1945－1976*（Northeastern University Press, 1999）.

② Ian Brownlie, *Principles of Public International Law*（Oxford: Oxford University Press, 7th edn, 2008）, p. 745; Malcolm N. Shaw, *International Law*（Cambridge: Cambridge University Press, 6th edn, 2008）, p. 1162.

③ Daniel Philpott, "The Challenge of September 11 to Secularism in International Relations",（2002）55－1 *World Politics* 92；李景治、宫玉涛、刘元玲：《反恐战争与世界格局的发展变化》，当代世界出版社，2009。

④ UN Security Council Resolution 1368（2001）, Adopted by the Security Council at its 4370th meeting, on 12 September 2001.

⑤ Andrea Bianchi, "Security Council's Anti-terror Resolutions and their Implementation by Member States: An Overview",（2006）4 *Journal of International Criminal Justice* 1044. 主要相关文件包括安理会第1369（2001）、1373（2001）、1377（2001）、1390（2001）、1540（2004）、1624（2005）号决议等。

⑥ 当然，这种"战争"更多是比喻意义上的，而非法律意义上的。因为此种"战争"不符合国际法律体系中的战争内涵，特别是考虑联合国体系之后战争语汇非法化之后的状况。Jack M. Beard, "America's New War on Terror: The Case for Self-Defense under International Law",（2001-2002）25 *Harvard Journal of Law & Public Policy* 559; Thomas G. Weiss, Margret E. Chabon and John Aoering（eds.）, *War on Terrorism and Iraq*（London: Routledge, 2004）.

⑦ 2011年9月13日，塔利班武装人员身穿自杀式炸弹背心，手持重型武器，袭击美国大使馆、北约驻阿国际安全援助部队总部等多个目标，引发激战。

国为首的国家、人民的恐慌，另一方面也有人猜测恐怖主义是否会就此告一段落。此外，一直保持社会稳定的北欧地区也接连发生了恐怖事件。[①]

在这种仍然错综复杂的背景下，在国际社会的演进过程中，恐怖主义将向何种方向发展，反对恐怖主义的国际斗争将以何种方式进行，是国际关系、国际法理论界和实践者都十分关心的问题。[②] 本文即从国际关系与国际法相结合的维度上分析国际社会反对恐怖主义的既有体制和应然规范。

一　恐怖主义的社会根源及近期消除之不可能

（一）恐怖主义的特质表现是不可预期的暴力行动

关于恐怖主义的界定，无论学界还是官方，无论国内还是国外，至今都未能统一。[③] 但是，其中，“暴力、武力”“政治性”“恐惧和恐怖”“威胁”

---

① 2010年12月11日，瑞典首都斯德哥尔摩市中心接连发生两起爆炸事件，其中一起炸毁一辆汽车，造成1人死亡，2人受伤。瑞典外长宣布，这是一起“恐怖主义”袭击事件。2011年7月22日下午，位于挪威首都奥斯陆市中心的挪威政府办公大楼一带发生爆炸，2个小时后，位于奥斯陆以西40多公里处的于特岛上发生恶性枪击事件，致70余人死亡，多人受伤。挪威首相延斯·斯托尔滕贝格在新闻发布会上说这是“自从二战以来，我们国家还从未遭遇过如此规模的罪行”。

② 从国际政治的角度上，恐怖主义和宗教激进主义是21世纪地缘政治的主要特征之一。“9·11事件”标志着后冷战时代的终结。随之终结的还有民主和资本主义的全球传播，以及经济全球化和技术进步将让世界更一体化、更同质化、更加和平的幻想。世界已经进入一个不确定的时代，这个新世界中，地缘政治要素将在全球化的经济空间重新发挥作用，表现出更加的不平坦，潜在的危险更多：一方面，经济、技术的全球化和区域一体化深入影响每一个人的工作和生活，全球化已经成为构建国际体系的唯一逻辑；另一方面，全球化带来的还有传统地缘政治的回归。罗朗·柯恩·达努奇：《世界是不确定的：全球化时代的地缘政治》，吴波龙译，社会科学文献出版社，2009。

③ Helen Duffy, *The "War on Terror" and The Framework of International Law* (Cambridge: Cambridge University Press, 2005), pp. 17 – 271; Geoffrey M. Levittt, "Is Terrorism Worth Defining?" (1986) 13 *Ohio Western University Law Review* 97; A. Obote-Odora, "Defining International Terrorism", (1999) *Murdoch University Electronic Journal of Law* 61; George P. Fletcher, "The Indefinable Concept of Terrorism", (2006) 4 *Journal of International Criminal Justice* 894; Thomas Weigend, "The Universal Terrorist: The International Community Grappling with a Definition", (2006) 4 *Journal of International Criminal Justice* 912; Antonio Cassese, "The Multifaceted Criminal Notion of Terrorism in International Law", (2006) 4 *Journal of International Criminal Justice* 933; Marco Sassòli, "Terrorism and War", (2006) 4 *Journal of International Criminal Justice* 959.

是被大多数关注的主要方面;[①] 多数国际法学者认为，在未进入战争和武装冲突状态时，不加区分、不人道、背信弃义地采用武力的手段对非军事目标进行打击，或者采取具有广泛社会影响的手段导致人群进入疾病、恐慌状态，就属于恐怖主义。[②] 如果以这样的标准来衡量，则恐怖主义虽然被很多国际关系学者理解成非传统安全的问题，但实际上这是一个有着相当悠久历史传统的问题。[③] 中国古代荆轲刺秦王、秦始皇出巡在博浪沙被锤击、中国现代史上闻一多被暗杀、法国中世纪晚期的圣巴托罗缪大屠杀、美国南北战争后期林肯遇刺、第一次世界大战前斐迪南大公被刺，直至美国肯尼迪总统遇刺、马丁·路德·金遇刺，一系列的现象都可以归于恐怖主义之列。[④] 但传统的刺杀行为未能引起充分的重视，现代的恐怖主义行动则引起了全球关注，其关键点在于：首先，世界历史在相当长时期内都处于冷兵器时代，此种兵器的杀伤力极为有限，一般的恐怖主义者只能采取针对少数具有政治标志意义的人物进行打击的方式，而没有进行大规模杀戮的可能。而现代爆炸技术的发展，以及科学技术带来的交通、通讯工具及公共设施的高度发展，例如，飞机造成的高速度、高海拔、封闭空间，地铁、地铁站、摩天大楼等容量较大，又具有高度封闭性的空间，而政治标志性人物安保防范措施大幅度提高，所以，意图采取打击措施者难以接近，恐怖主义者采取了大规模杀伤或者恐吓平民的方式来表达自己的立场和主张。[⑤] 其次，相当长时间之内，受恐怖主义影响的都是国内社会的行为体或者相对次要的国际社会行为体，这一问题没有进入国际关系的主流话语。而仅有在国际关系的主要行为

① Alex P. Schmidt and Albert I. Jongman et al., *Political Terrorism* (SWIDOC, Amsterdam and Transaction Books, 1988), p. 5；胡联合：《当代世界恐怖主义与对策》，东方出版社，2001，第15~16页。

② Shabtai Rosenne, "The Perplexities of Modern International Law: General Course on Public International Law", (2001) 291 *Recueil Des Cours* 168; Ben Saul, *Defining Terrorism in International Law* (Oxford: Oxford University Press, 2006), pp. 57 - 59; Thomas G. Weiss, David P. Forsythe & Roger A. Coate, *The United Nations and Changing World Politics* (New York: Westview Press, 4th edn, 2004), p. 94.

③ Shaw, *International Law*, p. 1159.

④ 中国现代国际关系研究所反恐怖研究中心编著《国际恐怖主义与反恐怖斗争》，时事出版社，2001，第1~2、198~485页。

⑤ 恐怖主义在不同历史时期扮演了不同的角色，它在今天更多地扮演着破坏者的角色。新型恐怖主义的发展对国际社会构成巨大威胁，深入分析恐怖主义产生的根源并深刻反思反恐战略，有助于我们有效地打击恐怖主义。朱素梅：《恐怖主义：历史与现实》，世界知识出版社，2009。

体受恐怖行为影响时，它才能进入国际关系的核心地带。[①] 再加上现代信息技术的发展，使得局部事件迅速被传递和放大，恐怖主义成为国际社会共同关注的问题。

（二）恐怖主义的核心特征是对合法权力的暴力反抗

虽然有人主张“国家恐怖主义”，[②] 即整个国家、政府、军队在整体上构成恐怖集团，对人民采取无法预期的打击，[③] 但在绝大多数情况下，恐怖集团、恐怖主义是挑战具有强势地位的政府的。20 世纪 50 年代，美国曾经在危地马拉组织私人武装推翻政府；20 世纪 80 年代，美国曾经在尼加拉瓜组织叛乱团体，给政府施加压力并试图推翻；2003 年，美国曾经组织一些伊拉克人组成私人战斗组织，与伊拉克政府与“恐怖主义”的联系作斗争。虽然在有些国家的定义中，这就是恐怖行为，但美国从来没将这些行为看作恐怖主义。[④] 因而，比较恰当的论断是，恐怖主义的操作者在其所反对的力量面前是弱者，其实力不足以采取正常的渠道和手段表达自身的主张，所以采取非常规的打击方式来表达对政府的不满、谴责，或者展示其自身的存在。[⑤] 所以，恐怖主义的核心特征在于以暴力方式与合法权力相对抗。[⑥]

（三）恐怖主义与大国霸权紧密相连

国际恐怖主义存在的原因可能多种多样，但从支持基础上看，国际恐

---

① Catherine V. Scott, “Imagining Terror in an Era of Globalization: U. S. Foreign Policy and the Construction of Terrorism after 9/11”, (2009) 7 *Perspectives on Politics* 579.

② Paul Wilkinson, *State Terrorism and Human Rights: International Responses since the Cold War* (London: Routledge, 2011)；简基松：《简论国家作为恐怖主义犯罪的主体》，《环球法律评论》2007 年第 4 期；王国飞：《析国家作为恐怖主义的主体问题》，《法律科学》2004 年第 3 期。

③ “恐怖主义”这一术语开始使用于 18 世纪末，主要指的是政府为确保民众顺从所采取的暴力行为。对国家恐怖主义的实施者并无大用，因为他们掌握权力，处于能够控制思想和言论体系的地位。因此，这一最初的含义已经被废弃了，“恐怖主义”开始被主要用于由个人和团体所从事的“小恐怖主义”。原先这一术语被用于指那些残害自己国民和整个世界的君主，而现在它被局限于指那些骚扰当权者的盗贼，当然这种限制也并不完全，它仍然可以被用来形容敌对的君主，它的范围可以根据权力和意识形态的需要进行变换。诺姆·乔姆斯基：《海盗与君主：现实世界中的国际恐怖主义》，叶青译，上海译文出版社，2006。

④ Weiss, Forsythe, & Coate, *The United Nations and Changing World Politics*, pp. 93 – 94.

⑤ Eric D. Gould and Esteban F. Klor, “Does Terrorism Work?”, (2010) 125 *The Quarterly Journal of Economics* 1459.

⑥ Arie Perliger and Ami Pedahzur, “Social Network Analysis in the Study of Terrorism and Political Violence”, (2011) 44 *Political Science and Politics* 45.

怖主义主要可以分为“内生型恐怖主义”和“外应型恐怖主义”两个类别。前者为无外来力量支持的组织体，完全由该组织自发活动；后者系受到某些合法国际行为体支持、策动的组织体，其活动具有跨国遥控的特色。恐怖主义者或者是极端主义者，或者是分裂主义者。这样，恐怖主义与分裂主义、极端思潮共同作用，甚至合为一体，共同影响社会的安宁和世界的和谐。[①]

恐怖主义不同于普通的刑事犯罪（例如破坏社会安全），其核心在于“主义”。也就是说，采取恐怖主义措施，仅仅是手段，其终极目的是展示某种政治立场，例如对某一政府的仇视，或者地域的独立。[②] 2012 年 1 月 28 日，“苏丹人民解放运动（北方局）”反政府武装袭击中国水电集团公司驻苏丹南科尔多凡州“141”乌阿公路项目主营地，洗劫财物、劫持 29 名中方人员的行为属于恐怖主义；而 2010 年 8 月 23 日，菲律宾一名前警员在菲律宾首都马尼拉闹市区持枪劫持一辆载有 22 名中国香港游客的大巴并射杀人质，导致 8 人遇难的行为就不属于恐怖主义。没有政治主张、立场展示的恐怖行动仅仅是基于心理变态或者社会边缘状态的刑事犯罪，其负面影响并不足畏；以某种信息、教义为根据而采取的恐怖手段就可能长期持续地给社会秩序造成伤害，所以更具有长期危险性。[③] 美国作为世界上最强大的国家，遭受恐怖袭击也同样最引人注目，就充分证明了恐怖主义迄今还不是普通的刑事犯罪，而是有着政治诉求的。

恐怖主义在主体地位上体现为政治立场的边缘化，即恐怖团体通过自我政治边缘化、被引诱的政治边缘化、被迫的政治边缘化等形式导致其立场与主流国家立场不一致。完全的自我边缘化情况很少，更多是被外来力量引诱的边缘化，或者被逼迫的边缘化。例如，宗教矛盾所导致的恐怖主义，不能仅从原教旨主义一方找原因，而应当从多个维度考量。

---

① Erica Chenoweth and Susan E. Clarke, “All Terrorism Is Local: Resources, Nested Institutions, and Governance for Urban Homeland Security in the American Federal System”, (2010) 63 *Political Research Quarterly* 495.

② 周展等：《文明冲突、恐怖主义与宗教关系》，东方出版社，2009。

③ 恐怖主义作为一种“主义”，具有明显的政治性。在恐怖活动的背后往往都有一套理论支撑，存在着深厚的思想基础。自 19 世纪后期真正具有现代意义的恐怖主义产生以后，恐怖主义就与不同时期的政治、社会运动以及各种思潮相结合，表现出与之相适应的时代特征和历史角色。罗爱玲：《近现代国际体系与恐怖主义：现代性的视角》，《社会科学》2009 年第 4 期。

无论哪一种恐怖主义，都与当今世界的霸权体制直接相关。内生型恐怖主义主要反对的是世界上的霸权者，主要针对的是有失公正的世界秩序。美国成为恐怖袭击的主要目标，主要缘于美国在界定本国利益的时候用本国的价值标准压制他国，采用强权政治的方式插手他国事务，而这种插手又经常采取不同的标准，对于一些国家采取无原则的放纵态度，对另一些国家则采取遏制打击的态度。

换言之，政治上的霸权主义是被迫边缘化的主要环境。政治霸权主义具体体现为国内的威权主义和国际的霸权主义。前者没有很好地平衡人权主张，没有充分地保护人权；后者则意味着霸权主义者强硬地采取行动，干涉区域、国内武装冲突，采取选择性、支持偏袒的立场，引起一些组织的不满。霸权者在力量上又没有强大到帝国的程度，无法要求各种组织必须服从，没有足够的资源使世界各地都处于明晰的秩序之下。从后果上说，恐怖主义的行为造成了平民的伤亡与恐惧，其性质当然是恶的，但是霸权主义作为这种行为的主要导火索，对于这种后果也绝对不是没有责任的。经济上的剥夺、不平等也是被迫恐怖主义的一个原因。“产生恐怖主义的根源，并不是贫穷和落后本身，而是导致贫穷和落后的原因。”① 那些被全球化的推进而在经济上日益贫穷的人群可能铤而走险，走上恐怖主义的道路。②

（四）恐怖主义近期不存在消除的可能

有人认为，基于20世纪60~70年代政治格局的带有恐怖主义色彩的集团慢慢淡出政治视野，恐怖主义慢慢也会走向终结。③ 但是，根据前述的恐怖主义的根源，不难看出，如果世界不公正的状态不能根本解决，恐怖主义就不会消除；如果基于种族、宗教、文化的不平等不能以合法的方式予以弥补，恐怖主义就不会消除；如果霸权国家自以为是、自我中心的单边制裁行为不改弦易辙，恐怖主义就不会消除；如果被边缘化的民众没有正当的观点表达机会，恐怖主义就不会消除；如果霸权大国干涉他国内政，挑起国际、国内矛盾纷争的政治阴谋不放弃，恐怖主义就不会消除；大国之间基于实力

---

① 黄瑶等：《联合国全面反恐公约研究：基于国际法的视角》，法律出版社，2010，第176页。

② Hans Köchler, *World Order: Vision and Reality* (Vienna: International Progress Organization, 2009), pp. 5-7.

③ Leonard Weinberg, *The End of Terrorism?* (London: Routledge, 2011).

均衡的控制战略思想不变革，恐怖主义就不会消除。

与此同时，由于全球化带来的负面影响，恐怖活动有可能通过多种渠道迅速蔓延；由于交通、通讯设施在新的维度上发展，特别是互联网的广泛使用导致的交往网络化，国家的信息安全受到了更大的威胁，国家对社会的控制弱化。在这种背景下，极端势力就有可能利用社会的高科技化、网络化采取恐怖打击。所以，在相当长的历史时期内，如果全球社会的信息公开、制度公正、国际合作不能真正实现，恐怖主义就不可能消除。

二　国际反恐的现有法律文件及其问题

（一）现有的涉及恐怖主义的国际法律文件

虽然国际社会并没有一个关于恐怖主义的法律体系，[①] 但是传统上，人们对于可以归属于恐怖主义的行为也设立了一些国际法规范，这些规范涉及管辖权、国际刑事审判、武力使用、国家责任等问题。[②] 早在 1934 年，恐怖主义就已经进入了国际社会的视野，国际联盟努力起草一份国际公约来防止和惩治恐怖主义。1937 年，这一公约通过，但并未生效。[③] 1963 年以来，国际社会通过了一系列针对恐怖行为的全球性和区域性国际条约，初步构成了全球反恐法律体系的规范基础。其中最具重要性的如表 1 所示：[④]

20 世纪 90 年代以后，由于 1988 年洛克比空难、1995 年试图谋杀埃及总统穆巴拉克、1998 年爆炸美国驻东非两国大使馆等事件的发生，在美国的促动下，联合国安理会对于恐怖主义也更多地关注，采取的方式则是对涉嫌恐怖主义的国家予以制裁。9·11 事件对整个世界造成了多方面的波动，使人们重新思考人类、心理、政治方面的问题，特别对国际法产生了深远的影响。这既涉及国际法视野内恐怖打击的性质，也涉及国际法允许有关国家

① Brownlie, *Principles of Public International Law*, p. 745.

② 黄瑶：《论国际反恐法的范畴》，《吉林大学社会科学学报》2010 年第 5 期。

③ UN Action to Counter Terrorism, http://www.un.org/terrorism/instruments.shtml. 公约文本的中译，可参见盛红生《国家在反恐中的国际法责任》，时事出版社，2008，第 168～177 页。

④ 除了表中所列的具有约束力的法律文件之外，还有一些联合国安理会针对特定事实作出的决议，以及联合国大会或者区域组织作出的没有直接约束力的宣言或决议，参见盛红生《国家在反恐中的国际法责任》，第 278～290 页；段洁龙主编《国际反恐法律文件汇编》，海洋出版社，2009，第二、第三部分。

表1　涉及恐怖主义的主要国际条约

领域	条约名称	签署日期	生效日期	参加国数量
航空安全	关于在航空器内的犯罪和犯有某些其他行为的公约(东京公约)	1963. 9. 14	1969. 12. 4	185
	关于制止非法劫持航空器的公约(海牙公约)	1970. 12. 16	1971. 10. 14	185
	关于制止危害民用航空安全的非法行为公约(蒙特利尔公约)	1971. 9. 23	1973. 1. 26	188
	制止在为国际民用航空服务的机场上的非法暴力行为的议定书(蒙特利尔议定书,补充《蒙特利尔公约》)	1988. 2. 24	1989. 8. 6	171
海上安全	联合国海洋法公约(有关海盗罪的规定)*	1982. 12. 10	1994. 11. 16	162
	制止危及海上航行安全非法行为公约	1988. 3. 10	1992. 3. 1	157 世界船舶总吨位的94. 73%
	《制止危及海上航行安全非法行为公约》2005年议定书	2005. 10. 14	—	—
	制止危及大陆架固定平台安全非法行为议定书	1988. 3. 10	1992. 3. 1	146 世界船舶总吨位的89. 72%
	《制止危及大陆架固定平台安全非法行为议定书》2005年议定书	2005. 10. 14	—	—
人员安全	关于防治和惩处侵害应受国际保护人员包括外交代表的罪行的公约	1973. 12. 14	1977. 2. 20	173
	反对劫持人质国际公约	1979. 12. 17	1983. 6. 3	168
爆炸	制止恐怖主义爆炸事件的国际公约	1997. 12. 15	2001. 5. 23	164
	关于在可塑炸药中添加识别剂以便侦测的公约	1991. 3. 1	1992. 6. 21	147
核武器	制止核恐怖主义行为国际公约	2005. 4. 13	2007. 7. 7	77(115国签署)
	核材料实物保护公约	1980. 3. 3	1987. 2. 8	145(44国签署)
	《核材料实物保护公约》修订	2005. 7. 8	—	—
防范恐怖犯罪	制止向恐怖主义提供资助的国际公约	1999. 12. 9	2002. 4. 10	174
	联合国打击跨国有组织犯罪公约	2000. 12. 12	2003. 9. 29	162
区域反恐公约	阿拉伯制止恐怖主义公约	1998. 4. 22	1999. 5. 7	17
	伊斯兰会议组织关于打击国际恐怖主义的公约	1999. 7. 1	2002. 12. 7	12
	欧洲制止恐怖主义公约	1977. 1. 27	1978. 8. 4	46
	修正《欧洲制止恐怖主义公约》的议定书	2003. 5. 15		29

续表

领域	条约名称	签署日期	生效日期	参加国数量
区域反恐公约	美洲国家组织防止和惩治以侵害个人罪行和相关勒索罪行形式进行的具有国际影响的恐怖主义行为公约	1971. 2. 2	1973. 10. 16	18
	非统组织防止和打击恐怖主义公约	1999. 7. 14	2002. 12. 6	37
	《非统组织防止和打击恐怖主义公约》议定书	2004. 7. 8		8
	南盟制止恐怖主义活动区域公约	1987. 11. 4	1988. 8. 22	7
	《南盟制止恐怖主义活动区域公约》附加议定书	2004. 1. 6	2006. 1. 12	7
	打击恐怖主义、分裂主义和极端主义上海公约	2001. 6. 15	2003. 3. 29	6
	独联体成员国打击恐怖主义合作条约	1999. 6. 4	2000. 10. 3 ~ 2005. 1. 13（对不同成员国生效时间不同）	7
	美洲国家反恐怖主义公约	2002. 6. 3	2003. 7. 10	24
	欧洲理事会预防恐怖主义公约	2005. 5. 16	2007. 6. 1	28
	欧洲理事会反资助恐怖主义、洗钱与没收恐怖主义犯罪收益公约	2005. 5. 16	2008. 5. 1	22
	上海合作组织反恐怖主义公约	2009. 6. 16		

* 曲波、喻剑利：《〈联合国海洋法公约〉与海盗的惩治》，《大连海事大学学报》（社会科学版）2009 年第 4 期。

采取武力强制活动的种类。① 由于世界上最强大的国家受到了打击，安理会的反应更加迅速，通过了前文提及的一系列决议谴责并要求国际社会惩治恐怖主义，并且建立了反恐怖主义委员会（CTC）监督各成员国落实这些措施。自 2000 年开始，联合国大会着手制定一项题为《关于国际恐怖主义的全面公约》的国际法律文件，这一文件的起草工作至今未能完成，② 而且关于该公约的地位、性质、范围也存在着很多不同的观点，特别在对民族解放

① Antonio Cassese, "Terrorism is also Disrupting Some Crucial Legal Categories of International Law", (2001) 12 *European Journal of International Law* 993.

② Mahmoud Hmoud, "Negotiating the Draft Comprehensive Convention on International Terrorism: Major Bones of Contention", (2006) 4 *Journal of International Criminal Justice* 1031.

运动的认识、武装部队活动、该公约与既有反恐国际文件的关系上存在着很多不同的意见。[①] 2006 年，联合国大会通过了《联合国全球反恐战略》，附着一份“行动计划”，具体规定了消除有利于恐怖主义蔓延的条件、防止和打击恐怖主义、建立各国防止和打击恐怖主义的能力以及加强联合国系统在这方面的作用以及确保尊重所有人的人权和实行法治作为反恐斗争根基等几个方面的措施。[②]

（二）现有国际反恐法律的成绩和缺陷

关于恐怖主义的各项条约的优点在于，对每一个具体领域的行为都很明确地进行了规定，反映了恐怖主义在各自领域的不同性质并提出了各自的解决方法。[③] 一些区域性的反恐法律文件则凸显了本区域的特点。[④] 其不足则在于，在国际层面上缺乏针对恐怖主义者进行起诉和惩治的决断性规范，而是由各国按照其自身的规范解决。也就是说，迄今为止的国际反恐法律体系仍然是国际社会协调各国的国内行动，敦促各国按照自己的法律规则展开行动。这些规范主要是要求各国通过国内立法、国际法院来惩治这种严重的犯罪，而并没有将之理解为国际犯罪。

比如，现有的国际反恐合作主要停留在信息交换、罪犯引渡的领域，多边机制存在着深度不足的问题。从法律管辖的方式上看，1973 年的《关于防治和惩处侵害应受国际保护人员包括外交代表的罪行的公约》确定了属地、旗国、属人管辖权；1979 年的《反对劫持人质国际公约》在前者基础上增加了对无国籍人的习惯居所管辖；1980 年的《核材料实物保护公约》确立的也仍然是属地、旗国、属人管辖权。虽然有一些国际法评述文件认为在恐怖主义问题上已经建立了普遍管辖权，[⑤] 但是实质上各国管辖的情况并没有根本变化。[⑥] 1984 年，美国哥伦比亚特区法院认为既然习惯国际法之下并没有将恐

① 关于该公约的进展及有关问题的分析，参见黄瑶等《联合国全面反恐公约研究：基于国际法的视角》，法律出版社，2010，第 6～173 页。

② A/RES/60/288（A/60/L. 62）.

③ Zdzislaw Galicki, “International Law and Terrorism”, (2005) 48 *American Behavioral Scientist* 743.

④ 王玫黎：《法律合作加强上合组织反恐能力——评〈上海合作组织反恐怖主义公约〉五大进步》，《中国社会科学报》2011 年 6 月 7 日，第 12 版。

⑤ *Restatement (Third) of Foreign Relations Law of the United States*, § 401 Cmt. B (1987); Report of the European Committee on Crime Problems, Extraterritorial Criminal Jurisdiction, p. 15.

⑥ Rosalyn Higgins, *Problems & Process: International Law and How We Use It* (Oxford: Claredon Press, 1994), pp. 64－65.

怖主义界定为国际法罪行的合意，针对这一罪行也就不能形成普遍管辖权。[①] 2001 年，法国最高法院也同样作出了这样的判断。[②] 这是一种以国内法为核心、国际政治为辅助的法律体系。[③] 各成员国国内法的差异就导致了对嫌疑人和罪犯起诉和惩治手段的不同。[④] 而作为反对恐怖主义这样具有高度跨国影响、对全世界都有威胁的行为，靠这种较为初级的国际协调还是很不够的。[⑤] 针对恐怖主义，各国并没有联手采取重大的行动。这些国家在抽象的意义上都赞成反恐，但一旦涉及反恐的对象、目标、性质等具体问题，就存在很多差异。差异的根本在于国家之间在政治立场、文化基础、宗教取向上的距离。这种总体原则一致、具体要求分歧巨大的情形不利于全球反恐的顺利进行。

三　遏制反恐话语的暴力化发展

"9·11"之前，以色列、西班牙、德国等国家都经受过恐怖主义的打击。但是，"9·11"的特殊性在于，受害者是在世界经济、政治、文化等方面具有领先地位的美国。在美国强势话语的指引下，恐怖主义的罪恶定性被当然地确立，反对恐怖主义的正当性也被不容置疑地认知，并且被提高到维护国际安全的高度优先地位。国际社会不仅形成了一系列的宣言，签订了一系列的条约，而且很多国家都追随美国采取了打击恐怖主义的行动，其中最引人注目的显然是美国本国的反恐行动。有的学者认为，国际习惯法已经发生了改变，包含了针对庇护恐怖分子的国家进行武装打击的规范。[⑥]

---

① Tel Oren v. Libyan Arab Republic, 726 F. 2d 774 (D. C. Cir. 1984).

② Bulletin des arrest de la Cour de Cassation, Chambre Criminelle, March 2001, No. 64, at 218 - 219.

③ Antonio Cassese, "The International Community's 'Legal' Response to Terrorism", (1989) 38 *International and Comparative Law Quarterly* 589.

④ Daniel O'Donnell, "International treaties against terrorism and the use of terrorism during armed conflict and by armed forces", (2006) 88 *International review of the Red Cross* 853.

⑤ 特别是，一些国家所采取的因为外国人侵犯其本国人而在外国进行管辖和惩治的域外管辖权（passive personality）无法得到广泛的支持。Shirley V. Scott, *International Law in World Politics: An Introduction* (Boulder: Lynne Rienner Publishers, 2004), p. 27.

⑥ Michael Byers, "Terrorism, the Use of Force, and International Law after 11 September", (2002) 51 *International and Comparative Law Quarterly* 401.

（一）“反恐战争”的暴力化倾向

当反恐以其不可辩驳的正当性基础获得世界各国的赞同，反对的声音被压制时，国际格局客观上造成了反恐本身的暴力化：这种暴力化以词语的暴力化为基础，即有关问题一旦与恐怖主义联系起来，即刻变成具有高度敏感性和绝对正当性的政策立场和方案选择，其他的价值即被忽略和放弃。这是一种很可怕的倾向，会导致国际关系的极性发展，破坏被广泛认可的国际法律基本价值目标和普遍遵循的国际法原则。① 著名国际人权法学者杰克·唐纳利认为，美国的“反恐战争”，不论其正当性如何，无论其成就如何，对于人权所存在的负面影响是不容否认的，正如在冷战时期片面反共措施具有破坏人权的作用一样。② 由于“9·11 事件”的出现，国际社会的民主和人权都出现了一定程度的撤退。恐怖主义越来越多地作为美国打击国内外敌人的修辞手段，不仅针对组织，而且针对国家；③ 无论是对于阿富汗，还是对于伊拉克，都有这样的倾向。类似地，俄罗斯通过将车臣武装解释成为恐怖组织而获得了打击的正当性；以色列也采取了报复性手段对待恐怖爆炸。虽然他们反对恐怖自身无可非议，但是其采用的手段仍然侵害了人权。在国外逮捕和监禁人员、对有关国家进行空袭、对于一些被称为恐怖分子的“斩首”行动、恐怖事件之后对于人权的克减，都使人关注到反恐行为自身的人权后果。④ 2011 年，美国在巴基斯坦采取特别行动的斩首方式击毙了恐怖主义头目本·拉登，这种 A 国军队在 B 国打击 C 国人的做法实际上在国际上是很难找到其法律依据的。它不仅是对巴基斯坦主权的蔑视，也违背了法治理想中最为尊重的正当程序原则。也就是说，在拉登的罪行没有确认之前，就将其击毙，并且伤及无辜，对于一个军事力量强大、情报系统严密的美国而言，仍然是不适合的。由此不难看出，反对恐怖主义以暴力话语的方式在国际法律体系中横行霸道，对原有的国

① Jack Goldsmith and Eric A. Posner, *The Limits of International Law* (Oxford: Oxford University Press, 2005), pp. 165 - 166.

② Jack Donnelly, *International Human Rights* (New York: Westview Press, 3rd edn, 2007), p. 211.

③ 〔美〕保罗·R. 皮拉尔：《恐怖主义与美国外交政策》，王淮海译，中国友谊出版公司，2003，第 144 ~ 221 页。

④ Helen Duffy, *The "War on Terror" and The Framework of International Law* (Cambridge University Press, 2005), pp. 332 - 348.

际法律体系构成了极大的冲击，使得国际法进入危机之中。这种以恶制恶的方式不仅不能带来和平，而且可能导致世界在暴力与绝望的循环中越陷越深。[①]

（二）“预防性自卫”的合法性质疑

在当前的国际关系中，应付恐怖主义的主流法律依据仍然是自卫。[②] 自卫确实是习惯国际法久已确立的规范，而且被现代国际法（《联合国宪章》第51条）所明确采纳。[③] 但自卫的实施是有着严格的条件要求的：首先，应当符合“时间紧迫、规模巨大、没有其他选择、没有机会考量”的前提，这一点已经被1842年的“卡罗琳号”所界定，并且被以后的很多实践所认可。[④] 其次，使用武力应当直接针对入侵的国家。再次，与攻击手段相比，采用武装措施必须适度。复次，在时间上，应当在对方侵略结束的时候，反击也迅即终结。最后，反击手段应当遵守国际人道法的基本原则。[⑤] 在打击恐怖主义的问题上，存在的争议包括：恐怖主义这种不加区分的针对外交官员、军事官员、平民的爆炸、杀害是否可以被认为是对国家的侵犯？在这个方面虽然有的国家是这样认识的，但还没有形成共识。[⑥]

针对恐怖主义的打击，如果采用自卫的理论，就应当在恐怖主义打击确实发生或者不可避免之时，而绝不能在假想的前提下进行打击。[⑦] 而现有的

---

① Donnelly, *International Human Rights*, pp. 212 – 222.

② Christine Gray, *International Law and the Use of Force* (Oxford: Oxford University Press, 3rd edn, 2008), p. 142.

③ Scott, *International Law in World Politics*, p. 8.

④ John Bassett Moore, Francis Wharton, *et al.*, *A Digest of International Law*, Volume 2 (Washington: Government Printing Office, 1906), pp. 25, 409 – 410. “如果有自卫的必要，而这种自卫又是即时和压倒一切的，同时又没有别的选择手段，而且没有时间深思熟虑，那么这种先发制人就是合法的。”国际法院认为，“自卫权的行使须遵守必要性和对称性的条件，这是习惯国际法的一个规则”。必要性的含义是，“即时、压倒性的，没有选择方式的余地也没有深思熟虑的时间”。R. Y. Jennings. “The Caroline and Mcleod Cases”, (1938) 32 *American Journal of International law* 82; Advisory Opinion on the Legality of the Threat or Use of Nuclear Weapons, July 8, 1996, Para. 41.

⑤ 简基松：《“反恐”军事行动对国家自卫权规则的突破》，《法学杂志》2002年第2期；龚向前：《论国际法上的自卫》，《武汉大学学报》（哲学社会科学版）2004年第3期。

⑥ D. Bowett, “The Use of Force for the Protection of Nationals Abroad”, in A. Cassese (ed.), *The Current Legal Regulation of the Use of Force* (The Hague: Martinus Nijhoff Publishers, 1986), p. 39.

⑦ 黄瑶：《国际反恐与先发制人军事行动》，《法学研究》2006年第1期。

打击不仅违背了自卫的基本理论，[①] 而且在实践上会给世界的格局带来不稳定的心态和不次于恐怖主义打击的、不可预期的安全隐患。美国在保护自身国民、反对恐怖主义方面一直是积极的，对《联合国宪章》第2条第4款禁止武力使用总是试图采用更狭窄的界定方式；对第51条禁止使用武力的例外则总是试图扩张解释。正是在这样的思维指导下，才有可能出现1986年针对利比亚的打击[②]、1993年对伊拉克的导弹袭击[③]、1998年对基地组织和拉登的导弹打击、[④] 2001年针对阿富汗的打击和2003年针对伊拉克的打击。在打击利比亚的问题上，美国的理由是，要摧毁利比亚未来进行恐怖打击的能力。这一点不仅在国际社会引致很多反对，[⑤] 而且遭到很多学者的质疑，国际法学家希金斯认为，此种行动很难被真正地认为是符合法律的自卫。[⑥] 针对1998年美国在阿富汗和苏丹的袭击，国际法学者布朗利认为，

① 正如刑法中的正当防卫不允许针对假想的打击采取措施一样，国际法中的“预防性自卫”（或者翻译成“先发制人的自卫”）不仅缺乏充分的理论与案例依据，而且容易造成国际社会秩序的不稳定。Anthony Clark Arend, “International Law and the Preemptive Use of Military Force”, (2003) 26 *The Washington Quarterly* 89; W. Michael Reisman and Andrea Armstrong, “The Past and Future of the Claim of Preemptive Self-Defense”, (2006) 100 *American Journal of International Law* 525; 方恩升：《自卫与“先发制人”之辨析》，《兰州学刊》2005年第6期。

② 1986年4月6日，一家驻德美军士兵经常光顾的LaBelle迪斯科舞厅遭炸弹袭击，造成2名美军士兵死亡，78名美国人受伤。爆炸发生后，美国政府指责利比亚领导人卡扎菲与此有关。10天以后，美军战机即对利比亚首都的黎波里和班加西进行猛烈轰炸，包括卡扎菲养女在内的40人在空袭中丧生。

③ 1993年6月27日，美国借口伊拉克试图杀害其前总统布什，出动部署在红海和海湾的2艘军舰，向巴格达情报局总部发射了24枚“战斧”式巡航导弹。针对这一行为，联合国安理会多数国家接受了美国的理由，但中国和一些伊斯兰国家表示了批评。有关分析，参见Alan D. Surchin, “Terror and the Law: The Unilateral Use of Force and the June 1993 Bombing of Baghdad”, (1995) 5 *Duke Journal of Comparative and International Law* 457.

④ 1998年8月20日，美国总统克林顿下令美国海军用79枚巡航导弹袭击阿富汗东部的一个恐怖分子训练营地和苏丹的一个制药厂，导弹的攻击目标是据称为“基地组织制作化学武器的仓库”（实际上后来查明是一家制药厂）和拉登本人。拉登被认为与1998年8月7日美国驻肯尼亚内罗毕和坦桑尼亚达累斯萨拉姆大使馆的爆炸事件有关。但由于拉登临时改变了计划，所以没有取得效果。俄罗斯、巴基斯坦和一些阿拉伯国家对袭击行为表示谴责，不结盟运动国家认为美国的单方行为不符合规范；时任联合国秘书长的科菲·安南也对这种单独行动表示不满。参见Jules Lobel, “The Use of Force to Respond to Terrorist Attacks: The Bombing of Sudan and Afghanistan”, (1999) 24 *Yale Journal of International Law* 537.

⑤ 联合国安理会试图通过一项谴责此项行动的决议，获得多数支持，但因为法、美、英的反对未能通过。Draft text no. S/18016/Rev. 1, S/PV. 2682, April 21, 1986, p. 43.

⑥ Higgins, *Problems & Process: International Law and How We Use It*, pp. 64 – 65; 另参见O. Schachter, “Self Defense and the Rule of Law”, (1989) 83 *American Journal of International Law* 259.

虽然美国援引了《联合国宪章》第 51 条，这一行为在很多等次上都存在问题，特别是打击的事实判定都是单方的。[①] 因此，预防性自卫的合法性很难被确证,[②] 其危险性非常明显。[③] 而没有充分合法性的、以暴制暴的方式只会使恐怖升级，而不会真正消除恐怖。[④]

（三）恐怖主义未能成为国际罪行的法律局限

有的学者认为，恐怖主义犯罪已经具备了进入国际犯罪的条件，虽然可能需要重新界定反人类罪的内涵与要件。[⑤] 在讨论恐怖主义的问题时，阿尔及利亚、印度、斯里兰卡、土耳其主张将恐怖主义作为反人类罪的一部分。[⑥] 但是，美国和一些发展中国家都表示反对。美国的理由是：恐怖主义罪行在国际法上并没有良好界定；由国际刑事法院处理这一问题会使国际刑事法院过于政治化；一些恐怖主义行为尚未严重到由国际审判机构进行检察、审理的程度；国内法庭比国际法庭更有效率。发展中国家则认为，难于区分殖民压迫、外国统治下人民斗争与恐怖主义之间的差异。[⑦] 美国阻止恐怖主义进入到国际犯罪，根本目标还是用自身的军事力量、政治体系来对恐怖主义进行打击，而不是采取国际行动。这样的安排，优势是反应迅速，缺陷却是单边主义的、难免偏颇的打击对象界定，不仅在道义上难以受到各国的普遍赞同，而且在结果上可能带来和加剧世界的不公正，最终引致恐怖主义的升级。

四 促进反恐的法治化进程

如果想实现国际社会的和谐存续，首先应当确立法治的目标，践行法治

① Brownlie, *Principles of Public International Law*, p. 746.

② 黄瑶:《论预先性自卫的合法性问题》,《法学杂志》2003 年第 3 期；Christine Gray, “The US National Security Strategy and the New ‘Bush Doctrine’ on Preemptive Self-defense”, (2002) 1 *Chinese Journal of International Law* 438; Mary Ellen O'Connell, “The Myth of Preemptive Self-Defense”, The American Society of International Law Task Force on Terrorism, ASIL Task Force Papers, August 2002。

③ Upendra Baxi, “The ‘War on Terror’ and the ‘War of Terror’: Nomadic Multitudes, Aggressive Incumbents, and the ‘New’ International Law: Prefatory Remarks on Two ‘Wars’”, (2005) 43 *Osgoode Hall Law Journal* 7.

④ Zbigniew Brzezinski, “Terrorized by ‘War on Terror’”, *The Washington Post*, Sunday, March 25, 2007.

⑤ Cassese, “Terrorism is also Disrupting Some Crucial Legal Categories of International Law”, p. 995.

⑥ A/CONF. 183/C. 27.

⑦ A/CONF. 183/C. 27/Rev. 1.

的原则。[1] 这就意味着形成良好的法律规范，并且严格遵守此种规范，良好的规范要求在价值、内容和体系上安排妥当，严格遵守则要求贯彻正当程序的要求。[2] 如果说，在国内社会，是“法治优于一人之治”[3] 的话，国际社会则是“法治优于一国之治”。用法律的手段，更确切地说是国际刑法的手段来治理恐怖主义，比起大国主导的政治斗争会有更好的效果。国际社会仍然非常有必要在治理恐怖主义、恐怖活动的问题上遵照法治的原则，构建起有效的规则与运作体系。因而，也就有必要进一步分析，消除恐怖主义的国际法制体系应当建立在何种基础之上。笔者认为，以下几个方面是治理恐怖主义的核心方面：

（一）统一恐怖主义的界定

围绕恐怖主义定义及相关问题的争议，是国际社会反恐合作的一大重要障碍。[4] 在世界范围内对于恐怖主义的内涵达成一致，是推进、防止、控制、治理恐怖主义的基础。实际上，国际社会长期未能就恐怖主义的定义达成共识，这一现象就已经透漏了反恐未能取得根本成就的核心原因。由于恐怖主义背后有深刻的哲学和伦理根源，[5] 所以恐怖主义的界定带有很强的政治色彩，谁是恐怖组织、哪些是恐怖势力，往往不是由社会公认的，而是由国际共同体中的强势集团、战争后的胜利者来界定的。[6] 在某些国家看起来属于恐怖集团、试图花大力气予以消灭的组织，十分可能是被其他国家支持的组织。这样，反恐本质上并不是在进行一场站在人类安全与幸福的立场上、针对恶势力的斗争，而是一批人反对、压制、消灭另一批人的斗争。这种斗争的正当性本身就难以获得广泛认可，其成功的机会自然不大。如果美

① Robert McCleland, “Is peace possible through an international rule of law? Speech at the Sydney Centre for international law, faculty of law, the University of Sydney”, *Australian International Law Journal* (Annual, 2007); Steven Wheatley, “A Democratic Rule of International Law”, (2011) 22 *European Journal of International Law* 525.

② 参见何志鹏《国际法治：一个概念的界定》，《政法论坛》2009 年第 4 期。

③ 〔古希腊〕亚里士多德：《政治学》，吴寿彭译，商务印书馆，1965，第 167 页。

④ 余建华：《关于恐怖主义概念的分析与研讨》，上海社会科学院世界经济与政治研究院：《地缘关系与区域秩序的建构》（《国际关系研究》2011 年第三辑），时事出版社，2011，第 251 页。

⑤ 〔以色列〕依高·普里莫拉兹编《恐怖主义研究：哲学上的争议》，周展、曹瑞涛、王俊译，浙江大学出版社，2010。

⑥ 例如，美国建国前少数人对英国殖民者的反抗、20 世纪 40 年代法国反对纳粹统治的小规模、非政府暴力抵抗活动都没有被看成恐怖活动。

国不是对伊斯兰世界整体上抱有偏见，不是对巴以冲突采取明显的偏袒态度，不是对世界很多地区的事务强硬地、单边地插手，恐怖主义可能就没有现在这么严重。因此，国际社会应当消除傲慢与偏见的立场，对于恐怖组织的清单达成共识。只有这样，才能真正公正、有效地打击恐怖主义。这也就要求将恐怖问题去政治化、刑事化、犯罪化，必须将以暴力犯罪为表现的恐怖行为与民族解放、政治表达区分开来，[①] 从而在国家之间取得充分共识的基础上与恐怖主义作法律层面的斗争。

（二）确立打击恐怖主义的基本原则

值得关注的是，在轰轰烈烈的反恐斗争中，至今尚未产生速成的国际习惯，[②] 而且就国际法的稳定性而言，也不宜主张此种习惯。反对恐怖主义的根本方式是营造一个和平、合作、和谐共进的国际环境。[③] 因此，为了避免反恐的暴政进一步扩张，应当遵循国际法的基本原则治理恐怖主义，特别应当强调主权原则、保护人权原则，同时更要坚持克制使用武力的原则。

第一，坚持主权原则，就意味着尊重各国表达自己意愿的权利，尊重各国的领土完整。[④] 由于霸权的影响，国际法上主权与领土完整往往被不平等地强调。在有些时候，领土完整被视为国际法的根本原则，出现在很多重要的国际文件之中；而另外一些时候，领土完整被置于可有可无的地位，甚至直接被抛弃，例如 2010 年国际法院针对科索沃单方宣布独立的咨询意见就忽视了这一原则。在当前国际社会依然是国家间体系而不是超国家体系的情况下，必须将主权与领土完整作为基本原则，只有在这样的原则下，处理恐怖主义问题才是可能的。否则，突破主权的体制，恐怖主义者就可能以合法人格者的身份进入国际舞台，恐怖主义就无从打击了。

---

① 汪舒明：《试析恐怖主义的“犯罪化”》，上海社会科学院世界经济与政治研究院：《地缘关系与区域秩序的建构》第 275 页。

② 关于速成习惯国际法，参见 Bin Cheng，“United Nations Resolutions on Outer Space：‘Instant’ International Customary Law?”，（1965） 5 *Indian Journal of International Law* 23.

③ 反恐的根本出路在于，各国和国际社会应脚踏实地逐渐消除恐怖主义产生、发展的根源和土壤，并切实加强国际反恐合作。邵峰：《当前全球恐怖主义的现状与发展态势》，《太平洋学报》2010 年第 9 期。

④ Jeremy Waldron，“Are Sovereigns Entitled to the Benefit of the International Rule of Law?”，（2011） 22 *European Journal of International Law* 315.

第二，坚持保护人权的原则。[①] 在反恐打击中，要保护平民，避免平民伤亡，避免财产受到损失。[②] 恐怖主义行为是对国际人道法的破坏，特别是违背了1949年《日内瓦公约》及其1977年议定书的规定。[③] 但是，反恐行为，既然是强者对弱者的打击，就必须采用适度的措施，坚持国际人道法的必要性和适度性要求，而不能以恶制恶。[④] 在这一问题上，世界各国还应当意识到，包庇恐怖主义者、培养恐怖主义者等于养虎为患。因为恐怖主义的本身就是刑事犯罪，这些人在任何意义上都不是英雄，而只能是社会的威胁。在以往的冷战时期，有些国家采取培养武装反抗当局的方式，后来证明都是作茧自缚。[⑤] 保证反恐行为在保护人权的框架内进行，是保证反恐行为在实体符合国际法基本价值的重要标志。[⑥] 在这方面，联合国秘书长和人权机构已经予以初步关注，[⑦] 在各国的具体行动中还有必要进一步遵循。

第三，坚持克制使用武力原则，就意味着在反恐的活动中应当尽力追求和平，防止滥用武装暴力。如果必须采用武力，也应当尽力采取集体行使的方式，而非单边手段。由于联合国安理会的1368号决议内容非常模糊，[⑧] 很多国家按照自己的理解去处理恐怖主义的问题。北约19个成员国认为，根据其规约的第5条，可以以《联合国宪章》第51条授权为理由采取集体自卫措施。美国则通过其本国的利益界定、国内政策和一系列武装打击的行动影响国际观念。笔者认为，为了达到法治的目标，国际社会仍然应当采取

---

① 王秀梅：《惩治恐怖主义犯罪中维护公共秩序与尊重人权的平衡》，《法学评论》2006年第2期。

② Kaleem Hussain, "The Coalition against the 'War on Terror' in Light of International Politics, Law, and Protecting Human Welfare", (2007) 24 *American Journal of Islamic Social Sciences* 136.

③ Leslie C. Green, *The Contemporary Law of Armed Conflict* (Manchester: Manchester University Press, 3rd edn, 2008), pp. 53 - 54, 344 - 349.

④ David Harris, *Cases and Materials on International Law* (London: Sweet & Maxwell, 6th edn, 2004), p. 942.

⑤ 阿富汗塔利班是冷战时期美国与苏联相对抗的产物，而基地组织是冷战时期美国牵制苏联和伊朗的产物。由此可以看出，恐怖组织及其行动并不是空穴来风，而是有着深厚的历史基础。

⑥ H. J. Steiner, P. Alston, and R. Goodman, *International Human Rights in Context* (Oxford: Oxford University Press, 3rd edn, 2008), pp. 375 - 469.

⑦ 联合国秘书长2002年的工作报告（A/57/1）中提到必须保证各国的反恐行动不侵犯人权；防止种族歧视委员会、防止酷刑委员会分别在其文件中对人权在反恐中的意义予以强调（A/57/18, CAT/C/XXVII/）。

⑧ 李鸣：《在联合国框架下解决危机——评"9·11"事件后安理会反恐决议》，《政法论坛》2002年第4期。

适当的手段控制和减少恐怖事件，而绝不是滥用武力。只有克制武力的使用，才有可能避免恐怖主义的升级。

（三）坚持打击恐怖主义的正当程序

恐怖主义的复杂性意味着必须采用多元治理的模式才能解决。① 即使是处理恐怖主义的问题，也必须遵守法治文明的共同原则，特别是正当程序原则。首先，在打击恐怖主义的时候，应当注意国际协商、国际民主；如果要解决反恐的霸权化发展，形成良好的国际合作的法律机制，就必须坚持多边主义，避免霸权主义的单边行为。② 应当利用联合国所确立和构想的法治体系，③ 共同打击恐怖主义。根据《联合国宪章》第 42 条，安理会不能直接采取干涉行动。但是，可以授权受害者单独或集体地采取自卫措施。1990 年在伊拉克入侵科威特之时采取的措施就是一个明证。④ 国际社会应当尊重现有的规范体系，避免个别国家的单边行为，解除反恐行动本身的暴力性、霸权性。⑤ 否则，不仅安理会处于失灵的状态，恐怖主义也不会真正得到遏制。⑥ 其次，在对待具有恐怖主义嫌疑的人员时，在武装冲突期间应遵守国际人道法的基本原则，在武装冲突结束后应考虑寻求司法解决，⑦ 既不能无限期地羁押，也不能采取残酷的、不人道的对待措施。美国在伊拉克设置的阿布格莱布监狱，残忍迫害囚犯，特别是在阿富汗战争之后在古巴关塔那摩基地对于被俘人员的不符合法律规定的待遇，对于国际法的规范而言，无疑

---

① 参见张家栋《全球化时代的恐怖主义及其治理》，上海三联书店，2007。

② Cassese, "Terrorism is also Disrupting Some Crucial Legal Categories of International Law", p. 993.

③ 龚向前：《联合国与国际法律秩序的发展》，《政治与法律》2004 年第 1 期。

④ 一些西方学者将 1950 年美国操纵联合国在朝鲜半岛进行的武装措施也归为此种武力使用，这显然是对冷战状态下联合国作用的美化。必须指出的是，联合国，特别是安理会，在冷战时期基本上处于瘫痪状态，为数不多的武力使用其正当性都非常不足。所以，在这一点上必须坚持中国立场，公平地看待朝鲜战争。

⑤ 国际恐怖主义现象折射出国际政治的某些深层次、结构性矛盾，其高发区域与冷战结束后的国际动向密不可分；国际恐怖主义的根除是一种综合治理，不可能以速战方式解决，需要完全不同的安全策略与思想来应对。王逸舟：《恐怖主义溯源》（修订版），社会科学文献出版社，2010。.

⑥ Michael J. Glennon, "Why the Security Council Failed", (2003) 82 - 3 *Foreign Affairs* 16; Meg Bortin, "Poll Shows U. S. Isolation", *International Herald Tribune*, June 4, 2003.

⑦ Christopher C. Joyner, " International Extradition and Global Terrorism: Bringing International Criminals to Justice", (2003) 25 *Loyola of Los Angeles International & Comparative Law Review* 493.

是一种违背。[①] 只有采用符合一般国际法的方式处理恐怖主义问题，才能在常态的国际秩序中解决恐怖主义的问题。所以，要进一步考虑将恐怖主义作为国际罪行，[②] 通过国际法，特别是国际检查、诉讼程序来处理，而不是仅仅作为一种政治谴责、军事打击的目标。[③]

（四）逐渐消除恐怖主义存在的社会环境

在进行上述努力的同时，世界各国更应铭记：恐怖主义不能仅仅治标，更要治本。[④] 为此，国际社会有必要在充分协商、国际民主的机制下确立恐怖主义的范围、反对恐怖主义的方式，用综合治理的模式解决贫富分化，实现国际公平，必须以法治化的手段，形成条约，并且共同遵守，形成有效的监督、执行机制，形成全面治理恐怖主义的法治环境，使治理恐怖主义的措施进入法治轨道。不难设想，如果美国依然沉醉于其塑造新帝国的梦想而不能自拔，如果仍然在全球范围内施加影响，[⑤] 那么尽管美国拥有先进的武器，拥有打击的能力，它可能还是会处于被恐怖主义包围和困扰的状态。只有世界各国努力营造一个民主的环境，结束强权政治的格局，真正的和平才可能到来，恐怖主义才会离我们越来越远。[⑥]

五　结论

恐怖主义是一种极端暴力措施，需要国际社会合作解决。在反恐的问题上，应当更充分地体现出国际共同行动，特别是法律意义上的共同措施。针对恐怖打击，国家之间应当更好地协调行动，而不能一味地采取单边措施。美国打击阿富汗、入侵伊拉克、在巴基斯坦境内击毙本·拉登的行为在国际关系的维度上是强权政治的延续，从法律的角度看不符合正当程序。由此，

---

① 〔英〕戴维·罗斯：《关塔那摩：美国向人权开战》，许大壮等译，世界知识出版社，2005，第45～145页；盛红生：《国家在反恐中的国际法责任》，时事出版社，2008，第130页。

② 梁淑英：《国际恐怖主义与国家自卫》，《政法论坛》2003年第4期。

③ Antonio Cassese, *International Criminal Law* (Oxford: Oxford University Press, 2nd edn, 2008), pp. 177－178.

④ 杨洁勉等：《国际合作反恐：超越地缘政治的思考》，时事出版社，2003，第141～158页。

⑤ 参见中国现代国际关系研究院美欧研究中心编《反恐背景下美国全球战略》，时事出版社，2004，第一、第三部分。

⑥ Köchler, *World Order: Vision and Reality*, pp. 103－185.

上述行为在国际法上的合法性是值得质疑的，“预防性自卫”的主张不符合《联合国宪章》第51条的规范，触犯了第2条第4款对于使用武力和以武力相威胁的禁止。

从根本上看，各国应当致力于提供一个更加民主、公正的社会格局；在这一格局尚未呈现的时候，应当在反恐这一单项问题上提升法治的因素，特别是在恐怖主义的范围、治理恐怖主义的实体性原则和程序性要求方面，以多边主义的态度，减少国际冲突，增强各国之间的互信，提高国际反恐的效率和公正性。

中国作为新兴、后发的大国，正在改变着全球的格局，对国际法治带来深远影响。在这个充满风险和不确定性的时期，世界是终结于战争还是在和平中发展，很大程度上取决于中国在国际社会的立场和行动，而不是美欧等国维持全球领导地位。所以中国应当不仅在反恐的问题上展现出负责任的大国的姿态，而且应当根据自身的国情和文化特点，为恐怖主义的界定提出自己的观点，为恐怖集团的清单的确定提出自己的主张，努力促使国际社会的法治化，为逐渐根除恐怖主义而贡献力量。①

Legal Transformation on Global Anti-Terrorism

He Zhipeng, Sun Lu

Abstract: More than ten years' large scale anti-terrorist activities and some material success do not mean the end of terrorism. The current international legal system has already touched upon terrorist issues, but the rules are not systematic, and rely highly on domestic law of some big powers as well as the balance of international politics. It is urgent to establish the illegal nature of "preemptive self defense" in international law, and limit the "war on terror" in the edge of tyranny, and to push forward the international community to solve the problem of terrorism in the track of rule of law. Specifically, states should cooperate in

① 具体分析，参见刘仁山、尹生、简基松、邓烈《国际恐怖主义法律问题研究》，中国法制出版社，2011，第八章；王伟光：《恐怖主义·国家安全与反恐战略》，时事出版社，2011。

defining terrorism, establishing the substantive and formal principles of fighting against terrorists, perfecting the overall environment of international society. Only in this way, it is desirable that the world will have a peaceful and stable order.

Key Words: Terrorism; Rule of Law; International Law

承前启后：《仲裁法》实施后中国仲裁制度的新发展*

宋连斌**

摘　要： 1994年《仲裁法》实施至今的16年间，最高人民法院通过司法解释，使得我国仲裁制度在仲裁协议的效力认定、申请撤销仲裁裁决、仲裁裁决的执行、区际仲裁裁决的相互认可与执行等方面，出现了新的动向。各仲裁机构在仲裁管辖权异议的处理、涉外仲裁的法律适用、最低限度的正当程序标准、仲裁与调解的衔接、仲裁员制度等方面，也推动了我国仲裁制度的发展。最高人民法院公布的案例及对个案的答复，具有典型性和指导意义，是研究我国仲裁制度不可忽视的"判例法"。2011年4月1日生效的《涉外民事关系法律适用法》，对涉外仲裁协议准据法的确定作了新的规定，其实效有待检验。

关键词： 中国仲裁　《仲裁法》　司法解释　仲裁规则

1995年9月1日开始实施的《中华人民共和国仲裁法》（下称《仲裁法》），为我国第一部仲裁单行法。其实施以来，全国重新组建仲裁机构达200余家，近期每年仲裁案件的总数超过6万件，① 令国际同行瞩目；各机构的仲裁规则也数次修订，其中不乏新的探索与尝试。法院对仲裁的支持与监督，不仅在于个案，而且体现于司法解释。在我国的法制体系下，后者更为重要。纷繁的仲裁实践与稚嫩的第一部仲裁单行法之间的张力，使得我国仲裁制度在《仲裁法》的框架下，有变革的冲动。值得注意的是，2011年4月1日开始施行的《中华人民共和国涉外民事关系法律适用法》（下称

* 本文系在纪念《仲裁法》实施15周年征文的基础上修改而成，为武汉大学自主科研项目（人文社会科学）"国际民商事争议解决机制的基础理论研究"（09ZZKY021）的成果之一。

** 宋连斌，法学博士，武汉大学国际法研究所教授、博士生导师，国内外多家仲裁机构仲裁员。

① 王红松：《铸造公信力——王红松文集》，法律出版社，2010，第82页。

《涉外民事关系法律适用法》），对仲裁协议的法律适用作出了与以前实践不尽相同的规定。而2007年修订的《中华人民共和国民事诉讼法》（下称《民事诉讼法》）又在进行新的修改，也必然对我国仲裁制度产生重大影响。“鉴于往事，有资于治道”，对《仲裁法》实施后我国仲裁领域的新动向予以梳理，必裨益于《仲裁法》的完善。

一　司法解释对我国仲裁制度的新发展

司法解释伴随着《仲裁法》的施行。颇受争议的“报告制度”就是在《仲裁法》生效前夕确立的，[①] 而该法甫一生效，最高人民法院即发布了《关于认真贯彻仲裁法依法执行仲裁裁决的通知》（1995年10月4日，法发［1995］21号），以解决原仲裁机构及其受理的案件的过渡问题。此后，最高人民法院发布了30余项专门的或涉及仲裁的司法解释，并在2006年8月23日公布了《关于适用〈中华人民共和国仲裁法〉若干问题的解释》（法释［2006］7号），同年9月8日起施行。该司法解释第31条规定“以前发

① 参见最高人民法院《关于人民法院处理与涉外仲裁及外国仲裁事项有关问题的通知》，1995年8月29日，法发［1995］18号。涉及“报告制度”的司法解释还有另外两项：《关于人民法院撤销涉外仲裁裁决有关事项的通知》，1998年4月23日，法［1998］40号；《关于承认和执行外国仲裁裁决收费及审查期限问题的规定》，1998年10月21日，法释［1998］28号。按照这三项司法解释，所谓报告制度是指：（1）对涉外及涉港澳台纠纷，如果当事人在合同中订有仲裁条款或者事后达成仲裁协议，人民法院认为该仲裁条款或仲裁协议无效、失效或者内容不明确无法执行的，在决定受理一方当事人起诉之前，必须报请本辖区所属高级人民法院进行审查；如果高级人民法院同意受理，应将其审查意见报最高人民法院。在最高人民法院未作答复前，可暂不予受理。（2）凡一方当事人向人民法院申请执行涉外仲裁机构的裁决，或者向人民法院申请承认和执行外国仲裁机构的裁决，如果人民法院认为涉外仲裁机构裁决具有《民事诉讼法》第260条（现第258条，下同）情形之一的，或者申请承认和执行的外国仲裁裁决不符合大陆参加的国际公约的规定或者不符合互惠原则的，在裁定不予执行或者拒绝承认和执行之前，必须报请本辖区所属高级人民法院进行审查；如果高级人民法院同意不予执行或者拒绝承认和执行，应将其审查意见报最高人民法院。待最高人民法院答复后，方可裁定不予执行或者拒绝承认和执行。（3）凡一方当事人按照《仲裁法》的规定向人民法院申请撤销裁决，如果人民法院经审查认为涉外仲裁裁决具有《民事诉讼法》第260条第1款规定的情形之一的，在裁定撤销裁决或通知仲裁庭重新仲裁之前，须报请本辖区所属高级人民法院进行审查。如果高级人民法院同意撤销裁决或通知仲裁庭重新仲裁，应将其审查意见报最高人民法院。待最高人民法院答复后，方可裁定撤销裁决或通知仲裁庭重新仲裁。有关“报告制度”的评价，参阅宋连斌、赵健《关于修改1994年中国〈仲裁法〉若干问题的探讨》，载《国际经济法论丛》第4卷，法律出版社，2001，第603～605页。除另有注明，本文所引司法解释均载于宋连斌、林一飞译编《国际商事仲裁资料精选》第4编，知识产权出版社，2004。

布的司法解释与本解释不一致的，以本解释为准”，可谓是之前同类司法解释的“终结版”。这些司法解释弥补了立法的不足，厘清了一些不明确的规定，成为当前中国仲裁制度不可缺少的部分，有利于《仲裁法》的完善。概括起来，以下几方面较为显著：

（一）关于仲裁协议的效力认定[①]

1. 强调仲裁协议的可执行性

关于仲裁协议的效力认定，最高人民法院发布的司法解释、批复数目较多，其核心均在强调仲裁协议的可执行性。仲裁协议即使有瑕疵，只要可以执行，就不应当认定为无效。早在1996年底，最高人民法院在给山东省高级人民法院的一个复函中指出：当事人在仲裁条款中虽然约定了两个仲裁机构，但该约定是明确的，也是可以执行的，当事人只要选择其中之一即可进行仲裁。[②] 1997年初，最高人民法院《关于实施〈中华人民共和国仲裁法〉几个问题的通知》再次强调了仲裁协议的可执行性，《仲裁法》之前订立的仲裁协议继续有效。[③] 1998年10月，针对山东省高级人民法院的请示，最高人民法院发布《关于确认仲裁协议效力几个问题的批复》指出，[④] 只要根据当事人的协议可以确定仲裁机构，就应该确认仲裁协议是可执行的。2006年最高人民法院《关于适用〈中华人民共和国仲裁法〉若干问题的解释》，延续了支持执行仲裁协议的政策。该解释规定：（1）仲裁协议约定的仲裁机构名称不准确，但能够确定具体的仲裁机构的，应当认定选定了仲裁机构。（2）仲裁协议仅约定可适用的仲裁规则，视为未约定仲裁机构，但当事人达成补充协议或者按照约定的仲裁规则能够确定仲裁机构的除外。（3）仲裁协议约定两个以上仲裁机构的，当事人可以协议选择其中的一个仲裁机构申请仲裁；当事人不能就仲裁机构选择达成一致的，仲裁协议无效。仲裁协议约定由某地的仲裁机构仲裁且该地仅有一个仲裁机构的，该仲裁机构视为约定的仲裁机构。该地有两个以上仲裁机构的，当事人可以协议选择其中的一个

---

① 宋连斌：《仲裁协议的新发展：理论与实务》，《民商法论丛》第22卷，金桥文化（香港）出版有限公司，2002，第504页以下。

② 最高人民法院《关于同时选择两个仲裁机构的仲裁条款效力问题的函》，1996年12月12日，法函［1996］176号。

③ 1997年3月19日，法函［1997］36号。

④ 1998年10月21日，法释［1998］21号。

仲裁机构申请仲裁；当事人不能就仲裁机构选择达成一致的，仲裁协议无效。（4）除当事人另有约定，当事人订立仲裁协议后合并、分立的，或者当事人订立仲裁协议后死亡的，仲裁协议对其权利义务的继受人或者继承人有效。（5）债权债务全部或者部分转让的，仲裁协议对受让人有效，但当事人另有约定、在受让债权债务时受让人明确反对或者不知有单独仲裁协议的除外。（6）合同约定解决争议适用其他合同、文件中的有效仲裁条款的，发生合同争议时，当事人应当按照该仲裁条款提请仲裁。涉外合同应当适用的有关国际条约中有仲裁规定的，发生合同争议时，当事人应当按照国际条约中的仲裁规定提请仲裁。（7）当事人在仲裁庭首次开庭前没有对仲裁协议的效力提出异议，而后向人民法院申请确认仲裁协议无效的，人民法院不予受理。仲裁机构对仲裁协议的效力作出决定后，当事人向人民法院申请确认仲裁协议效力或者申请撤销仲裁机构的决定的，人民法院不予受理。[①]

2. 明确了涉外仲裁协议的法律适用

详见本文第三部分，此处不赘。

3. 完善仲裁协议独立性原则

《仲裁法》生效前，中国仲裁及司法实践已接受了仲裁协议独立性原则。但《仲裁法》第 19 条的规定并不全面：仲裁协议独立存在，合同的变更、解除、终止或者无效，不影响仲裁协议的效力。结合司法实践，2006 年最高人民法院《关于适用〈中华人民共和国仲裁法〉若干问题的解释》第 10 条对前述《仲裁法》第 19 条作了补充，即合同成立后未生效或者被撤销的，仲裁协议效力的认定适用独立性原则；当事人在订立合同时就争议达成仲裁协议的，合同未成立不影响仲裁协议的效力。

4. 界定了电子讯息中仲裁协议的书面形式

《仲裁法》第 16 条规定仲裁协议必须具备书面形式。从当时中国涉外经济立法及司法实践看，所谓书面形式，除了双方签字外，还包括书信、电报、电传、传真，很难说包括数据电文。2006 年最高人民法院《关于适用〈中华人民共和国仲裁法〉若干问题的解释》第 1 条即规定，“仲裁法第十六条规定的‘其他书面形式’的仲裁协议，包括以合同书、信件和数据电文（包括电报、电传、传真、电子数据交换和电子邮件）等形式达成的请

① 最高人民法院《关于适用〈中华人民共和国仲裁法〉若干问题的解释》（2006 年 8 月 23 日，法释［2006］7 号）第 3～11、13 条。

求仲裁的协议”,也就是按1999年《中华人民共和国合同法》第11条来确认仲裁协议的书面形式。

5. 有条件地肯定了临时仲裁

《仲裁法》并未对临时仲裁予以规定,但其第16条要求仲裁协议应“选定仲裁委员会”,显然是排除了临时仲裁。一概排斥临时仲裁,太过僵硬,难以满足国际商事交易当事人的需求。最高人民法院在《关于福建省生产资料总公司与金鸽航运有限公司国际海运纠纷一案中提单仲裁条款效力问题的复函》[①] 中对此予以“软化”:涉外案件的当事人选择在境外进行临时仲裁或非常设仲裁机构仲裁的,原则上应当承认该仲裁条款的效力。

(二)关于申请撤销仲裁裁决

申请撤销仲裁裁决是《仲裁法》首次设置的程序。从实际情况看,其所存在的问题似源于《仲裁法》有关规定的过于简单,且撤销的理由与不予执行的理由不尽相同,法院拥有较多的自由裁量权而未加善用。最高人民法院注意到这个问题,对策是限制法官的“随意性”。[②]

1. 明令非《仲裁法》第58条与《民事诉讼法》第258条规定的理由,当事人申请撤销仲裁裁决,法院不支持

这里,前者对应的是国内仲裁,后者对应的是涉外仲裁。

2. 界定了《仲裁法》第58条两个关键词的含义

一是,“‘没有仲裁协议’是指当事人没有达成仲裁协议。仲裁协议被认定无效或者被撤销的,视为没有仲裁协议”。二是,“‘违反法定程序’,是指违反仲裁法规定的仲裁程序和当事人选择的仲裁规则可能影响案件正确裁决的情形”。[③] 前者弥补了《仲裁法》上的一个不严谨之处,后者的表达虽仍有歧义,[④] 但可看出,违反法定程序及仲裁规则并不必然导致撤销仲裁

---

① 1995年10月20日,法函[1995]135号。

② 陈永辉:《依法支持和监督仲裁活动 充分发挥仲裁制度作用——最高法院研究室、民四庭负责人就仲裁法司法解释实施答记者问》,《人民法院报》2006年9月14日,第1版。

③ 最高人民法院《关于适用〈中华人民共和国仲裁法〉若干问题的解释》(2006年8月23日,法释[2006]7号)第18、20条。

④ 这一规定因不同解读,后果也不同:(1)违反仲裁法规定的程序,违反当事人选择的仲裁规则可能影响案件正确裁决的。(2)违反仲裁法规定的程序可能影响案件正确裁决的,违反当事人选择的仲裁规则可能影响案件正确裁决的。显然,后一种解读下,更难撤销仲裁裁决。

裁决，只有达到可能影响正确作出裁决的程度，才可能导致撤销仲裁裁决。

3. 明确了撤销仲裁裁决程序中的几个问题

（1）仲裁裁决可以部分撤销。[①] （2）重新仲裁所作裁决仍可申请撤销。[②]（3）对申请撤销仲裁裁决的案件，人民法院应当组成合议庭审理，并询问当事人。[③]（4）申请撤销仲裁裁决具有中止执行仲裁裁决的效果。[④]（5）当事人在仲裁程序中未对仲裁协议的效力提出异议，不得在仲裁裁决作出后以仲裁协议无效为由主张撤销仲裁裁决。但反之则可。[⑤] 前者系放弃异议，自应认可；后者则应区分情况，不能一概而论。（6）为审理撤销案件的需要，人民法院可以要求仲裁机构作出说明或者向相关仲裁机构调阅仲裁案卷。[⑥]

4. 严格限定了发回重新仲裁的范围

"解释"规定，对于国内仲裁裁决，仅在具有下列两种情形之一时，人民法院才可通知仲裁庭在一定期限内重新仲裁：（1）仲裁裁决所根据的证据是伪造的；（2）对方当事人隐瞒了足以影响公正裁决的证据。[⑦]

5. 完善了涉外仲裁的"报告制度"

前述建立"报告制度"的司法解释并未规定申请撤销仲裁裁决的问题，直到1998年最高人民法院在《关于人民法院撤销涉外仲裁裁决有关事项的通知》[⑧] 中才补充规定，在裁定撤销仲裁裁决或通知仲裁庭重新仲裁之前，须履行"报告制度"。

（三）关于仲裁裁决的执行

无论是法院判决，还是仲裁裁决，执行难是提升我国司法权威的瓶颈。

---

① 最高人民法院《关于适用〈中华人民共和国仲裁法〉若干问题的解释》（2006年8月23日，法释［2006］7号）第19条。

② 最高人民法院《关于适用〈中华人民共和国仲裁法〉若干问题的解释》（2006年8月23日，法释［2006］7号）第23条。

③ 最高人民法院《关于适用〈中华人民共和国仲裁法〉若干问题的解释》（2006年8月23日，法释［2006］7号）第24条。

④ 最高人民法院《关于适用〈中华人民共和国仲裁法〉若干问题的解释》（2006年8月23日，法释［2006］7号）第25条。

⑤ 最高人民法院《关于适用〈中华人民共和国仲裁法〉若干问题的解释》（2006年8月23日，法释［2006］7号）第27条。

⑥ 最高人民法院《关于适用〈中华人民共和国仲裁法〉若干问题的解释》（2006年8月23日，法释［2006］7号）第30条。

⑦ 最高人民法院《关于适用〈中华人民共和国仲裁法〉若干问题的解释》（2006年8月23日，法释［2006］7号）第21条。

⑧ 1998年4月23日，法［1998］40号。

《仲裁法》生效后，如何解决仲裁裁决执行的难题，最高人民法院也作了一些改进：

1. 进一步明晰执行程序与撤销程序的关系

即当事人向人民法院申请撤销仲裁裁决被驳回后，在执行程序中又以相同理由提出不予执行抗辩，人民法院将不予支持。[①] 这一规定，有利于防止败诉方拖延执行程序。

2. 再次强调放弃异议的效力

即当事人在仲裁程序中未对仲裁协议的效力提出异议，在仲裁裁决作出后以仲裁协议无效为由提出不予执行抗辩，人民法院将不予支持。[②]

3. 首次明确仲裁调解书及和解裁决禁止反言的特点

即当事人请求不予执行仲裁调解书或者根据当事人之间的和解协议作出的仲裁裁决书，人民法院将不予支持。[③]

4. 提高仲裁裁决执行管辖的级别

即当事人申请执行仲裁裁决的案件，由被执行人住所地或者被执行的财产所在地的中级人民法院管辖。[④] 这样，关于撤销与执行，管辖法院级别一致，在逻辑上更为合理。

（四）关于区际仲裁裁决的相互认可与执行

随着香港的回归，如何解决我国“一国两制四法域”所产生的法律问题，在仲裁领域更显紧迫。20 世纪 80 年代以来海峡两岸关系的持续缓和及民商事交流的深化，使得两岸之间相互认可和执行仲裁裁决首先取得进展。1998 年最高人民法院发布《关于人民法院认可台湾地区有关法院民事判决的规定》（1998 年 1 月 15 日，法释［1998］11 号），2009 年最高人民法院又发布了《关于人民法院认可台湾地区有关法院民事判决的补充规定》（2009 年 4 月 24 日，法释［2009］4 号）。依据这两个规定，台湾地区的民

① 最高人民法院《关于适用〈中华人民共和国仲裁法〉若干问题的解释》（2006 年 8 月 23 日，法释［2006］7 号）第 26 条。

② 最高人民法院《关于适用〈中华人民共和国仲裁法〉若干问题的解释》（2006 年 8 月 23 日，法释［2006］7 号）第 27 条第 1 款。

③ 最高人民法院《关于适用〈中华人民共和国仲裁法〉若干问题的解释》（2006 年 8 月 23 日，法释［2006］7 号）第 28 条。

④ 最高人民法院《关于适用〈中华人民共和国仲裁法〉若干问题的解释》（2006 年 8 月 23 日，法释［2006］7 号）第 29 条。

商事仲裁裁决在不违反“一个中国”及大陆地区法律基本原则的情况下，可获得认可与执行。[①]

而对来自香港和澳门特别行政区的仲裁裁决，最高人民法院经分别协商，与香港特别行政区于1999年6月达成《关于内地与香港特别行政区相互执行仲裁裁决的安排》，并以司法解释的形式予以公布，自2000年2月1日起施行；[②] 与澳门特别行政区于2007年10月30日达成《关于内地与澳门特别行政区相互认可和执行仲裁裁决的安排》，亦以司法解释的形式予以公布，自2008年1月1日起施行。[③] 这两个安排充分借鉴了1958年《承认和执行外国仲裁裁决公约》（即《纽约公约》），从而解决了三地间相互执行仲裁裁决的问题。

（五）关于仲裁裁决的国籍

《仲裁法》没有明确规定仲裁裁决的国籍标准，导致了实践中许多难题的出现，如国外仲裁机构在中国内地、香港作出裁决的认定及执行问题。最高人民法院在不予执行国际商会仲裁院10334/AMW/BWD/TE最终裁决一案的复函（[2004]民四他字第6号）中，将国际商会仲裁院在香港作出的裁决，根据国际商会仲裁院总部的所在地认定为法国裁决，适用《纽约公约》予以承认与执行。此判例一出，受到了来自学界的质疑，因其采用的仲裁机构所在地标准有悖于国际商事仲裁的一般立法与实践。值得庆幸的是，最高人民法院意识到了这一问题，在其发布的《关于香港仲裁裁决在内地执行的有关问题的通知》（法［2009］415号）中修正了以上观点，并针对此类案件给出明确指导，国外仲裁机构在香港作出的裁决，人民法院应当按照《关于内地与香港特别行政区相互执行仲裁裁决的安排》进行审查并决定执行。最高人民法院的修正，表明了我国法院采纳仲裁地标准认定仲裁裁决国籍的动向。

（六）关于承认与执行外国仲裁裁决中的公共秩序、公共政策

《纽约公约》和我国法律均未对公共政策或公共秩序予以界定。事实上，这些国际私法术语极富争议，无法限定其确切的内涵与外延，其作为“安全

---

① 最高人民法院《关于人民法院认可台湾地区有关法院民事判决的规定》（1998年1月15日，法释［1998］11号）第4、9、19条。

② 2000年1月24日，法释［2000］3号。

③ 2007年12月12日，法释［2007］17号。

阀”所发挥的功能，更多地依赖于法院在个案中的理解与诠释。在ED&F曼氏（香港）有限公司申请承认和执行伦敦糖业协会仲裁裁决案的复函（[2003] 民四他字第3号）中，最高人民法院指出，对行政法规和部门规章等我国法律强制性规定的违反，并不当然构成对公共政策的违反。在GRD Minproc有限公司申请承认并执行瑞典斯德哥尔摩商会仲裁院仲裁裁决一案的复函（[2008] 民四他字第48号）中，最高人民法院认为，不能以仲裁实体结果的公平作为是否违反我国公共政策的标准。以上复函表明，我国法院在处理申请承认与执行外国仲裁裁决案时，不轻易援引公共政策作为拒绝承认或执行的理由。在《关于不予承认和执行国际商会仲裁院仲裁裁决的请示的复函》（[2008] 民四他字第11号）中，最高人民法院认为，国际商会仲裁院审理并裁决我国法院已作出判决的纠纷，侵犯了中国的司法主权和中国法院的司法管辖权，构成对我国公共秩序的违反。此案虽为我国法院首次以公共秩序为由拒绝承认与执行外国仲裁裁决，但由于该案同时存在仲裁庭超裁这一拒绝执行的理由，能否积极地援引公共政策仍是今后法院应谨慎对待的问题。

二　仲裁规则对我国仲裁制度的新发展

仲裁法与仲裁规则均为一国仲裁制度的重要组成部分。仲裁规则本质上是契约性的，不得违反国家仲裁法的强制性规定，而仲裁规则未作规定的，仲裁法又自动递补适用。二者如何衔接，体现了仲裁规则的“造法”艺术，尤其是在国际仲裁的背景下。我国各仲裁机构的仲裁规则无疑都是依据《仲裁法》制定的，但前者又并非后者的简单翻版，在《仲裁法》不禁止的范围内，使《仲裁法》一些过于刚性的规定有所变通，一些缺乏可操作性的规定得到细化，应予规定而未规定或未明确规定之处得到弥补，从而更贴近实践的需要。

（一）关于管辖权异议的处理

对于仲裁程序中当事人提出的管辖权异议，国际上通行的做法是，按照管辖权/管辖权（kompetenz-kompetenz，competence-competence）原则，由仲裁庭作出决定。[①] 但我国《仲裁法》第20条仅规定，当事人对仲裁协议的

① H. M. Holtzman et al.，*A Guide to UNCITRAL Model Law on International Commercial Arbitration: Legislative History and Commentary*（Kluwer，1994），pp. 485 – 487.

效力有异议的，可以请求仲裁委员会作出决定或者请求人民法院作出裁定。这一规定并没有赋予仲裁庭决定自己管辖权的权力，而且缺乏可操作性。2004 年《北京仲裁委员会仲裁规则》在我国首次规定，当事人对仲裁管辖权提出异议，可以由仲裁委员会或其授权仲裁庭作出决定；仲裁庭的决定可以中间裁决的形式作出，也可以在终局裁决中作出。[①] 北京仲裁委员会的做法协调了《仲裁法》与国际实践的不和谐之处，凸显了仲裁的效率取向。2005 年《中国国际经济贸易仲裁委员会仲裁规则》亦借鉴了北京仲裁委员会的规定。[②]

（二）关于最低限度的正当程序标准

在仲裁审理上，2004 年《北京仲裁委员会仲裁规则》首次在我国引入最低限度的正当程序标准。该规则第 23 条规定，仲裁庭应当开庭审理案件，也可以按当事人约定或征得当事人同意进行书面审理。但无论采取何种审理方式，仲裁庭均应公平、公正地对待双方当事人，给予双方当事人陈述和辩论的合理机会。仲裁与诉讼相比的一个巨大的优越性，是程序的灵活性。国际上以联合国国际贸易法委员会《国际商事仲裁示范法》[③] 为代表，又以英国《1996 年仲裁法》[④] 的规定最为完善，明确规定了仲裁庭进行仲裁所应遵守的最低限度的正当程序要求，除此之外，仲裁庭有适当进行仲裁的权力。也就是说，除受此约束外，仲裁庭享有最大的自由裁量权，仲裁程序因而具有极大的灵活性。北京仲裁委员会引进这一做法对于完善中国仲裁制度，意义重大。有了最低限度的正当程序标准，才会使仲裁程序有仲裁之神，并与诉讼程序相区别。北京仲裁委员会的变革引起国内仲裁界的高度重视，2005 年《中国国际经济贸易仲裁委员会仲裁规则》第 29 条也作了相应规定。

（三）关于仲裁与调解

仲裁与调解相结合一直是中国仲裁界的骄傲，被誉为“东方之花”“东

---

① 2004 年《北京仲裁委员会仲裁规则》第 6 条第 1 款。

② 该规则第 6 条。在北京仲裁委员会 2008 年的新仲裁规则中，仍然肯定了这些做法，下不一一说明。

③ 该示范法第 18 条。

④ 该示范法第 33 条。

方经验”。[①] 然而，国际仲裁界一直有所疑虑，即仲裁员同时担任调解员，不可避免地会单方接触当事人，如何满足天赋公正（natural justice）或正当程序（due process）的要求？长期以来，中国仲裁界对这个问题除了强调中国特色以外，几乎束手无策。2004 年《北京仲裁委员会仲裁规则》第 56 条规定:“经双方当事人同意，仲裁庭可以进行调解。因调解不成导致调解程序终止的，如果双方当事人以避免裁决结果可能受到调解影响为由请求更换仲裁员的，主任可以批准。双方当事人承担由此增加的费用。”北京仲裁委员会的做法既维护了中国调解的传统，又以当事人意思自治来回答“西方疑虑”：首先，仲裁与调解相结合须经当事人同意；其次，如调解不成，当事人可以在承担费用的前提下要求更换仲裁员。换言之，按照 2004 年规则，仲裁与调解相结合是符合天赋公正或正当程序的。

随着多元争议解决机制日益受到重视，我国各仲裁机构也注意到转化为 ADR（Alternative Dispute Resolution）机构的可能。一些仲裁机构不仅制定了单独的调解规则，还将仲裁与调解程序衔接起来，丰富了多元争议解决机制的实践。如北京仲裁委员会率先借鉴《国际商会友好争议解决规则》《联合国国际商事调解示范法》[②] 等国际经验，于 2007 年制定了《北京仲裁委员会调解规则》，按照该规则，当事人达成的和解协议对各方当事人有约束力；[③] 当事人可以订立仲裁协议（比如在和解协议中加入仲裁条款），要求仲裁庭依据和解协议制作仲裁调解书或仲裁裁决书。[④]《北京仲裁委员会仲裁规则》第 40 条也规定，当事人在仲裁过程中可以自行和解或者申请依《北京仲裁委员会调解规则》由调解员进行调解。

（四）关于涉外仲裁的法律适用

尽管 1995 年以来，我国仲裁机构的受案量高居各国前列，但国际商事

---

① 鉴于 1994 年《仲裁法》生效前只有中国国际经济贸易仲裁委员会在从事国际经贸仲裁，“东方经验”实际就是“贸仲经验”。该会 2005 年仲裁规则第 40 条仲裁与调解相结合的规定，仍一如既往。

② 这两个文件的中文本载于宋连斌、林一飞译编《国际商事仲裁资料精选》，知识产权出版社，2004，第 624 页以下。

③ 依最高人民法院《关于建立健全诉讼与非诉讼相衔接的矛盾纠纷解决机制的若干意见》（2009 年 7 月 4 日，法发［2009］45 号）第 9 条的规定，此种情况下当事人达成的调解协议具有民事合同的性质。该文件亦是仲裁机构进行单独调解的合法性依据。

④ 2008 年《北京仲裁委员会调解规则》第 22 条。

仲裁的法律适用一直未受重视，老牌的中国国际经济贸易仲裁委员会迄今也没有作出规定。2004 年《北京仲裁委员会仲裁规则》第 58 条确立了几个法律适用的原则：（1）以当事人选择的法律为优先；（2）除非当事人另有约定，北京仲裁委员会对反致持反对态度；（3）在当事人没有选择时，适用与争议事项有最密切联系的法律；（4）任何情况下，仲裁庭应尊重当事人之间有效的合同，并考虑商事惯例。这些规定不无可议之处，尤其是《涉外民事关系法律适用法》生效之后。例如，涉外侵权争议提交仲裁时，如当事人未选择适用法律的，依该法应适用侵权行为地法或者当事人的共同经常居所地法，这就与前述仲裁规则规定的适用与争议事项有最密切联系的法律不一致。尽管如此，北京仲裁委员会的探索仍值得肯定。

（五）关于仲裁员制度

仲裁的好坏取决于仲裁员，仲裁正义就是要求仲裁员在仲裁过程中公正行事。事实上，我国各仲裁机构也普遍比较重视仲裁员的管理。《仲裁法》对仲裁员的规范较为简单，需要仲裁机构发力的空间就更大。在目前的情况下，加强仲裁员的管理是提高仲裁公信力的必由之路。而在加强管理的同时，又如何吸引更多的优秀人才加入到仲裁员行列，这是各仲裁机构应予考虑的问题。

1. 关于推荐名册制

20 世纪 50 年代以来，我国自始至终都实行仲裁员名册制，当事人只能从仲裁机构提供的仲裁员名册上挑选仲裁员。当然，《仲裁法》本身并未使用强制名册制的概念，但也没有明文赋予当事人选择仲裁员的自由。但历来的仲裁实践只允许当事人从仲裁机构提供的名单中挑选仲裁员，名册制事实上就是强制名册制。强制名册制有其优点，如有利于减少对仲裁员资格的抗辩、方便组成仲裁庭等，但其缺陷也是致命的，即限制了当事人选择仲裁员的自由、仲裁员来源不具有开放性，所以实行推荐名册制显然更具有吸引力。2005 年《中国国际经济贸易仲裁委员会仲裁规则》第 21 条第 2 款规定，当事人约定在仲裁员名册之外选定仲裁员的，当事人选定的或根据当事人之间的协议指定的人士经仲裁委员会主任确认后可以担任仲裁员、首席仲裁员或独任仲裁员。这一规定显然改变了以往的强制名册制，并被一些仲裁机构借鉴。

2. 仲裁员披露

没有对仲裁员披露作出明确要求，曾经是国际上质疑中国仲裁的一个理由。2004 年《北京仲裁委员会仲裁规则》第 20 条规定，仲裁员任职后，应当签署保证独立、公正仲裁的声明书，声明书由秘书转交各方当事人；仲裁员决定接受选定或者指定的，知悉与案件当事人或者代理人存在可能导致当事人对其独立性、公正性产生怀疑的情形，应当书面披露。而且，仲裁员负有持续披露义务，在审理案件过程中知悉应予披露情形的，应当立即书面披露。仲裁对外力求保密，而仲裁庭与当事人之间在仲裁的进行上，则力求透明。这一做法与国际接轨，有利于当事人认同仲裁庭的公正性。

3. 回避

当事人如对仲裁员的公正性有合理怀疑，则仲裁员应予回避，这是维护仲裁公正性的重要措施。2004 年《北京仲裁委员会仲裁规则》在《仲裁法》第 34 条规定的基础上，以 1998 年《国际商会仲裁规则》为蓝本，完善了仲裁员回避制度。对于当事人提出的回避请求，《北京仲裁委员会仲裁规则》第 21 条第 5 款明确规定，一方当事人申请仲裁员回避，另一方当事人表示同意，或者被申请回避的仲裁员获知后主动退出，则该仲裁员不再参加案件审理。但这都不意味着当事人提出回避的理由成立。此种做法，旨在维护当事人对仲裁庭的信任，确保案件由当事人认同的仲裁庭审理，进而促进当事人对仲裁正义的认同，同时体现出对被申请回避的仲裁员的尊重，并促其避免瓜田李下之嫌。

4. 仲裁员替换

2004 年《北京仲裁委员会仲裁规则》首次在国内明确规定了仲裁员替换的有关问题，以提高仲裁效率、强化仲裁员的勤勉义务。该规则借鉴国际商会仲裁院的做法，除了规定仲裁员因死亡或者健康原因不能从事仲裁工作，或者主动退出案件审理，或者主任决定其回避，或者双方当事人一致要求其退出案件审理的，应当更换，还规定：仲裁委员会认为仲裁员在法律上或者事实上不能履行职责或者没有按照仲裁规则的要求履行职责时，也可以主动予以替换。这一规定对仲裁机构及仲裁员的信誉极富挑战性。

5. 缺员仲裁庭

为了提高仲裁效率，2005 年《中国国际经济贸易仲裁委员会仲裁规则》首次在国内对缺员仲裁庭这种特殊情况，进行了规范。按照该规则，在最后一次开庭终结后，如果三人仲裁庭中的一名仲裁员因死亡或被除名而不能参加合议或作出裁决，另两名仲裁员可以请求仲裁委员会主任指定替代的仲裁员；经双方当事人及仲裁委员会主任同意，另两名仲裁员也可以继续进行仲裁程序，并作出决定或裁决。[①]

最后需要说明的是，仲裁实践对仲裁制度的推进可谓戴着镣铐跳舞。也就是说，仅有仲裁规则、仲裁裁决的突破是不够的，还需要得到立法、司法的确认才会产生普遍性的效果；而且，仲裁机构、仲裁员不要轻易跨越雷池，必须充分考虑仲裁裁决在法律上的安全性，以充分保障仲裁当事人的权益。尽管如此，仲裁机构、仲裁员身处仲裁实践的第一线，最能感受到仲裁的发展规律与需求，其对仲裁制度的促进作用不可忽视。如前文提到的最高人民法院2006 年司法解释第 1 条关于确认数据电文中仲裁协议书面形式的规定，即有 2004 年《北京仲裁委员会仲裁规则》第 4 条第 2 款的影响。

三 《涉外民事关系法律适用法》与仲裁协议准据法的确定

《仲裁法》实施之后，又有几部法律涉及仲裁，如 1999 年《中华人民共和国合同法》、[②] 2006 年《中华人民共和国刑法》第六修正案[③]等，但正面产生影响尤其是对涉外仲裁，非《涉外民事关系法律适用法》莫属。该法第 18 条规定了涉外仲裁协议的准据法的确定。

通常而言，涉外仲裁协议准据法的确定，直接关系到其效力的认定。我国《仲裁法》对此没有明文规定，以往的实践也不尽一致。发端于 20 世纪 50 年代的我国涉外仲裁制度非常简陋，并没有考虑国际商事仲裁法律适用的特殊需要。但至 1978 年实行改革开放一直到 80 年代中期以前的 30 余年中，因为全部的涉外仲裁、调解案件不足百起，所以问题并不突出。进入 90 年代，由于国际性仲裁案件暴增，必须明确仲裁协议准据法的情形遂越来越多。

① 2005 年《中国国际经济贸易仲裁委员会仲裁规则》第 28 条。

② 该法第 128 条规定："涉外合同的当事人可以根据仲裁协议向中国仲裁机构或者其他仲裁机构申请仲裁。"这等于间接规定，纯国内合同的当事人不能选择到外国仲裁。

③ 该修正案第 20 条规定了著名的枉法仲裁罪，即依法承担仲裁职责的人员，在仲裁活动中故意违背事实和法律作枉法裁决，情节严重的，处三年以下有期徒刑或者拘役；情节特别严重的，处三年以上七年以下有期徒刑。

早期，无论是仲裁机构还是行使监督权的管辖法院，发现仲裁协议准据法的意识与方法都乏善可陈，甚至未说明任何理由而径直适用法院地法。但受当事人意思自治原则的影响，有一点是肯定的，即当事人合意选择的法律将得到优先适用。然而，实践中当事人专为仲裁协议尤其是仲裁条款选择准据法的情况，极为罕见。相反，绝大部分这类案件中，当事人都没有明确选择仲裁协议的准据法，即使仲裁协议所在的合同中有法律选择条款。对此，司法实践中有适用法院地法、仲裁地法或仲裁机构所在地法等不同做法。如诺和诺德股份有限公司与海南际中医药科技开发公司在经销协议中签订："因本协议产生或与本协议有关的一切争议应按照申请时有效的国际商会的规则（不包括调解程序）通过仲裁方式解决。仲裁应在伦敦以英语进行。"最高人民法院在给海南省高级人民法院的复函中称，[①] 仲裁条款因无明确的仲裁机构而无法执行。这实际上适用了《仲裁法》第16条，也就是法院地法。在天津市冷藏食品有限公司与富勒有限公司、爱丽尼克斯国际有限公司管辖权异议案中，[②] 最高人民法院称，因当事人在仲裁协议中约定由香港的仲裁机构解决其合同争议，对于该仲裁协议的有效性应适用仲裁地法即香港法律。而在厦门维哥木制品有限公司与台湾富源企业有限公司购销合同争议案中，仲裁条款是："解决合同纠纷的方式为双方进行友好协商解决或以国际商会仲裁为准。"最高人民法院认为，根据《国际商会仲裁规则》第8条，国际商会仲裁院是执行《国际商会仲裁规则》的唯一仲裁机构，当事人实际在仲裁条款中约定由国际商会仲裁院依《国际商会仲裁规则》对本案纠纷进行仲裁，故该条款有效。[③] 实际上，这一判断没有适用任何国内法，可算是国际商事仲裁中跨国法方法的运用。

这种混乱局面自然不利于仲裁，也损害了司法监督的权威性。故此，1998年11月23日，最高人民法院副院长李国光《在全国经济审判工作座谈会上的讲话》中指出，对于涉外仲裁协议的认定，要适用当事人约定的法律，并参照国际惯例。只有在明确适用中国法律的情况下，才适用《中华人民共和国仲裁法》第17、18条。最高人民法院1998年《关于当前经济审判工作座谈会纪要》进一步明确指出，具有涉外因素的仲裁协议的效力

① 1996年12月20日，法经［1996］449号。

② 李建：《中国法院在国际商事仲裁中的地位和作用》，载《北京市法学会国际法学会1998年度学术研讨会"交流论文集"》，第372～373页。

③ 1996年5月16日，法函［1996］78号。

认定，应适用仲裁地法。1999 年 6 月，最高人民法院在给湖北省高级人民法院的一个答复中称："本案当事人在合同的仲裁条款中约定在香港依据国际商会的仲裁规则进行仲裁。按仲裁地香港的法律，该仲裁条款是有效的、可以执行的。"[①] 2006 年最高人民法院《关于适用〈中华人民共和国仲裁法〉若干问题的解释》（法释［2006］7 号）第 16 条，是我国首次对仲裁协议的法律适用作出系统规定："对涉外仲裁协议的效力审查，适用当事人约定的法律；当事人没有约定适用的法律但约定了仲裁地的，适用仲裁地法律；没有约定适用的法律也没有约定仲裁地或者仲裁地约定不明的，适用法院地法律。"此外，主合同的准据法不必然是仲裁条款的准据法，后者应该独立确定准据法的做法，也得到司法实践的支持。如在番禺珠江钢管有限公司与深圳市泛邦国际货运有限公司仲裁协议效力案中，租船合同仲裁条款为："仲裁地点：北京，引用中国法律。"最高人民法院认定该条款"没有约定审查仲裁条款效力所适用的法律"。[②] 承接前述实践，《涉外民事关系法律适用法》第 18 条规定："当事人可以协议选择仲裁协议适用的法律。当事人没有选择的，适用仲裁机构所在地法律或者仲裁地法律。"这是我国立法首次对涉外仲裁协议的法律适用所作的规定，也是我国立法首次对涉外仲裁法律适用所作的规定，在国际范围内也算得上是新的立法尝试。

然而，该条规定并没有全面反映司法实践和学界的主流观点。该第 18 条与前述 2006 年司法解释第 16 条存在显著差异：第 18 条后一句是无条件的冲突规范，仲裁机构所在地法与仲裁地法作用是等同的，似过于强调仲裁机构所在地与国际商事仲裁的联系，与国际商事仲裁实践不符；而第 16 条后一句是有条件的冲突规范，突出了仲裁地法的作用，同时以法院地法作为兜底，似更符合支持仲裁的国际趋势，更符合"尽量使其有效"原则的精神。早在 2000 年，中国国际私法学会正式出版的《中华人民共和国国际私法示范法》的第 151 条即规定："仲裁协议的效力，除当事人的行为能力外，适用当事人选择的法律；当事人未作出选择的，适用仲裁地法或裁决作

---

① 1999 年 6 月 21 日，法经［1999］143 号。

② 最高人民法院《关于申请人番禺珠江钢管有限公司与被申请人深圳市泛邦国际货运有限公司申请确认仲裁协议效力一案的请示的复函》［（2009）民四他字第 7 号］，2009 年 5 月 5 日。载于最高人民法院民四庭编《涉外商事海事审判指导》2009 年第 1 辑，人民法院出版社，2009，第 85 页。

出地法；当事人未作出选择，且仲裁地或裁决作出地未确定的，适用争议事项的准据法，特别是主合同的准据法或者中华人民共和国法律。”① 前述2006年司法解释第16条很明显脱胎于这一条，后者也很明显地借鉴瑞士《关于国际私法的联邦法》第178条第2款。在《涉外民事关系法律适用法》起草过程中，学界曾建议在合同部分规定仲裁协议的法律适用：“仲裁协议，适用当事人选择的法律。当事人没有选择法律的，适用仲裁地法律；仲裁地不明确的，可以适用支配争议事项的法律、与仲裁协议有最密切联系的法律或者中华人民共和国的法律。”② 这一建议虽然也借鉴了前述瑞士国际私法，但改进也是明显的，即通过引入最密切联系原则使跨国法方法及实体法选法方法可能得到运用。不过，建议并未被立法机构采纳，直到该法临公布时的第三次审议稿才在民事主体部分增加了仲裁协议的有关规定，③ 也就是现在《涉外民事关系法律适用法》的第18条。

《涉外民事关系法律适用法》对仲裁协议的法律适用作出规定是必要的，反映了涉外司法实践的迫切需要。在我国的涉外商事审判中，仲裁协议的效力认定是较为常见的争议类型，这从最高人民法院民四庭主办的连续出版物《涉外商事海事审判指导》即可看出，基本上每一期至少要报道五件关于仲裁协议效力的批复。而确定仲裁协议的准据法，是认定仲裁协议效力的基础。而且，其第18条的规定也在一定程度上采用了“尽量使其有效”原则以体现支持仲裁的倾向。但不容忽视的是，该条的不足之处也有待以后实践的检验及完善。

第一，在立法技术上，第18条属于《涉外民事关系法律适用法》第二章“民事主体”，使得该法体系内在不协调，似有误解仲裁协议性质之嫌。而学者的建议稿中，仲裁协议的法律适用规定于合同部分，显得更为合理。

第二，上述缺陷看起来是形式上的，但也有可能妨碍第18条的适用。如法官、仲裁员在某些特殊个案中需要对该条进行解释时，“民事主体”章无助于一些解释方法（如系统解释、目的解释）的运用。而如果该条在合同部分，则合同法解释实践中的若干方法（如合同的宽松或商业解释）可

① 黄进主编《中华人民共和国涉外民事关系法律适用法建议稿及说明》，中国人民大学出版社，2011，第115页。

② 黄进主编《中华人民共和国涉外民事关系法律适用法建议稿及说明》，第22页。

③ 黄进主编《中华人民共和国涉外民事关系法律适用法建议稿及说明》，第147页。

以顺理成章地得到应用。例如该条中，何谓当事人“协议选择”或“没有选择”仲裁协议适用的法律？是明示选择还是默示选择，是单为仲裁协议选择还是主合同中有法律选择条款就可视为选择？第 18 条在文字上并不能提供唯一答案。但如考虑到涉外合同法律适用的法律与实践，答案又是明确的。①

第三，第 18 条的规定没有充分显示出开明的仲裁观，主要体现在以下四点：（1）在当事人没有选择的情况下，第 18 条只可适用于机构仲裁和部分临时仲裁，无意中否定了某些临时仲裁协议的效力，在逻辑上存在不周延之处。依《仲裁法》第 16 条关于仲裁协议要件（仲裁意愿、仲裁事项、选定仲裁委员会）的规定，中国内地不能作为临时仲裁的仲裁地。但对于在境外进行的临时仲裁，则并未否认。② 假如当事人未选择仲裁协议应适用的法律，仅只约定将争议提交仲裁（此时并没有确定仲裁地），依照第 18 条，是无法确定其准据法的。在仲裁实践中，这种仲裁协议较为常见，对其一概否定实际上也背离了国际合同实践，无视仲裁协议作为“午夜条款”或“黎明条款”的特殊性。（2）如上文所述，第 18 条过于强调仲裁机构所在地，夸大了其对国际商事仲裁的法律控制。而且，仲裁机构在不同国家设有分支机构的情况下，何谓仲裁机构所在地也值得界定。以国际商会国际仲裁院为例，其所管理的仲裁案件未见得以巴黎或法国为仲裁地，在当事人未选择准据法或仲裁地的情况下，一概将提交国际商会（或其办事处）仲裁的仲裁协议均适用法国法，逻辑上显得怪异。（3）第 18 条的第二句中，仲裁机构所在地法与法院地法并列，可由法官、仲裁员任意选用，而没有规定只要符合其中之一即为有效，增加了裁判负担。设若依两地的法律，系争仲裁协议的效力是相反的，当事人双方又各执一端，在裁决作出前及仲裁司法监督程序中，裁判者对裁判方法的合理运用将很重要。（4）如前述，由于未将中华人民共和国法律作为仲裁协议效力认定的递补准据法，可能会造成某些仲裁协议无法可依，使当事人的仲裁意愿落空。

---

① 例如依据最高人民法院《关于审理涉外民事或商事合同纠纷案件法律适用若干问题的规定》（2007 年 6 月 11 日，法释［2007］14 号）第 3、4 条，选择应当在一审法庭辩论终结前通过协商以明示的方式进行。

② 最高人民法院《关于福建省生产资料总公司与金鸽航运有限公司国际海运纠纷一案中提单仲裁条款效力问题的复函》，1995 年 10 月 20 日，法函［1995］135 号。

四 值得重视的我国仲裁“判例法”

中国是一个成文法传统的国家，但近年来，判例的作用越来越受到重视。这主要体现在两个方面：一是《中华人民共和国最高人民法院公报》（下称《公报》）公布的案例及最高人民法院作出的判决、裁定，可以说是相关领域的指导性案例，对今后的司法具有明显的指导和参考意义。二是最高人民法院对下级法院就重大案件的请示所作的答复，这种个案答复对同类案件而言，无异于先例所起到的作用。当然，最高人民法院的很多司法解释也是基于案件而发，但毕竟经过类型化处理，更为抽象而与一般成文规范相似。

仲裁领域的“判例法”主要见于《公报》，而涉外仲裁还见于《涉外商事海事审判指导》。[①] 1995 年以来，前者公布的与仲裁有关的案例（连同裁判文书选登）并不多，而且主要是涉外的；后者是每期都有若干针对个案的答复，这主要是实行“报告制度”的结果。虽然数目不多，且偏于涉外，但相关“判例法”所表明的“典型意义”和“一定指导作用”,[②] 在研究我国仲裁理论与实践的几个重要而又有争议的问题上，不容忽视。

（一）侵权争议的可仲裁性、仲裁协议的独立性、仲裁第三人

最高人民法院在江苏省物资集团轻工纺织总公司诉（香港）裕亿集团有限公司、（加拿大）太子发展有限公司侵权赔偿纠纷上诉案中认为，仲裁机构有权受理侵权纠纷，那种认为侵权之诉不受仲裁条款约束的观点与仲裁法、仲裁规则相悖；即使当事人一方在履行合同过程中实施侵权行为，合同中的仲裁条款并不因此无效；即使本案涉及第三人，在仲裁庭不能追究第三人责任的情况下，利害关系人可以以第三人为被告向法院另行提起诉讼，当事人的合法权益可以得到保护。[③] 依这个案例，最高人民法院肯定了侵权争议的可仲裁性及仲裁协议独立性原则。对于仲裁第三人，最高人民法院明确予以否定。

---

① 该刊物创刊于2001 年，当时名为《中国涉外商事海事审判指导与研究》，2004 年改为现名称。

② 最高人民法院办公厅《裁判文书公布管理办法》（法办发［2000］4 号）第 2 条。

③《中华人民共和国最高人民法院公报全集（1995 ~ 1999）》，人民法院出版社，2000，第 639 ~ 640 页。

（二）仲裁意愿、仲裁协议的相对性

最高人民法院在苏州东宝置业有限公司、苏州市金城担保有限责任公司、苏州市东宝金属材料有限公司、苏州市东宝黑色金属材料有限公司、徐阿大与苏州百货总公司、江苏少女之春集团公司资产转让合同纠纷案中认为，当事人签订的多份合同中，有的约定了仲裁条款，有的既没有约定仲裁条款，也没有明确将其列为约定了仲裁条款的合同的附件，或表示接受约定了的仲裁条款的合同关于仲裁管辖的约定。尽管上述合同之间具有一定的关联性，但不能因此否认各自的独立性。当事人约定仲裁必须有明确的意思表示并订立仲裁协议，仲裁条款也只在达成仲裁协议的当事人之间产生法律效力。① 依这个案例，在最高人民法院看来，仲裁协议是仲裁的基石，当事人采用仲裁的方式解决争议，需要有明确的仲裁意愿，并且达成仲裁协议；仲裁协议具有相对性，只在其当事人之间产生约束力。关于后者，最高人民法院也再一次表明，我国仲裁法中没有仲裁第三人的制度。

（三）仲裁条款自动转让

最高人民法院在中国有色金属进出口河南公司与辽宁渤海有色金属进出口有限公司债权转让协议纠纷上诉案中认为，当事人接受债权转让协议，意味着接受该债权所由产生的原合同中的仲裁条款，受让人与债务人之间的权利义务争议应通过仲裁解决。② 最高人民法院关于仲裁条款自动转让的观点，在2006年《关于适用〈中华人民共和国仲裁法〉若干问题的解释》第9条再一次得到明确规定。

（四）合同准据法非仲裁条款的准据法

最高人民法院在中国恒基伟业集团有限公司、北京北大青鸟有限责任公司与广晟投资发展有限公司、香港青鸟科技发展有限公司借款担保合同纠纷案中认为，当事人可以在合同中约定仲裁条款的准据法，但其约定必须是明确而不产生歧义的，合同中约定的适用于解决合同争议的准据法，不能用来判定合同中的仲裁条款的效力。③ 最高人民法院关于仲裁条款准据法的约定

---

① 《中华人民共和国最高人民法院公报》（2007年卷），人民法院出版社，2008，第260页以下。

② 参见最高人民法院民事裁定书［2000］经终字第48号，法公布［2000］第44号。

③ 参见《中华人民共和国最高人民法院公报》2008年第1期，第28页以下。

必须明确且须单独约定的观点，是对2006年《关于适用〈中华人民共和国仲裁法〉若干问题的解释》第16条的进一步澄清。

五 结语

就法律意义上的仲裁而言，我国是一个后发国家，仲裁制度还远远谈不上成熟。后发意味着可以迅速借鉴外国已有的规则，不必重复发明车轮。但后发也意味着，仲裁的硬件可以实现跳跃式发展，仲裁的理念却难以一步到位。由此也不难理解我国法律界围绕仲裁民间化、支持仲裁等产生的诸多争论。事实上，回顾《仲裁法》施行后我国仲裁制度的新动向与新发展也正说明，《仲裁法》的日臻完善，必须是在总结实践的基础上，必须是在借鉴国际先进经验的基础上，才有可能。

法院、仲裁机构及仲裁员是《仲裁法》的实践者，更能体会《仲裁法》的长短。这里应特别提到最高人民法院及主流仲裁机构，前者通过司法监督从外部引领仲裁制度的方向，后者通过仲裁员、仲裁案件管理从内部充实仲裁制度的内涵，二者相辅相成，仲裁制度才能既富于效率，又足以在当事人之间实现正义，同时无损于社会正义。

Recent Developments of Chinese Arbitration since the Implementation of Arbitration Act 1994

Song Lianbin

Abstract: After 16 years since the Arbitration Act 1994 came into force, accompanied with the Judicial Interpretation of the People's Supreme Court, some new inclinations began to emerge in China's arbitration system which covers the determination of the validity of the arbitration agreement, the application to set aside the arbitration award, the enforcement of the arbitration award and the mutual recognition and enforcement of the inter-regional arbitration award. The arbitration institutions have also promoted the development of the arbitration system in dealing with the objection to the jurisdiction, the applicable law, the minimum standards of due process, the conjunction of meditation and arbitration and the arbitrator system. The cases and its official replies published by the Supreme Courts are typical and guiding. They are "case laws" which cannot be ignored in studying China's arbitration system. The Act of the Application of Law for Foreign-related Civil Relations of the People's Republic of China which was put into effect in 1 April 2011 has new provision in determining the applicable law of foreign-related arbitration agreement, while the new provision is to be inspected by future practice.

Key Words: China's Arbitration; *Arbitration Act* 1994; Judicial Interpretation; Arbitration Rules

创新工程专栏

借鉴《公职人员国际行为守则》完善我国公职人员行为标准

赵建文*

摘　要：《联合国反腐败公约》要求各缔约国制定和实施公职人员行为守则，并要求"酌情考虑"联合国大会通过的《公职人员国际行为守则》。中国应当通过借鉴《公职人员国际行为守则》来完善公职人员行为标准，促进公职人员树立应有的最高忠诚、工作标准及其相应的价值观，正确处理可能与公职发生的利益冲突。

关键词：联合国反腐败公约　公职人员国际行为守则　利益冲突

根据《联合国反腐败公约》（以下简称《公约》）第8条，为了预防腐败的需要，缔约国应当制定和实施公职人员"履行公务的行为守则或者标准"，并要求缔约国制定此类守则时"酌情考虑""联合国大会1996年12月12日第51/59号决议附件所载《公职人员国际行为守则》"（以下简称《守则》）。联合国大会在通过该《守则》的决议的序言中"建议会员国将守则用作指导反腐败工作的工具"。本文认为，《守则》对完善我国反腐败相关制度是有明显的借鉴价值的。

一　公职的性质和公职人员应有的最高忠诚问题

《守则》第1条规定："根据国内法的定义，公职为信托的职位（a public office is a position of trust），意味着从公共利益出发行事的责任（duty）。因

---

* 赵建文，中国社会科学院国际法研究所研究员。

此，公职人员的最高忠诚（the ultimate loyalty）应当是忠诚于本国的从政府的民主制度体现出的公共利益。”①

（一）公职是信托的职位

“公职为信托的职位。”这是当今国际社会，无论何种政治制度、经济发展程度和历史文化类型的国家，普遍认同的政治常识。无论选民直接选举产生的公职人员还是通过选拔或任命而任职的公职人员，都是受人民之托担任公职的。

《中华人民共和国宪法》（以下简称《宪法》）第 27 条第 2 款规定：“一切国家机关和国家工作人员必须依靠人民的支持，经常保持同人民的密切联系，倾听人民的意见和建议，接受人民的监督，努力为人民服务。”《中华人民共和国公务员法》（以下简称《公务员法》）第 12 条第 3 项关于公务员应当履行“全心全意为人民服务，接受人民监督”的义务的规定，蕴含着公职是人民所托付的职位的意思。《公务员法》通过先规定公务员的义务、后规定公务员的权利的安排，体现了控制权力的理念，间接地体现出了人民主权、公民权利理念。外国如德国的公务员法，对公务员义务与权利的安排也是如此。

在中国长期的封建社会里，虽然有“以民为本”或“民为邦本”的开明政治主张和相关的实践，但从总体上讲，封建官僚没有“公职是信托的职位”的意识，而是“做官当老爷”，以“牧民”者自居，把手中权力作为榨取民脂民膏的工具。有些朝代甚至推行“愚民”政策。即使是“清官”，也是“为民做主”意识所主导。

在当代中国，公职人员都应有全心全意为人民服务的“公仆的意识”，做到“权为民所用、情为民所系、利为民所谋”。然而，在当今社会的现实生活中，各种各样的腐败分子，实际上并没有真正树立起“受人民之托”的意识，骨子里还是旧时代的“官本位”意识，手中的权力成为升官发财的腐败的工具。他们也许高喊“做人民公仆”“为人民服务”，实际上是利用手中权力把自己变成主人，让人民为他们服务。这些公职人员与人民群众

---

① 本文此处及以下关于《公职人员国际行为守则》的中文引文，是作者根据该守则的英文本，在中文本的基础上修改和翻译而成的，因此与联合国大会通过时的中文本存在差异。

的关系以及与上级领导的关系被严重扭曲。他们将自己看成高于普通公民的权贵，履行职责不是向人民负责，而是只对上级领导负责，甚至对上级领导者表现出“依附”关系。要使公职人员普遍树立“公职是信托的职位”的观念，还需要较长的过程，需要人事任免制度的改革。

（二）公职人员应忠诚于公共利益

在中国封建社会，官吏都必须忠于皇帝，这与封建王朝是皇帝的家天下分不开。在当今，公职人员应忠于公共利益，这是民主的现代社会的必然要求，是从公职的信托职位性质引申出来的。公共利益是超越利益集团利益、私人利益的国家或社会的整体利益。公职不是利益集团的职位，也不是私人职位。公职人员为公共利益服务才是公职的应有含义。

中国宪法和法律有关公共利益的规定，表明了公共利益的神圣地位。根据《宪法》第10条第3款和第13条第2款，国家为了公共利益的需要，可以依照法律规定对集体所有的土地或对公民的私有财产实行征收或者征用并给予补偿。中国很多法律都有关于“公共利益”的规定。例如，《行政许可法》第1条、《政府采购法》第1条、《证券法》第1条把“公共利益”作为立法目的对待，明文规定“为了保护公共利益，制定本法”；《外资企业法》第5条、《土地管理法》第2条第4款、《城市房屋拆迁管理条例》第6条、《专利法》第49条、《法官法》第7条第3款和《检察官法》第8条第4款都规定，公共利益是公共权力行使的正当依据；《信托法》第60条将公共利益目的规定为公益信托的成立要件，表明公共利益是公益活动的依据。《著作权法》第4条第2款、《合同法》第7条、《物权法》第7条将公共利益规定为私人权利的界限。

公职人员忠于公共利益，就应当依照宪法和法律的规定，为了公共利益行使权力，运用权力促进和维护公共利益。《公务员法》中没有直接提及“公共利益”，但该法第12条第4款有关于公务员应当履行“维护国家的安全、荣誉和利益”的义务的规定。国家的安全、国家的荣誉和国家的利益属于《守则》第1条中所指的“公共利益”的主要部分。

中国宪法和法律关于公共利益的规定和《守则》有相似之处，这说明中国宪法和法律对公务员的个人品质和价值观的要求不是空洞的口号，也不是党派政治倾向的先进或落后的问题，而是“国际”的或各国的共同要求。

（三）公职人员的行为准则实质上是法律化的道德标准

公职是信托职位，公职人员的权力是人民赋予的，收入来自纳税人。他们应当是道德的楷模。他们的行为符合全体国民都应当遵守的法律的要求是远远不够的。他们应当有不同于或高于非公职人员的行为标准，对于非公职人员属于道德规范的标准可以作为他们的法律上的行为标准。公职人员行为准则不要求非公职人员遵守，例如非公职人员不需要申报和公开财产状况。这是许多国家的公职人员行为守则常常冠以“道德准则”的名称的重要缘由。

例如，美国的公职人员行为守则的名称大都有“道德”字样。1958 年，美国国会通过《政府工作人员道德准则》，为立法和行政部门的公职人员制定了道德标准。1972 年“水门事件”后，美国加强了公职人员道德准则的制定和实施。1978 年美国国会通过了《政府道德法》，规定在联邦政府各系统内建立个人财产状况申报制度，并对政府官员离职后的从业行为作出了详细规定，并且根据该法，美国联邦政府设立了道德署。1989 年，美国国会又通过了《政府道德改革法》，将官员离职后从业行为受限的范围扩大到国会议员和国会高级官员，对行政部门官员离职后的行为规定更多限制，还规定中下级官员也要申报个人及亲属的财产状况。1992 年，联邦政府道德署修改、颁布《行政部门雇员道德行为准则》。该准则细化了前两部法律的有关规定，对礼品、利益冲突、滥用职权、兼职、职务外活动等作出了详细规定。此外，美国还有各类公职人员群体的行为准则也冠以“道德准则”的名称，如《众议院议员和雇员道德准则》等。

二 公职人员应有的工作标准及其相应的价值观问题

公职人员的本职工作是履行公职。工作标准是核心问题。《守则》将工作标准放在总则的位置加以规定，凸显其重要性。公职人员的工作标准以外的行为标准，在很大程度上是为了保证工作标准的实现而确立的。工作标准达不到，其他再好也不是合格公职人员。

（一）追求效率、实效和廉正，实现最佳业绩

《守则》第 2 条规定：“公职人员应保证根据法律或管理政策有效率地、

有实效地和廉洁正直地履行其责任和职能。无论何时，公职人员都应努力保证其所负责的公共资源以最有实效和效率的方式得到管理。”

《宪法》第 27 条第 1 款规定：“一切国家机关实行精简的原则，实行工作责任制，实行工作人员的培训和考核制度，不断提高工作质量和工作效率，反对官僚主义。”根据《公务员法》第 33 条，对公务员要进行德、能、勤、绩、廉的全面考核，重点是工作实绩。在正常情况下，公职人员履行职责应当是有效率和有成效的。消极怠工，效率低下、人浮于事，碌碌无为是消极腐败现象或者是腐败的结果。

廉洁正直是正常履行职责的条件，是取信于民的保证。但不幸的是，我们国家的有些公职人员，有贪腐受贿、买官卖官以及不透明的“三公”消费等腐败行为，不断地透支着人民对公权力的信任。这是当前反腐败工作面临的巨大挑战。

（二）务求专心、公正和无偏倚，避免渎职行为

《守则》第 3 条规定：“公职人员在履行其职能方面，尤其是在与公众的关系方面，应当是专心的、公正的和无偏倚的。无论何时，公职人员都不应给予任何集团或个人任何不应有的优惠待遇或任何集团或个人不适当的差别对待，或以其他方式滥用赋予他们的权力和权威。”

公职人员应当用自己的全部精力，兢兢业业、专心致志地工作；应当公正和无偏私地工作。三心二意、办事不公、立场偏袒是腐败渎职行为，是权力滥用行为。公职人员利用其掌握的公共资源给任何群体或个人不应有的优惠或利用手中的权力给任何群体或个人不应有的差别对待，都有失公职的公正性，都可能是以权谋私。

《公务员法》第 12 条第 1、2、5、7、8 款规定：公务员应当履行下列义务：“模范遵守宪法和法律”；“按照规定的权限和程序认真履行职责，努力提高工作效率”；“忠于职守，勤勉尽责，服从和执行上级依法作出的决定和命令”；“遵守纪律，恪守职业道德，模范遵守社会公德”；“清正廉洁，公道正派”。这与《守则》第 2 和第 3 条的要求是一致的。

以上工作标准或守则，都是公职人员的应有价值观的体现。《联合国反腐败公约》序言第 1 段指出，腐败行为破坏“价值观、道德观和正义”。坚持上述守则和坚持相应的价值观是一致的。

三　正确处理可能与公职发生的利益冲突和回避问题

利益冲突是一个特定的反腐败或廉政用语，是指“公职人员的公共职务与其私人利益之间的冲突，其中公职人员的私人利益影响了他们的公共职务和责任的履行”。[①] 利益冲突是一种客观现象，本身并不是腐败。如果公职人员不能正确处理利益冲突，利益冲突就会导致腐败。例如，湖南郴州公职人员入股投资经营其职权下的煤矿的窝案，铁道部长刘志军在其管辖的范围内直接提拔任用其亲属的腐败现象。为了防止利益冲突导致腐败，《守则》有如下要求。

（一）不得利用职权谋取不当利益

《守则》第 4 条规定：“公职人员不得利用职务权限为本人或其家庭成员谋取不当的私人利益或经济利益。若与其公务、职能和职责及其履行不相符合，公职人员不得从事任何交易、取得任何职位或职能或拥有任何经济、商业或其他类似的利益。”例如，公职人员利用职务之便，到有关单位演讲，收取演讲费，给有关单位谋取一定利益，就属于不得从事的“交易”。

《公务员法》第 42 条规定：“公务员因工作需要在机关外兼职，应当经有关机关批准，并不得领取兼职报酬。”仅仅规定公务员不得领取兼职报酬是不够的。公职人员的私人利益与职责的利益冲突是多方面的，应当参照《守则》作出更加全面和详尽的规定。

（二）公布可能的利益冲突活动并采取减少或消除的措施

《守则》第 5 条规定：“公职人员，视本人职务的要求，应根据法律和管理政策，公布可能会引起利益冲突的业务、商业和经济利益或为经济盈利而从事的活动，在可能产生或已觉察到公职人员的职责与个人利益间利益冲突的情况下，他们应遵守为减少或消除这类利益冲突而确定的措施。”

中国香港特别行政区的一位高级税务官在处理与其妻所办的公司相关的一个税收案件过程中，没有申报存在这种利益冲突情况，没有采取回避措施

---

① OECD Guidelines for Managing Conflict of Interest in the Public Service，http：//www.oecd.org/governance/publicemploymentandmanagement/35365195.pdf，最后访问日期：2012 年 9 月 9 日。

或其他措施。虽然后经审计认定他在办案中并没有偏袒其妻利益，最后香港政府还是终止了他的人事合同。[①]

根据《公务员法》第70条："公务员执行公务时，如有涉及夫妻关系、直系血亲关系、三代以内旁系血亲关系以及近姻亲关系的以及其他可能影响公正执行公务的情况，应当回避。"《守则》第5条所规定的"为减少或消除这类利益冲突而确定的措施"比公职人员个人的回避要广泛得多。

（三）不得利用公共资源从事与公职无关的活动

《守则》第6条规定："无论何时，公职人员都不得不正当地利用在履行公职责任过程中取得的或由于其公职责任而得到的公款、公共财产、服务或信息来从事与其公职工作无关的活动。"人民群众对公车使用、公费出国和公款招待不透明有意见，很大程度上是因为存在将公共资源用到与公职无关的活动的现象。

（四）不得卸职后不正当地利用原先的职位

《守则》第7条规定："公职人员应遵守根据法律或管理政策所制定的措施，以免卸下公职后不正当地利用其原先的职位。"

公职人员有可能以离职后得到有关单位的回报为条件，在职期间为有关单位谋取不正当利益。《公务员法》第102条规定："公务员辞去公职或者退休的，原系领导成员的公务员在离职三年内，其他公务员在离职两年内，不得到与原工作业务直接相关的企业或者其他营利性组织任职，不得从事与原工作业务直接相关的营利性活动。"该法规定，对严重违反者可由县级以上工商行政管理部门没收该人员从业期间的违法所得。这里仅在一定期限内限制公职人员本人的任职和营利性活动，是不全面的。例如，在外国，有安排子女任职或从事营利性活动的。

经验表明，腐败的滋生是私欲、权力、机会等多种因素共同作用的结果。在诸多因素中，利益冲突相当于一种触发机制。现实生活中的许多腐败现象的背后都有利益冲突。美国等西方国家的反腐败制度在很大程度上是围

---

① Thomas Chan, "Managing Conflict of Interest in the Public Sector", in ADB/OECD, *Knowledge Commitment Action against Corruption in Asia and the Pacific* (Manila, 2006), pp. 186 - 187. 转引自庄德水《利益冲突研究：理论路径、政策视界与廉政分析》，《学习与实践》2010年第1期。

绕着利益冲突问题建立起来的。反腐败不仅要依靠事后惩罚，而且更重要的是要依靠事前预防。申报利益冲突事项，采取防止措施就是预防腐败的有效方法之一。加拿大政府则制定了一部专门用于防止利益冲突的法规，即《公务员利益冲突与离职后行为法》。作为一种预防腐败的制度，规制利益冲突事项有助于铲除公职人员以权谋私的土壤，使公共权力与私人利益相分离，形成不想、不敢和不能腐败的有效机制，从源头上预防和治理腐败。

四　财产状况的申报和公开问题

《守则》第 8 条规定："公职人员应视其职务并根据法律和管理政策的许可或要求，按要求公布或披露其本人的，并且，如果可能，其配偶和/或其他受扶养者的私人资产和负债。"

到底哪些公职人员应当申报和公开财产状况？像申报和公开财产状况这样的牵一发动全身的廉政建设举措，需要有可操作的法律，需要进行严格的制度设计。这方面零打碎敲是不够的，应当全面推开，不能仅仅是基层公职人员申报和公开财产状况。仅仅申报公职人员个人的财产状况也是不够的，还要申报其近亲属的财产状况。美国公职人员财产状况申报要求申报本人及配偶和未成年子女的财产状况。美国的父母子女等家庭关系与中国有所不同，在中国限于未成年子女是不行的。2010 年《关于领导干部报告个人有关事项的规定》要求申报"本人、配偶、共同生活的子女"的财产状况。"共同生活"标准是否妥当？这不会没有争议。中共河北省委原书记程维高纵容其儿子非法经商、江西省检察院原检察长丁鑫发利用职权为其儿子开办公司牟利、江苏省苏州市副市长姜人杰利用其主管城建的便利条件为其儿子经商提供方便。这几个腐败分子和其子之间不一定存在共同生活关系。"共同生活"标准很可能为腐败分子留下可乘之机。

公职人员应当申报和公开的财产范围如何掌握？从理论上讲，他们及其近亲属的财产及负债都应当申报和公开。1995 年《关于党政机关县（处）级以上领导干部收入申报的规定》第 3 条规定："申报人必须申报下列各项收入：1. 工资；2. 各类奖金、津贴、补贴及福利费等；3. 从事咨询、讲学、写作、审稿、书画等劳务所得；4. 事业单位的领导干部、企业单位的负责人承包经营、承租经营所得。"适应情况的不断变化，2010 年《关于领导干部报告个人有关事项的规定》第 4 条规定："领导干部应当报告下列收入、房产、投资等事项：（一）本人的工资及各类奖金、津贴、补贴等；（二）本人从事讲学、写作、咨询、审稿、书画等劳务所得；（三）本人、配偶、共同生活的子女的房产情况；（四）本人、配偶、共同生活的子女投资或者以其他方式持有有价证券、股票（包括股权激励）、期货、基金、投资型保险以及其他金融理财产品的情况；（五）配偶、共同生活的子女投资非上市公司、企业的情况；（六）配偶、共同生活的子女注册个体工商户、个人独资企业或者合伙企业的情况。”

这些规定如能得到切实执行，一定能取得反腐败的成效。但是这些规定是否科学严密，是否满足反腐败的需要，还有待实践的检验，需要通过实践的检验来逐步完善公职人员财产状况申报和公开制度。在公职人员财产状况的申报和公开过程中应防止公职人员隐私事项的泄露。

五　正确处理礼品、机密和职务外活动问题

（一）约束接受礼物和其他受馈赠的行为，防止影响履行公职

《守则》第 9 条规定：“公职人员不得直接或间接地索取或接受任何可能影响其行使职能、履行其职责或其裁判的礼品或其他馈赠。”

当代各国都约束公职人员的收礼行为。在德国，根据《联邦政府官员法》，政府官员收礼是违法行为，价值超过 15 欧元的礼品或酬劳必须上交。2002 年元旦，德国央行行长韦尔特克接受德累斯顿银行邀请，到柏林出席“欧元货币面世”庆祝活动时，带家属住豪华酒店花去了主办方德累斯顿银行 7000 多欧元，等于变相收礼或受贿。在被曝光后韦尔特克迅速偿还了家属所用的 3000 多欧元，但老百姓对此并不满意。最后他不得不宣布辞职。

我国许多省市出台了禁止公职人员接受礼品礼金的规定。例如，根据《江苏省关于严禁公职人员收受礼金礼品的若干规定》，礼金或礼品不论数额或价值大小一律登记上交。但是对《守则》所规定的“间接”地接受礼品或其他馈赠的情况缺乏规定。

（二）保守机密，不利用所知机密谋取私利

《守则》第 10 条规定：“公职人员对于拥有的带有机密性质的材料应保

守机密，但因国家立法，履行职责或司法需要而严格限定的不予保密的情况除外。这些限制也应适用于已离职的公职人员。”

1.《公务员法》与《守则》关于保守机密的规定基本一致

《公务员法》第12条第6款规定：公务员有“保守国家秘密和工作秘密”的义务。《守则》要求保守的秘密是公职人员“拥有的带有机密性质的材料”，没有区分“国家秘密”和“工作秘密”。根据《保守国家秘密法》，国家秘密是关系国家安全和利益，依照法定程序确定，在一定时间内只限一定范围的人员知悉的事项，例如尚未公布的或不准公布的政治、经济、军事、外交和科学技术等方面的事项。根据《公务员法》，公职人员除应保守国家秘密以外，还应当保守工作秘密。公职人员的工作秘密和国家秘密是有一定联系的。有的国家秘密是由一系列工作秘密组成的，泄露了工作秘密，就间接地泄露了国家秘密。

2.《守则》关于保守秘密的例外规定

之所以允许保守秘密的例外，是为了保护国家的更重要的利益。根据《守则》，这种例外因“国家立法，履行职责或司法需要”而产生，并有严格限定。中国法律中没有“例外”的规定。当现实需要这种例外时，将出现无法可依的情况。

3.《守则》关于已离职人员仍有保守秘密义务的规定

《保守国家秘密法》第38条规定：“涉密人员离岗离职实行脱密期管理。涉密人员在脱密期内，应当按照规定履行保密义务，不得违反规定就业，不得以任何方式泄露国家秘密。”这里关于“脱密期”的规定，不如“已离职的公职人员”也有保守国家秘密的义务的规定严密。实际上，有些国家秘密事项如果达不到解密条件，有可能需要公职人员长期甚至终生保密。

（三）约束职务以外活动，防止影响公信力

在今天各国的政治体制下，如果任由公职人员从事职务外的政治活动或其他活动，就可能影响其公务的履行。《守则》第11条规定：“公职人员职务范围之外的政治活动或其他活动应根据法律和管理政策，不在任何方面影响到公众对其不偏倚的履行职能和职责的信任。”公职人员参与职务范围以外的政治活动和其他活动的条件是依照相关法律和政策进行，不得影响公职人员的公信力。

综上所述，《联合国反腐败公约》第8条明确地要求各缔约国履行在本国公共部门提倡廉正的义务，为此要求各缔约国努力在本国的体制和法律制度范围内适用正确、诚实和妥善履行公务的行为守则或标准。许多国家反腐败的成功经验表明，让公职人员了解并接受各项行为标准或守则是必不可少的，通过协商程序而非自上而下的办法制定公职人员行为标准或守则并把它附在聘用合同之后对达到这一目的是很有帮助的。这类行为标准或守则有助于提高行为的可预测性，有助于预防腐败行为的发生。《公约》建议各国酌情考虑的《守则》，是联合国大会通过的，被冠以“国际”行为守则的名称，表明了它的普遍意义。参照《守则》完善我国公职人员的行为标准或守则，对于更好地预防和打击腐败是十分必要的。

To Improve the Code of Conduct for Public Officials of China in the Light of the United Nations Standards

Zhao Jianwen

Abstract: The *United Nations Convention against Corruption* requires States Parties to enact and implement code of conduce for public officials, and "take note of" the *International Code of Conduct for Public Officials* adopted by the United Nations General Assembly. China should improve its code of conduce for public officials in the light of the United Nations standards, in order to facilitate the public officials to establish the necessary ultimate loyalty, working standards and corresponding values, and properly deal with conflicts of interests.

Key Words: United Nations Convention against Corruption; International Code of Conduct for Public Officials; Conflicts of Interests

人权事务委员会的组成：回顾和反思

孙世彦*

摘　要： 人权事务委员会是负责监督《公民及政治权利国际公约》之实施的条约机构，由18名以个人身份任职的专家组成。本文从委员的职业背景、地域来源、性别比例以及其他因素，以实际数据介绍了委员会的组成情况，并分析了委员会的组成中仍然存在的各种问题，最后论述了认识这些情况对中国的意义。

关键词： 公民及政治权利国际公约　人权事务委员会　人权条约机构

人权事务委员会（Human Rights Committee，以下简称委员会）是根据《公民及政治权利国际公约》（以下简称《公约》）第28条设立的负责监督对《公约》之实施的机构。根据《公约》第28条至32条的规定，委员会由18名以个人身份任职——亦即不代表任何国家、政府或组织——的委员组成；这些委员由《公约》缔约国从缔约国提名的各该本国国民中选举，任期四年，得连选连任，但每两年改选其中的半数。

委员会的职能是负责监督对《公约》的实施。按照联合国人权事务高级专员办事处的介绍，委员会的具体职能主要有四项：第一，委员会接收并审查各缔约国就其为落实《公约》所载各项权利而采取的步骤提出的报告。第二，委员会提出所谓的一般性意见，旨在通过提供有关缔约国的实质性义务和程序性义务的更详尽细节，协助各缔约国落实《公约》规定。第三，委员会接收并审议指称自己在《公约》下的权利遭到缔约国侵犯的个人根据《公民及政治权利国际公约任择议定书》（以下简称《任择议定书》）提

* 孙世彦，中国社会科学院国际法研究所副研究员。

出的个人申诉（也称为“来文”）。第四，委员会有权审议一缔约国指控另一缔约国未遵守其根据《公约》所承担之义务的某些申诉。[①]

自委员会的最初18名委员于1977年1月1日开始任职、1977年3月21日召开第一届会议以来，委员会在整个《公约》制度中一直扮演着核心角色，可以被称为是《公约》的“守护者”,[②]《公约》及其《任择议定书》的“权威解释者”。[③]《公约》所具有的效能和影响、所获得的地位和声望，一方面固然是由《公约》本身的性质和内容决定的，但在另一方面，如果没有委员会的努力，这种成功也是无法想象的。可以说，在很大程度上，是委员会“养育”了《公约》，使之具有了生命力。另外，尽管委员会只是联合国各核心人权公约所建立的“以条约为基础的机构”或称“人权条约机构”之一，但是它起到的作用和发挥的影响远超过其他人权条约机构，也远超出了《公约》制度本身的范围。玛丽·罗宾逊担任联合国人权事务高级专员期间，就曾在委员会的会议上提出，“人权事务委员会是联合国保护和促进人权活动中的一个核心”。[④] 许多学者都对委员会给予了极高的评价。亨利·斯泰纳称委员会是“普遍性人权条约所创立的最重要的机构”；[⑤] 曼弗雷德·诺瓦克称“委员会已经成为联合国框架中，为人权的普遍执行而努力奋斗的最重要机关”；[⑥] P. R. 甘地则认为，委员会已经发展成为“一个具有相当力量和权威的机构”，“赢得了个人、缔约国和非政府组织的尊重”。[⑦]

---

① United Nations, Human Rights Fact Sheet No. 15 (Rev. 1), *Civil and Political Rights: The Human Rights Committee* (Geneva: United Nations, 2005), pp. 14 – 15.

② Torkel Opsahl, "The Human Rights Committee", in Philip Alston (ed), *The United Nations and Human Rights: A Critical Appraisal* (Oxford: Clarendon Press, 1992), p. 370.

③ Kristen A. Young, *The Law and Process of the U. N. Human Rights Committee* (Ardsley, New York: Transnational Publishers, 2002), p. xxvi.

④ UN Doc. CCPR/C/SR. 1728/Add. 1 (28 January 1999), para. 2.

⑤ Henry J. Steiner, "Individual Claims in a World of Massive Violations: What Role for the Human Rights Committee?", in Philip Alston & James Crawford (eds.), *The Future of UN Human Rights Treaty Monitoring* (Cambridge: Cambridge University Press, 2000), p. 16.

⑥ Manfred Nowak, "The Effectiveness of the International Covenant on Civil and Political Rights-Stocktaking after the First Eleven Sessesions of the UN-Human Rights Committee", (1980) 1 *Human Rights Law Journal* 136, p. 163. 另参见 Manoj Kumar Sinha, "Human Rights Committee: A Precursor of an International Court of Human Rights", (2001) 41 *Indian Journal of International Law* 622, pp. 631 – 632.

⑦ P. R. Gandhi, "The Human Rights Committee in 1990-The International Covenant on Civil and Political Rights (1966)", in R. S. Pathak and R. P. Dhokalia (eds.), *International Law in Transition: Essays in Memory of Judge Nagendra Singh* (Dordrecht/Boston/London: Martinus Nijhoff Publishers, 1992), pp. 135, 136.

委员会的工作之所以取得如此大的成功，获得如此高的评价，是与其组成人员的情况分不开的。以下将通过对委员的职业背景、地域来源、性别比例以及其他因素的述评，以实际数据介绍委员会的组成情况，并分析委员会的组成中仍然存在的各种问题。对于委员会组成的认识，将有助于更深入、更全面地理解委员会的工作情况和整个《公约》制度的运作情况。

一　委员会委员的任职条件和迄今的任职情况概述

《公约》第28条规定了担任委员会委员的资格条件，即必须是《公约》缔约国的国民，品格高尚，在人权方面有公认的专长，而且——作为一种建议性的规定——具有法律经验是一个对当选有用的因素。《公约》第31条则如同许多国际机构的要求一样，规定委员会的组成应考虑到公匀地域分配和各种类型文化及各主要法系的代表性。

从1977年到2012年，共有来自56个缔约国的94人曾经或仍在担任委员会委员。委员会每年的年度报告均会刊载当年的委员会委员名单（包括姓名、性别、国籍和任期）。诺瓦克曾经排列从1977年到2004年任职的全部委员的姓名、国籍和任期，[①] 表1就是根据2004年之后的委员会年度报告以及联合国人权事务高级专员办事处网站上的有关资料整理的从2005年到2012年离任的委员名单——这是对诺瓦克名单的补充，以及现任委员名单（见表2）（截止时间2012年7月31日）。

表1　2005年至2012年间离任的委员名单

姓　　名	国籍	任期
阿卜杜勒法塔赫·奥马尔（Abdelfattah AMOR）	突尼斯	1999～2012
安藤仁介（Nisuke ANDO）	日　本	1987～2006
穆罕默德·阿亚特（Mohammed AYAT）	摩洛哥	2009
普拉富拉钱德拉·纳特瓦尔拉尔·巴格瓦蒂（Prafullachandra Natwarlal BHAGWATI）	印　度	1995～2010
阿尔弗雷多·卡斯蒂列罗－奥约斯（Alfredo CASTILLERO HOYOS）	巴拿马	2002～2006
佛朗哥·德帕斯卡勒（Franco DEPASQUALE）	马耳他	2003～2004
马哈吉卜·埃尔－海巴（Mahjoub EL-HAIBA）	摩洛哥	2009～2011

① 曼弗雷德·诺瓦克：《〈公民权利和政治权利国际公约〉评注》（修订第二版），孙世彦、毕小青译，三联书店，2008，第1342～1344页。

续表

姓　　名	国籍	任期
莫里斯·格莱莱－阿汉汉左(Maurice GLèLè AHANHANZO)	贝　　宁	2001～2008
埃德温·约翰逊·洛佩斯(Edwin JOHNSON LóPEZ)	厄瓜多尔	2005～2008
沃尔特·卡林(Walter KÄLIN)*	瑞　　士	2002～2008
海伦·凯勒(Hellen KELLER)	瑞　　士	2009～2011
伊丽莎白·帕尔马(Elisabeth PALM)	瑞　　典	2005～2008
何塞·路易斯·桑切斯－塞罗(José Luis PEREZ SANCHEZ-CERRO)	秘　　鲁	2007～2010
拉斐尔·里瓦斯－波萨达(Rafael RIVAS POSADA)	哥伦比亚	2001～2008
马丁·舍伊宁(Martin SCHEININ)	芬　　兰	1997～2004
伊万·希勒(Ivan SHEARER)	澳大利亚	2001～2008
伊波利托·索拉里－伊里戈延(Hipólito SOLARI YRIGOYEN)	阿 根 廷	1999～2006
艾哈迈德·陶菲克－哈利勒(Ahmed TAWFIK KHALIL)	埃　　及	2001～2008
露丝·韦奇伍德(Ruth WEDGWOOD)	美　　国	2002～2010
罗曼·维鲁谢夫斯基(Roman WIERUSZEWSKI)	波　　兰	1999～2006
马克斯韦尔·约尔登(Maxwell YALDEN)	加 拿 大	1997～2004

＊他在2008年辞去委员职务，2012年再次当选。

表2　委员会现任委员名单（2012年7月31日）

姓　　名	国籍	职业	任期
本·阿库尔·雅德(Ben Achour YADH)	突 尼 斯	法学教授	2012～2014
拉扎里·波吉德(Lazhari BOUZID)	阿尔及利亚	法学教授	2009～2012
克里斯汀·夏内(Christine CHANET)	法　　国	法官/检察官	1987～2014
艾哈迈德·阿明·法塔拉(Ahmad Amin FATHALLA)	埃　　及	公务员	2009～2012
科内里斯·弗林特曼(Cornelis FLINTERMAN)	荷　　兰	法学教授	2011～2014
岩泽雄司(Yuji IWASAWA)	日　　本	法学教授	2007～2014
沃尔特·卡林(Walter KÄLIN)	瑞　　士	法学教授	2012～2014
拉吉苏默·拉拉赫(Rajsoomer LALLAH)*	毛 里 求 斯	法官	1985～2012*
赞克·扎内莱·马约迪纳(Zonke Zanele MAJODINA)	南　　非	人权官员	2007～2014
尤利亚·安托阿尼拉·莫托科(Iulia Antoanella MOTOC)	罗 马 尼 亚	法学教授	2007～2014
杰拉德·L·纽曼(Gerald L. NEUMAN)	美　　国	法学教授	2011～2014
迈克尔·欧佛拉赫蒂(Michael O'FLAHERTY)	爱 尔 兰	法学教授	2005～2012
拉斐尔·里瓦斯－波萨达(Rafael RIVAS POSADA)	哥 伦 比 亚	公务员	2001～2012
奈杰尔·罗德利(Nigel RODLEY)	英　　国	法学教授	2001～2012
法比安·奥马尔·萨尔维奥利(Fabián Omar SALVIOLI)	阿　根　廷	法学教授	2009～2012
马拉特·萨森巴耶夫(Marat SARSEMBAYEV)	哈萨克斯坦	法学教授	2012～2012
克里斯特·特林(Krister THELIN)	瑞　　典	法官	2009～2012
马戈·瓦特瓦尔(Margo WATERVAL)	苏　里　南	法学讲师	2011～2014

＊拉拉赫曾经于1977年到1982年间担任过委员会委员。他已经于2012年6月3日去世。

资料来源：http：//www2. ohchr. org/english/bodies/hrc/members. htm。

二　委员会委员的职业背景

委员会是一个常设机构，即它不是为了某一特定目的而临时设立的，而是伴随《公约》始终存在。不过，委员会并不是持续不停地工作，而只是每年召开三届会议。因此，委员会的委员职务不是专职，而是兼职，所有的委员都有其各自的职业。

对于委员应该具有什么样的职业背景，《公约》第 28 条中仅有一个建议性的规定，即“应考虑使若干具有法律经验的人参加委员会是有用的”。实际上在起草《公约》之时，联合国人权委员会对于人权事务委员会是否应该包括一定数量的法律工作者进行了广泛的讨论，这一句话最终是作为一种折中的表述被包括进第 28 条的。当时人权委员会达成的共识是，人权事务委员会委员的任命范围应该包括各类不同的人，诸如政治家、历史学家、哲学家和法学家等。[①] 但实际上，根据联合国人权事务高级专员办事处的介绍，大多数历任和现任委员具有法律背景，无论是来自司法部门、身为律师或来自学术界。[②] 前委员希金斯也指出，除了若干例外，委员基本上都是法律工作者——法官、律师（practitioners）、法学学者、监察专员等，其专业领域则包括宪法、刑法和国际法等；[③] 诺瓦克的总结是，几乎所有的委员完成过法律教育并正在或者曾经在法律领域任职，而且其中有相当一大部分人是法学教授（2004 年任职的委员有 9 人是法学教授）。[④] 在现任（2012 年 7 月）的委员中，有 12 人是法学教授，另有 3 人是法官或检察官。在历任和现任委员的法学教授中，又以国际（人权）法学者居多。任何研习国际人权法的人如果看看历任和现任委员会名单，就会发现许多耳熟能详的名字，如托马斯·伯根索尔（Thomas Buergenthal）、路易斯·亨金（Louis Henkin）、罗莎林·希金斯（Rosalyn Higgins）、雷恩·缪勒森（Rein Müllerson）、杰拉德·纽曼（Gerald Neuman）、托克尔·奥普萨尔（Torkel Opsahl）、奈杰尔·罗德利

---

① United Nations, *Official Records of the General Assembly*, *Tenth Session*, *Annexes*, A/2929 (1955), Part II, Chapter V, paras. 4 – 6.

② United Nations, *Civil and Political Rights*, p. 12.

③ Rosalyn Higgins, “Ten Years on the UN Human Rights Committee: Some Thoughts upon Parting”, (1996) 1 *European Human Rights Law Review* 570, p. 570.

④ 诺瓦克：《〈公民权利和政治权利国际公约〉评注》，第 698 ~ 700 页。

（Nigel Rodley）、马丁·舍伊宁（Martin Scheinin）、克里斯蒂安·托姆沙特（Christian Tomuschat）等。这样一种“法律界人士占有垄断地位”，① 其中又包括许多杰出的国际法学者的情况，使得委员会有能力一直以一种高度专业化的“司法的精神”② 实施《公约》的规则，运用《公约》的机制，贯彻《公约》的宗旨。委员会对于《公约》的发展以及使《公约》成为最具影响力的国际人权公约制度，作出了巨大的贡献。

但是，就委员会的职业背景而言，存在两个问题。一个问题是，尽管“使若干具有法律经验的人参加委员会是有用的”，而且“法律界人士占有垄断地位”的情况使委员会能够以法律的严谨方式开展工作，但也带来了视野过于狭窄、过分拘泥于法律技术等问题。因此，在保持法律工作者占有相当数量的同时，增加委员会的职业背景的多样性仍有一定必要。多米尼克·麦戈德里克就曾指出，如果委员会中包括来自诸如社会科学或经济学等领域的专家，委员会的技能将会得到很有用的拓展。③ 也许，《公约》缔约国在提名和选举委员时，需要回顾上述联合国人权委员会对于委员职业背景的多样性所达成的共识。

另一个问题是，某些委员的职业背景引起了有关其独立性的一些疑虑，而委员的独立性是委员会独立性的前提，后者又是委员会工作的有效性和可信度的前提。就这一方面，如教授等学术职业或如法官等司法职业一般不会引起对其独立程度的疑问，但是，还有许多委员在他们本国担任公务员、议会代表或者甚至是政治职位，这就引起了一些疑虑。诺瓦克认为，这一类职位含有一种偏袒的危险，可能引起与独立和公正义务的冲突。④ 与诺瓦克的

① 诺瓦克：《〈公民权利和政治权利国际公约〉评注》，第698页。

② A. de Zayas, J. Moller, T. Opsahl, “Application of the Human Rigths Committee of the International Covenant on Civil and Political Rights Under the Optional Protocol”, (1986) 1986 *Canadian Human Rights Yearbook* 101, p. 105. 一位纳米比亚学者认为，诸如委员会这样的主要由国际法专家组成的机构对许多问题的理论认识，基本上是法律性的认识。Tunguru Huaraka, “Civil and Political Rights”, in Mohammed Bedjaoui (ed.), *International Law: Achievements and Prospects* (Paris: UNECSO and Dordrecht: Martinus Nijhoff Publishers, 1991), p. 1073.

③ Dominic McGoldrick, *The Human Rights Committee: Its Role in the Development of the International Covenant on Civil and Political Rights* (Oxford: Clarendon Press, 1991), p. 45.

④ 诺瓦克：《〈公民权利和政治权利国际公约〉评注》，第699页。据统计，在首次当选的18名委员会委员中，有半数以上在当选时担任着政府职位，在随后于1978、1980和1982年举行的三次选举中，这种情况继续存在。Farrokh Jhabvala, “The Practice of the Covenant's Human Rights Committee, 1976 - 82: Review of State Party Reports”, (1984) 6 *Human Rights Quarterly* 82, p. 82.

这种比较中庸的疑虑相比，曾担任委员的奥普萨尔更直截了当地表达了自己的担心："对这一机构而言并非绝无仅有的是，看来某些委员就算不是按指令行事的话，也比其他委员与其本国政府有更为紧密的联系；也有委员在任职于委员会的同时，以正式身份为本国政府服务。某些委员还同时担任着内阁部长、驻联合国大使、外交部顾问等等，这种方式很容易有损他们对委员会工作的贡献的独立性。"[①] 不过相对而言，在各人权条约机构中，人权事务委员会已经是最具有"专家性"的一个，其他条约机构中，与其各自政府具有某种关联的委员的比例则更高。[②] 而且，尽管有各种各样的疑虑和担心，但是似乎从未出现过有关任何委员有违公正无偏的明白指控。[③]

三　委员会委员的地域来源

委员会的94位历任或现任委员来自56个国家，具体情况如下：先后有4名国民当选委员的是英国、美国、突尼斯；有3名国民当选的是加拿大、哥伦比亚、埃及、瑞典；有2名国民当选的是澳大利亚、阿根廷、奥地利、哥斯达黎加、厄瓜多尔、法国、联邦德国/德国、匈牙利、日本、黎巴嫩、马耳他、摩洛哥、荷兰、尼加拉瓜、波兰、罗马尼亚、塞内加尔、瑞士、苏联/俄罗斯、委内瑞拉、南斯拉夫；只有1名国民当选的是阿尔及利亚、贝宁、保加利亚、智利、塞浦路斯、民主德国、丹麦、芬兰、印度、伊朗、伊拉克、爱尔兰、以色列、意大利、牙买加、约旦、哈萨克斯坦、肯尼亚、毛里求斯、挪威、巴拿马、秘鲁、卢旺达、斯洛文尼亚、南非、斯里兰卡、苏里南、叙利亚。

按照联合国的惯例，一般将国家分为5个不同的地理区域集团，即非洲国家（53国）、亚洲国家（53国）、东欧国家（23国）、拉丁美洲和加勒比国家（33国）、西欧和其他国家（29国）以及不属于任何区域集团的国家。按此划分，《公约》目前的167个缔约国中，有51个非洲国家、35个亚洲国家、23个东欧国家、29个拉丁美洲和加勒比国家以及29个西欧和其他国家；在

① Opsahl, "The Human Rights Committee", p. 376. 原注省略。但他同时指出，委员会与其本国政府的联系也意味着影响可能是双向的。

② Sarah Joseph, Jenny Schultz & Melissa Castan, *The International Covenant on Civil and Political Right: Cases, Materials, and Commentary* (Cambridge: Cambridge University Press, 2nd edn, 2004), p. 17, footnote 59.

③ 参见 P. R. Ghandhi, "The Human Rights Committee: Developments in its Jurisprudence, Practice and Procedures", (2000) 40 *Indian Journal of International Law* 405, p. 408.

94位前任和现任委员中，有17位来自10个非洲国家、12位来自10个亚洲国家、13位来自8个东欧国家、18位来自11个拉丁美洲和加勒比国家、34位来自17个西欧和其他国家。可以通过表3看看由这些数据所形成的比例。

表3

类项 \ 区域集团	非洲	亚洲	东欧	拉美和加勒比	西欧和其他
该区域缔约国数	51	35	23	29	29
及占缔约国总数比例(%)	30.5	20.9	13.8	17.4	17.4
有国民担任委员的缔约国数	10	10	8	11	17
及占该区域缔约国数比例(%)	19.6	28.6	34.8	37.9	58.6
该区域担任委员的国民总数	17	12	13	18	34
及占所有委员人数比例(%)	18.1	12.8	13.8	19.1	36.2
2012年该区域担任委员的国民数	5	2	1	3	7
及占委员人数比例(%)	27.8	11.1	5.6	16.7	38.9

无论从哪个比值来看，来自西欧和其他国家集团的委员数量都显然多得不成比例，[①] 来自非洲和亚洲的委员情况则是最差的：有国民担任委员的缔约国占缔约国总数的比例为约三分之一（56/167），西欧和其他国家集团这一比例则将近五分之三（17/29），而非洲有51个缔约国，其中只有不到五分之一的缔约国的国民曾经或现在担任委员；共94位历任和现任委员中，来自西欧和其他国家集团的委员有34位，超过了委员总人数的三分之一，而来自亚洲的委员只有12位，仅占前任和现任委员总数的约八分之一，尽管亚洲的缔约国数量超过了西欧和其他国家集团。

造成这种比例失衡的原因可能是多方面的。例如，西欧和其他国家集团中的国家批准《公约》的时间都较早，而且可能比其他集团具有更多有担任委员的专业能力的国民，因此来自这一集团国家的国民当选委员的机会也多一些；而亚洲国家批准或加入《公约》的时间较晚，因此来自亚洲国家的国民较晚才有可能担任委员会委员。然而直到目前（2012年7月），尽管亚洲的缔约国已经占到了缔约国总数的20%强，但来自亚洲的委员仅有2位；而西欧和其他国家集团的缔约国尽管只占缔约国总数的约17%，来自

① 在这一方面，还要考虑到自“冷战”结束以后，中东欧国家发生的政治变化使之与西方国家的区别已经不再如“冷战”时期那么大了。参见诺瓦克《〈公民权利和政治权利国际公约〉评注》，第710页。

这一区域集团的委员却占了委员总人数的三分之一强。

曾有学者认为，在委员会的组成上，公匀地域分配和各主要法系的代表性的原则得到了尊重，[①] 而且“公匀”分配“在实践中意味着委员会的组成尽可能地与缔约国（而不是世界大家庭）之间的多样性的相称”。[②] 但是，在历史上来自非洲和亚洲的缔约国的委员人数比例偏低，目前来自亚洲的缔约国的委员人数比例仍然偏低，而来自西欧和其他国家集团的缔约国的人数比例一直偏高，这些事实都表明《公约》第 31 条第 2 款的精神并没有得到全面的实现。联合国人权事务高级专员办事处在其对委员会的介绍中称：“委员会的强大力量之一是它的道德权威，这源于以下事实：委员会委员代表了世界的所有部分。因此，委员会远非仅仅代表某一个地域或某一个国家的观点，而是发出一种全球的呼声。”[③] 因此，尽管《公约》只是原则性地规定了委员会的组成应考虑到公匀地域分配，没有要求具体的名额比例，但是如果希望委员会真正或更加能够发出一种“全球的呼声”，就必须进一步贯彻公匀地域分配的原则，特别是减少来自西欧和其他国家集团的委员的数量，这也将有助于改变《公约》体现“西方人权观念”、来自西方国家的委员“把持”委员会的印象——尽管这种印象并不见得是正确的。

联合国的核心国际人权条约都规定了其条约机构成员的公匀地域分配原则，[④] 但是，在人权条约机构中，来自西欧和其他国家集团的人数比例偏高是一个普遍现象，并非为人权事务委员会所独有。[⑤] 因此，联合国也一直在呼吁更有效地落实人权条约机构成员名额的公匀地域分配原则。[⑥] 然而，在

---

① Kumar Sinha, “Human Rights Committee”, p. 623, footnote 6. 另参见 Opsahl, “The Human Rights Committee”, p. 373, footnote 18.

② 诺瓦克：《〈公民权利和政治权利国际公约〉评注》，第 709 页。

③ United Nations, *Civil and Political Rights*, p. 14.

④ 参见《消除一切形式种族歧视国际公约》第 8 条第 1 款、《消除对妇女一切形式歧视公约》第 17 条第 1 款、《禁止酷刑和其他残忍、不人道或有辱人格的待遇或处罚公约》第 17 条第 1 款、《儿童权利公约》第 43 条第 2 款、《保护所有移徙工人及其家庭成员权利国际公约》第 72 条第 2 款（a）项、《残疾人权利公约》第 34 条第 4 款、《保护所有人免遭强迫失踪国际公约》第 26 条第 1 款，有关经济、社会和文化权利委员会委员的公匀地域分配，见建立该委员会的联合国经济及社会理事会第 1985/17 号决议。

⑤ 参见 Report of the United Nations High Commissioner for Human Rights, *Equitable Geographical Distribution in the Membership of the Human Rights TreatyBbodies-Analysis of the Membership of the Human Rights Treaty Bodies Since* 1970, A/60/351 (2005) and A/60/351/Corr. 1 (2005).

⑥ 联合国大会第 56/146 号决议：《人权条约机构成员名额的公平地域分配》，A/RES/56/146 (2002)。

委员选举中如何贯彻和落实公匀地域分配原则是《公约》需要各缔约国考虑而非可以由联合国决定的事项，因此，尽管联合国提倡各人权条约的缔约国为选举条约机构成员制订按地理区域分配的配额制度，但是《公约》的缔约国至今未明确讨论这一事宜。

四　委员会委员的性别比例

人权事务委员会的94位历任或现任委员中，只有12位女性，其中1位来自非洲、1位来自东欧、3位来自拉丁美洲、7位来自西欧和其他国家，无人来自亚洲。从时间来看，直到1984年才出现了第一名女性委员，2011年时曾经有5位女性委员——这是委员会历史上女性委员最多的一次。这12位女性委员详见表4（按开始任职时间排列）：

表4

姓　名	国籍	任期
吉塞拉·科特－哈珀(Gisèle CÔTE-HARPER)	加拿大	1984
罗莎林·希金斯(Rosalyn HIGGINS)	英国	1985～1996
克里斯汀·夏内(Christine CHANET)	法国	1987～2014
伊丽莎白·伊瓦特(Elizabeth EVATT)	澳大利亚	1993～2000
塞西莉亚·梅迪纳－基罗加(Cecilia MéDINA QUIROGA)	智利	1995～2002
皮拉尔·盖坦·德庞波(Pilar GAITAN DE POMBO)	哥伦比亚	1997～2000
露丝·韦奇伍德(Ruth WEDGWOOD)	美国	2002～2010
伊丽莎白·帕尔默(Elisabeth PALM)	瑞典	2005～2008
赞克·扎内莱·马约迪纳(Zonke Zanele MAJODINA)	南非	2007～2014
尤利亚·安托阿尼拉·莫托科(Iulia Antoanella MOTOC)	罗马尼亚	2007～2014
海伦·凯勒(Hellen KELLER)	瑞士	2009～2011
马戈·瓦特瓦尔(Margo WATERVAL)	苏里南	2011～2014

与公匀地域分配问题不同，《公约》本身对于委员会中的性别平衡问题并没有规定。[①] 女性委员数量过少，也是人权条约机构中普遍存在的

① 《消除一切形式种族歧视国际公约》《消除对妇女一切形式歧视公约》《禁止酷刑和其他残忍、不人道或有辱人格的待遇或处罚公约》《儿童权利公约》《保护所有移徙工人及其家庭成员权利国际公约》以及建立经社文权利委员会的经社理事会第1985/17号决议也没有关于其监督机构的性别平衡的规定。21世纪通过的两项公约则在这一方面有进步：《残疾人权利公约》第34条第4款和《保护所有人免遭强迫失踪国际公约》第26条第1款都规定了相应委员会的组成应“注意代表的性别平衡”。

问题。[①] 不过，委员会无论是在其一般性意见中，还是对缔约国报告和个人来文的审议中，都极为重视性别平等和非歧视问题，似乎女性委员数量过少并没有对委员会的工作造成任何“男性中心主义”的负面影响。[②] 但是，在男女平等已经成为一项国际人权基本原则的当今时代，委员会中没有相当数量的女性委员无论如何是不能令人欣慰和接受的。对此，缔约国应该负主要责任，因为只有在它们提名相当数量的女性候选人的情况下，才有可能选举产生更多的女性委员。[③]

五 其他因素

在选举人权事务委员会委员时，除了需要遵守或考虑候选人的国籍、品格、人权专长、法律经验、地域、性别等因素以外，还可能考虑其他一些因素。

其一是考虑委员的连续性和“代表性”。根据《公约》第 32 条的规定，委员的任期是 4 年，可连选连任（但连任的次数没有限制），而且每隔两年要选举委员会中的半数委员。这一制度的用意在于确保委员的连续性，即委员会中随时能保持一定数量的、有委员会工作经验的委员。从实际情况来看，从 1978 年到 2010 年进行的 17 次例行选举中，每次都有 3 到 8 名委员再次当选。这一情况再加上每两年改选半数委员会的制度，使得委员会委员及其工作保持了较高程度连续性，这“对于委员会所赢得的在世界范围内的权威有重大的贡献”。[④] 实际上，有些委员的任职时间是相当长的，在 94 位历任或现任委员中，到 2012 年中时，任职时间已经达到或超过 10 年（即

① 按照联合国人权事务高级专员的统计，各主要人权条约机构从其建立到 2005 年为止任职的所有委员中，女性的比例是（由低到高排列）：消除种族歧视委员会 6%、禁止酷刑委员会 12%、人权事务委员会 13%、经社文权利委员会 19%、移徙工人权利委员会 20%、儿童权利委员会 56%、消除对妇女歧视委员会 97%。Report of the United Nations High Commissioner for Human Rights, *Equitable Geographical Distribution in the Membership of the Human Rights TreatyBbodies*, Table 6. 安娜·巴耶法斯基曾建议说，女性担任人权条约机构委员不应主要局限于涉及妇女和儿童的文书。Anna Bayefsky, *The United Human Rights System: Universality at the Crossroads* (The Hague: Kluwer Law International, 2001), p. 106.

② 参见 Rachael Lorna Johnstone, “Feminist Influences on the United Nations Human Rights Treaty Bodies”, (2006) 28 *Human Rights Quarterly* 148, pp. 164 - 168.

③ 奥普萨尔在将近 20 年前指出，当时有大约 90 个缔约国从未提名过女性候选人。Opsahl, “The Human Rights Committee”, p. 375.

④ 诺瓦克：《〈公民权利和政治权利国际公约〉评注》，第 712 页。

连任两次或两次以上）的有 18 名，占到了总数的近 20%。其中，1 名委员的任职时间超过 30 年，即拉吉苏默·拉拉赫（毛里求斯）——除了 1983、1984 这两年外，他从 1977 年一直担任委员直到 2012 年 6 月去世，绝对称得上是委员会中的一名“老兵”；任职时间达到或超过 20 年的有 4 名，即克里斯汀·夏内（法国）、胡利奥·普拉多－巴列霍（厄瓜多尔）、安德烈斯·马弗罗马提斯（塞浦路斯）和安藤仁介（日本）。这种情况虽然使得委员会的工作具有较高程度的连续性，但是对其“代表性”可能有不利影响。委员会委员固然是以个人身份任职，并不代表各自的国籍国，然而，让尽可能多的缔约国的国民有机会担任委员，有助于更好地达到公匀的地域分配、更好地实现对各种类型文化及各主要法系的代表程度。因此，在委员会的连续性和“代表性”之间存在一定的矛盾：较高的连续性意味着较低的“代表性”，反之亦然。由于委员会只能容纳 18 名委员，因此平衡这一矛盾的两方面并不容易；如果要进行平衡，也只能从在总体情况而非某一时间点上委员会的组成情况来考虑。目前的总体情况是，一方面有近 20% 的历任或现任委员任职时间达到或超过 10 年，另一方面有国民曾经或现在担任委员的缔约国占缔约国总数的约三分之一。因此，缔约各国在今后的委员会选举中，似乎在顾及连续性的同时，更应该对“代表性”也给予更多的重视。

其二是考虑个人来文制度的运行，虽然《公约》或《任择议定书》对此没有任何要求。在对个人来文的审议中，任何委员不得参加“提名其担任委员的缔约国是案件的当事国”（即其国籍国）的来文的审议，[①] 而且委员是以个人身份任职，并不代表本人的国籍国或受其影响，然而，如果多数委员是没有接受个人来文程序的缔约国的国民，并由如此组成的委员会来审议针对《任择议定书》缔约国的个人来文，这些缔约国可能多少会觉得不愉快。在《公约》尚未生效、因此委员会也没有成立之前，A. H. 罗伯逊就曾经提出过这种可能。[②] 从委员会最初 18 名委员的情况来看，[③] 罗伯逊预想的可能成为现实：这些委员中，只有 6 人是《任择议定书》缔约国的国民。不过，这也符合当时《公约》缔约国与《任择议定书》缔约国的比例：在

① 《人权事务委员会议事规则》第 90 条第 1 款（a）项，CCPR/C/3/Rev. 8 (2005).

② A. H. Robertson, "The United Nations Covenant on Civil and Political Rights and the European Convention on Human Rights", (1968 - 1969) 43 *British Yearbook of International Law* 21, pp. 44 - 45.

③ 名单见 UN Doc. A/32/44 (1977), para. 2.

选举委员会最初18名委员之时（1976年9月20日）的38个《公约》缔约国中，只有13个是《任择议定书》的缔约国。而且，委员会的这种组成情况似乎并没有影响委员会对个人来文的审议或《任择议定书》缔约国的态度。[①] 随着接受个人来文程序的国家在《公约》缔约国总数中比例的提高——目前已经有超过三分之二的《公约》缔约国是《任择议定书》的缔约国（114个），由《任择议定书》缔约国的国民担任委员的比例也在逐年提高。在目前的18名委员中，同时是《公约》及其《任择议定书》的缔约国的国民有13人，仅是《公约》的缔约国的国民有5人，这一比例已经超过了《任择议定书》的缔约国在《公约》缔约国总数中的比例。

六　认识委员会的组成对中国的意义

由于中国尚未批准《公约》，因此在人权事务委员会中，迄今没有中国人的身影，只有在中国批准《公约》之后，中国国民才能有机会担任委员会委员。从以下因素考虑，只要中国《批准》公约后提名符合任职条件的人，其当选委员几乎是可以肯定的。[②] 首先，尽管委员会中没有像国际法院那样的惯例，即五个安理会常任理事国的国民总是在法院中占有一席之地，但是常任理事国有国民在委员会中任职的情况还是相当明显的：美英各有4人，法国和苏联/俄罗斯各有2人，其中，英国（《公约》于1976年对其生效）自1977年以来、法国（《公约》于1981年对其生效）自1983年以来、美国（《公约》于1992年对其生效）自1995年以来，一直有国民在委员会任职，苏联/俄罗斯（《公约》于1976年对其生效）则有国民于1977至1992年在委员会任职。从这一现象来看，中国批准《公约》之后，有国民当选委员的可能是相当大的。其次也更为重要的是，由于中国的人口占到了世界人口的将近五分之一，而且拥有源远流长的文明历史和特色鲜明的法律体系，因此中国籍委员的当选将使得委员会更合理地达到委员会的公匀地域分配，更

① 但是有学者提出，来自反对个人来文程序——无论是基于政治或哲学原因——的国家的委员将不愿意认定《任择议定书》的缔约国存在“过错”，但是没有给出任何具体例证。Matthew Lippman, “Human Rights Revisited: The Protection of Human Rights under the International Covenant on Civil and Political Rights”, (1980) 10 *California Western International Law Journal* 450, p. 485, footnote 144.

② 笔者曾与一些委员会前任或现任委员交谈，他们基本都有同样的预测。

全面地体现各种类型文化及各主要法系。从这一角度来看，中国国民当选委员对于委员会的工作、声望乃至整个《公约》制度的运作，甚至是必要的。

从中国的角度来看，尽管中国籍委员将不是中国国家或政府的代表，但是在委员会这样一个具有极大权威和影响的机构中，能有中国人发出声音，仍是非常令人企盼的。但是我们也应该认识到，任何委员如果期望在委员会中真正发挥作用，而不仅仅是一个列在委员名单上的名字，就至少需要具备“在人权方面公认的专长”以及出色的英文能力。[①] 而目前在中国，这样的人选并不多，特别如果将“公认专长”在世界范围内理解的话。因此，作为中国批准和实施《公约》准备工作的一个方面——尽管并不是非常重要的一个方面，中国从现在开始就注意培养符合在委员会任职条件的人选，是极为必要的。考虑到迄今为止委员会的组成情况，如果中国在批准《公约》之后，能提名一位符合委员的任职条件、不在也未曾在政府部门任职、职业为法学或其他社会科学领域的学者、法官或律师的女性参加委员的选举，定将受到《公约》其他缔约国的极大欢迎和支持。

The Membership of the Human Rights Committee: A Survey and Reflection

Sun Shiyan

Abstract: The Human Rights Committee is a treaty body that monitors the implementation of the International Covenant on Civil and Political Rights. It consists of 18 experts who serve in their individual capacity. This article introduces and analyses the membership of the Committee with a focus on their professional background, geographic distribution and gender ratio, and explores various problems therein. Finally, the implication of the issue to China is discussed.

Key Words: International Covenant on Civil and Political Rights; Human Rights Committee; Human Rights Treaty Bodies

---

① 尽管中文是委员会的正式语言之一，但目前还不是工作语言，而且在实践中，英文是委员会的主要工作语言。参见诺瓦克《〈公民权利和政治权利国际公约〉评注》，第726页及脚注6。

研究生论坛

非世贸涵盖协定在世贸争端解决机制中的适用问题研究

邓　华*

摘　要：一般国际法中的非世贸涵盖协定在世贸争端解决机制中的适用，存在着直接适用、作为法律解释时的适用及作为事实证据和法律论证的适用等几种可能。首先，对于被并入到世贸涵盖协定的国际条约，它们往往被视为世贸涵盖协定的一部分得以直接适用。其次，对于被世贸目的和宗旨涵盖的国际条约，可能以直接适用、解释适用和作为证据适用三种方式在世贸争端解决机制中得以适用。最后，基于世贸涵盖协定签订的国际条约，则强调从实体问题和程序问题两个层面分别考察其被间接适用的可能性。总的来说，世贸争端解决机制在此过程中始终展现了合理的司法克制主义。

关键词：非世贸涵盖协定　世贸争端解决机制　自足说　并入说　司法克制主义

引　论

随着经济全球化的日益加深，国际贸易争端的数量呈现出几何级数的增长，对此的解决模式亦逐渐从"势力导向型"（Power Oriented）向"规则导向型"（Rule Oriented）过渡，其中《1947年关税与贸易总协定》（General Agreement on Tariffs and Trade，简称GATT1947）① 争端解决机制的发展乃至最终形成的世界贸易组织（World Trade Organization，简称WTO；以下简称世贸组织）争端解决机制的演变历程实现了这一质的飞跃。而在处理世贸

* 邓华，中山大学法学院2012届法律硕士。

① （1950）55 UNTS 187.

成员方之间的贸易争端时，世贸争端解决机制中专家组和上诉机构如何适用法律以及适用何种法律，是至关重要的一环。

《关于争端解决规则与程序的谅解》（Understanding on Rules and Procedures Governing the Settlement of Disputes，简称 DSU；以下简称《争端解决谅解》）[①] 第 1.1 条规定："本谅解规则和程序应适用于按照本谅解附录 1 所列各项协定的磋商和争端解决规定所提出的争端。本谅解的规则和程序还应适用于各成员间有关它们在《建立世界贸易组织协定》（Marrakesh Agreement Establishing the World Trade Organization）[②] 各项规定和本谅解单独或和其他涵盖协定结合所规制的权利和义务的磋商和争端解决。"这一条款实际上限制了世贸组织专家组和上诉机构的管辖权，即只有落入这一区间之内的贸易争端，才属于世贸争端解决机制的管辖范围。具体来说，《建立世界贸易组织协定》、多边货物贸易协定、《服务贸易总协定》（General Agreement on Trade in Services）[③]、《与贸易有关的知识产权协定》（Trade-Related Aspects of Intellectual Property Rights；以下简称《知识产权协定》）[④] 以及《争端解决谅解》都属于世贸组织"一揽子协定"，对所有世贸成员方均有约束力，一般被统称为世贸涵盖协定（Covered Agreements），它们属于联合国《国际法院规约》（Statute of the International Court of Justice；以下简称《规约》）[⑤] 第 38 条[⑥]第 1 款规定的特殊国际条约，即处理国际经济贸易关系方面的国际法规则。而本文将世贸涵盖协定区间范围之外的其他国际条约统称为非世贸涵盖协定（Non-WTO Agreements）。

那么，世贸争端解决机制可以适用的法律是否与其管辖权完全重叠，即

---

① http：//www. wto. org/english/docs_ e/legal_ e/28 - dsu_ e. htm，最后访问日期：2012 年 8 月 10 日。

② http：//www. wto. org/english/docs_ e/legal_ e/04 - wto_ e. htm，最后访问日期：2012 年 8 月 10 日。

③ http：//www. wto. org/english/docs_ e/legal_ e/26 - gats_ 01_ e. htm，最后访问日期：2012 年 8 月 10 日。

④ http：//www. wto. org/english/docs_ e/legal_ e/27 - trips_ 01_ e. htm，最后访问日期：2012 年 8 月 10 日。

⑤ http：//www. icj-cij. org/documents/index. php？ p1 = 4&p2 = 2&p3 = 0，最后访问日期：2012 年 8 月 10 日。

⑥ 联合国《国际法院规约》第 38 条的规定通常被认为是对国际法渊源的权威说明。但是，关于该条款所列举的国际法渊源是否详尽无遗这一问题，学术界是有争论的。李浩培先生认为，"就理论说，国际法的渊源是随着国际社会的发展而发展的，从而不能说已详尽无遗"。李浩培：《国际法的概念和渊源》，贵州人民出版社，1994，第 53 页。

仅局限于世贸涵盖协定呢？事实上，司法机构的管辖权和其可以适用的法律是两个不同的概念，两者之间的区别仍是非常显著的。最典型的例子，如国际法院判决的洛克比案即表明，尽管国际法院仅对利比亚在 1971 年《蒙特利尔公约》中的权利主张享有管辖权，但在实体裁判中，这并没有阻止国际法院适用其他国际法，特别是联合国安理会第 748 号决议。[①] 而 1982 年《联合国海洋法公约》（United Nations Convention on the Law of the Sea）[②] 第 288 条规定的相关司法机构的管辖权与第 293 条所规定的可适用法律也不是同一概念。这两者的区别在国内法中就更为明显了。[③] 因此，我们并不能根据《争端解决谅解》第 1.1 条有关管辖权的规定来确认世贸争端解决机制的可适用法，也不能因为世贸争端解决机制仅具有有限的管辖权而简单得出其适用法律仅限于世贸涵盖协定的结论。

事实上，当我们考究世贸争端解决机制的适用法律时，必然会涉及世贸法的法律渊源问题。如同对国际法的渊源问题始终没有定论一样，[④] 关于世贸法的法律渊源的争论也始终不绝于耳。然而，世贸涵盖协定作为世贸争端解决机制适用的最基本的法律渊源，这一点是肯定的，可以说已经达成了共识，无论在理论界还是实务界均没有异议。主要问题在于：除了世贸涵盖协定之外，《规约》第 38 条第 1 款规定的其他国际法的法律渊源是否可以成为世贸争端解决机制适用的法律？对此，目前仍然存在着较大的争议，主要形成了“自足说”（Self-contained Regime Doctrine）和“并入说”（The Doctrine of Incorporation）两种主张。

“自足说”理论认为，世贸争端解决机制只能适用世贸涵盖协定解决实体争议。这一理论主要是以《争端解决谅解》第 1 条、第 3.1 条和第 7 条等条文内容为基础论证其观点的，该派学者认为：《争端解决谅解》第 1 条明确规定了《争端解决谅解》的适用范围，它意味着一切争端的成员各方的实体权利义务只能由世贸涵盖协定管辖；《争端解决谅解》第 3.1 条的规定“各成员重申信守基于《1947 年关税与贸易总协定》第 22 条和第 23 条所应

---

① *Questions of Interpretation and Application of* 1971 *Montreal Convention Arising from the Aerial Incident at Lockbie* (*Libya v. US*), *Provisional Measures*, *I. C. J. Reports* 1992. p. 114, para. 42.

② (1994) 1833 UNTS 3.

③ 譬如说，国内法院的管辖权有较为严格的限制，但其可以适用的法律相对广泛，国内法院可以根据具体的案件选择适用恰当的法律。

④ 尽管对国际法的渊源问题始终没有定论，但一般论及这个问题时，通常都是从联合国《国际法院规约》第 38 条第 1 款规定的“国际法渊源”开始。

用的解决争端的原则和方法……”则意味着世贸争端解决机制应该遵循《1947 年关税与贸易总协定》“自足性”法律体系的实践[①]；而《争端解决谅解》第 7 条规定的“专家组……按照（争端各方援引的世贸涵盖协定）的有关规定，审查争端申诉方在设立专家组申请书中提交给争端解决机构（Dispute Settlement Body，简称 DSB）的事项……”则表明了专家组审理贸易争端的法律依据只能是争端各方援引的世贸涵盖协定。譬如，美国学者朱尔·舒其曼教授就认为：“世贸争端解决机构适用何种法律很清楚，即只能适用世贸涵盖协定。一般实体国际法或其他习惯国际法均不得适用。”[②]

而“并入说”理论则主张，世贸法律体系是一个开放的法律体系，在世贸争端解决机制中不仅应当适用世贸涵盖协定，还可以适用《规约》第 38 条第 1 款所列明的其他国际法渊源，除非世贸法明确排除其适用。“并入说”认为，《争端解决谅解》的有关条款实际上隐含了适用非世贸涵盖协定的意思。譬如，《争端解决谅解》第 3.2 条明确规定：“世贸争端解决机构依照解释国际公法的习惯规则澄清世贸涵盖协定中的现有规定。”而在“什么是解释国际公法的习惯规则”这一问题上，上诉机构援引了《维也纳条约法公约》（以下简称《条约法公约》）[③] 第 31 条和第 32 条[④]规定的条约解释规则，很显然《条约法公约》属于非世贸涵盖协定，它在世贸争端解决机构中得到了适用。此外，《争端解决谅解》第 7.2 条规定：“专家组应处理争端各方引用的任何世贸涵盖协定或协定的有关规定。”这实际上也赋予了争端各方援引世贸涵盖协定和非世贸涵盖协定的权利。[⑤] 根据《争端解决谅解》有关条款和世贸争端解决机构的司法实践，持“并入说”主张的学者得出以下结论：“所谓的世贸法不是一个严格的概念。严格来说，世贸法不是一个具有自足性和独立性的法律体系，而是国际法的一部分。从狭义角度来看，世贸法是一组为世贸成员方接受的有关国际贸易的协定，这些协定

---

① 根据《1947 年关税与贸易总协定》的司法实践，其唯一适用的法律为《1947 年关税与贸易总协定》，而所有非《1947 年关税与贸易总协定》的国际条约均不能成为它的适用法。有关的论述，可参见 David Palmeter and Petros C. Mavroidis，“The WTO Legal System：Sources of Law”（1998）92 *American Journal of International Law* 398，p. 411.

② Joel P. Trachtman，“The Domain of WTO Dispute Resolution”（1999）40 *Harvard International Law Review* 313，p. 347.

③ （1980）1155 UNTS 331.

④ 《条约法公约》第 31 条规定了“解释之通则”，第 32 条规定了“解释之补充资料”。

⑤ Rao Geping，“The Law Applied by World Trade Organization Panels”（2003）17 *Temple International and Comparative Law* 125，p. 125.

规范着成员方的权利义务。从广义的角度来看，世贸法包括两部分：一部分是世贸涵盖协定，这是世贸法首要的和基本的法律渊源；另一部分是非世贸国际法，在争端解决机制中予以适用。总之，世贸组织的专家组和上诉机构可以适用《规约》第 38 条第 1 款规定的国际法渊源。”① 比利时学者约斯特·鲍威林教授更是直接指出：“世贸法是国际法的一部分，与国际法有着密不可分的联系。只要是世贸法中没有明确予以排除的一般国际法规则，都可以用于解决世贸争端。如果世贸法与其他国际条约发生冲突，则要根据冲突解决规则，确定何者优先适用于案件的解决。”②

以上两种学说的分歧，从根本上而言，是对世贸法律体系属性的不同看法：“自足说”认为世贸体制是建立在主权国家或地区明确具体的协定上的一种自给自足的法律体系，成员方只根据其签署缔结的条约承担有限的义务，而引入一项新的政策则必须重新谈判；而“并入说”实际上认为世贸法是一个开放性的法律体系，它本身作为国际法体系中的国际条约，不可能对其他一般国际法完全封闭。由于这两种观点和理论的交锋，国内外学者也据此分成两派阵营，即使在同一阵营当中，也存在着不同的意见。

笔者认为，国际法是一个完整有序的法律体系，而处于国际法体系化机制中的世贸法并非一个封闭的制度，它产生于广义的国际法基础之上，因此不能把世贸法和一般国际法割裂开来。③ 但是，具体到非世贸法的一般国际法能否在世贸争端解决机制中适用以及如何适用的问题，则需作进一步的学理与实证分析。本文将集中考察一般国际法中的非世贸涵盖协定在世贸争端解决机制中的适用情况。

众所周知，国际条约是现代国际法中最重要的法律渊源。二战之后，随着国际人权法、国际环境法等国际法分支的发展，越来越多有关人权保护、劳工标准、国际环境保护等问题的国际条约开始出现，而很多世贸成员方也是这些条约的缔约方。这样就给我们提出了一个问题：上述非世贸涵盖协定究竟在多大程度上可以影响世贸成员方之间的权利义务关系？除此之外，随

---

① Rao Geping, “The Law Applied by World Trade Organization Panels” (2003) 17 *Temple International and Comparative Law* 125, p. 137.

② 〔比〕鲍威林：《国际公法规则之冲突——WTO 法与其他国际法规则如何联系》，周忠海等译，法律出版社，2005，第 553 ~ 558 页。

③ 关于对“国际法体系化”这一专题的探讨，国内外已有大量的研究成果。囿于篇幅所限，本文只是直接引用“国际法体系化”这一观点，而不铺开详述。

着国际强行法的出现，当某项非世贸涵盖协定中的条款具有强行法的性质时，它在世贸争端解决机制中的适用情况又如何？而通过考察世贸争端解决机制的司法实践，我们会发现，非世贸涵盖协定在世贸争端解决机制中的适用情况，存在着直接适用、作为法律解释时的适用以及作为事实证据和法律论证的适用等几种可能。[①] 而按照非世贸涵盖协定与世贸涵盖协定关系的由近及远排序，本文将非世贸涵盖协定划分为三大类：第一类为并入世贸涵盖协定的国际条约；第二类为被世贸目的和宗旨所涵盖的其他国际条约；第三类为世贸成员方基于世贸涵盖协定签订的其他国际条约。

一 并入世贸涵盖协定的国际条约的适用

其他国际条约可以通过并入（Incorporate）的途径与世贸涵盖协定建立一种特殊的关系，从而成为世贸争端解决机制中适用的法律，这是非世贸涵盖协定作为直接适用的法律的主要途径。这一类非世贸涵盖协定主要包括被写入世贸涵盖协定的国际组织制定的标准、决议和指南等，它们通常因为构成制定世贸组织贸易规则的基础而被认为是世贸涵盖协定的一部分。而根据并入的方式和法律效果的不同，并入可以分为直接并入和间接并入。

（一）直接并入的国际条约的适用

直接并入，是指世贸涵盖协定明确将非世贸涵盖协定纳入其体系之中，使之成为世贸涵盖协定的一部分，直接对世贸成员方产生法律上的权利和义务。

1. 采取直接并入方式适用的典型——《知识产权协定》

这种非世贸涵盖协定直接并入的适用方式最典型地体现在多边贸易协定

① 本文的“法律适用”取广义说，将法律解释从广义的法律适用中抽离出来，与法律的直接适用相对。而区分法律适用和法律解释问题常常是持“自足说”主张的学者所强调的观点，他们批评在讨论法律适用问题时没有很好地区分法律适用和法律解释。Donald McRae 教授指出，《争端解决谅解》第 3.2 条只是法律解释途径的条款而并非法律适用条款，法律解释条款引用非世贸涵盖协定不能理解为将所有非世贸涵盖协定都并入世贸涵盖协定。Donald McRae, “Claus-Dieter Ehlermann's Presentation on the Role and Record of Dispute Settlement Panels and the Appellate Body of the WTO” (2003), 6 *Journal of International Economic Law* 709, p. 715. 笔者认同对两者进行区分的必要性，这样将有利于研究非世贸涵盖协定在世贸争端解决机制中的不同作用，有利于把握各类非世贸涵盖协定在世贸争端解决机制中适用的方式和程度；但是，又因为法律适用和法律解释这两者间本身存在着千丝万缕的联系，有时候很难作出明确区分，这两者也常常发生交叉重叠的情况。

中的附件1C《知识产权协定》中。《知识产权协定》通过第1条第3款、第2条、第9条第1款和第35条将其他世贸涵盖协定范围之外的调整国际知识产权的国际条约内容纳入其中。如《知识产权协定》第1条第3款规定："缔约方应将本协定所规定的待遇提供给其他缔约方的国民，关于与贸易有关的知识产权，上述其他缔约方的国民应被理解为符合《保护工业产权的巴黎公约》(1967)（Paris Convention for The Protection of Industrial Property；以下简称《巴黎公约》)①、《保护文学和艺术作品伯尔尼公约》(1971)（Berne Convention for the Protection of Literary and Artistic Works；以下简称《伯尔尼公约》)②、《保护表演者、音像制品制作者和广播组织罗马公约》（Rome Convention for the Protection of Performers, Producers of Phonograms and Broadcasting Organizations；以下简称《罗马公约》)③ 和《有关集成电路的知识产权条约》（Treaty on Intellectual Property in Respect of Integrated Circuits）所规定的那样向与贸易有关的知识产权理事会提交一份通知。"《知识产权协定》第2条规定："（1）关于本协定的第二、三和四部分，缔约方应该遵守《巴黎公约》第1～12条和第19条的规定。（2）本协定第一至第四部分中的任何规定都不应取消缔约方相互之间根据《巴黎公约》、《伯尔尼公约》、《罗马公约》和《有关集成电路的知识产权公约》所可能承担的已有义务。"《知识产权协定》第9条第1款规定："各成员方应遵守《伯尔尼公约》第1至第21条及其附件的规定……"《知识产权协定》第35条规定："各成员方同意按《有关集成电路的知识产权公约》中第2条至第7条（第6条中第3款除外)、第12条和第16条第3款规定，对集成电路的外观设计提供保护。"以上四个有关知识产权保护的公约，作为非世贸涵盖协定，当中被《知识产权协定》提及的条款都可以直接在世贸争端解决机制中得到适用。

2. 采取直接并入方式适用的案例评析

（1）欧盟诉美国《版权法》案④

1999年1月26日，在欧盟诉美国《版权法》第110（5）节一案中，

---

① WIPO/IP/SA/04.

② http://www.wipo.int/treaties/en/ip/berne/trtdocs_wo001.html，最后访问日期：2012年8月10日。

③ (1964) 496 UNTS 43.

④ WT/DS160/R. 参见朱榄叶编著《世界贸易组织国际贸易纠纷案例评析（1995～2002)》下册，法律出版社，2004，第816～835页。

欧盟指出美国在1998年10月27日修改的《音乐作品公平许可法》对《版权法》第110（5）节作出了修改，而这一修改允许在某些公众场合演奏音乐作品（如在酒吧、商店、餐馆等）不用支付使用费，这不符合美国根据《知识产权协定》第9条第1款和《伯尔尼公约》第11条之2（1）（iii）款以及第11条之2（1）（ii）款所承担的义务。此案涉及美国《版权法》第110（5）节，1998年美国国会通过的《音乐作品公平许可法》对这一节作了修改，修改后的法律于1999年1月26日生效。修改后的第110（5）节对《版权法》第106节赋予版权权利人的权利作了一定的限制，《版权法》第110（5）节第1部分基本上是保留了原先法律的第110（5）节，免除了一般公众通过普通接收设备接收作品的表演或展示的侵权责任，而且这一例外适用于各种形式的作品，这种例外也被称为“家庭型欣赏例外（Homestyle Exception）”。但是这一节修改时增加了第110（5）节第2部分，其允许符合一定条件的餐饮和零售业享受免费使用某些作品的待遇，这也被称为“商业例外（Business Exception）”，双方的争议因此而起。

在该案中，美国主要依据《知识产权协定》第13条提出了“次要例外（Minor Exception）”的抗辩，而专家组需要分析次要例外的学说在《知识产权协定》下是否适用，这分两步走：首先，次要例外学说是否构成了《伯尔尼公约》的一部分以及该学说的范围；其次，如果它在《伯尔尼公约》中适用，那是否因为《知识产权协定》第9条第1款①的规定而并入了《知识产权协定》。

经过论证，专家组确认了次要例外构成《伯尔尼公约》的一部分。那么，接下来，如何理解《知识产权协定》第9条第1款的规定便成了解决本案纠纷的关键。这一条款规定了《知识产权协定》与《伯尔尼公约》相关规定之间的关系。经过大篇幅的分析论证，最后专家组得出结论：通过《知识产权协定》第9条第1款并入《知识产权协定》的《伯尔尼公约》相关内容也是《知识产权协定》的一部分，《知识产权协定》的限制对公约同样适用，而《知识产权协定》对例外和限制规定的条件同样适用于公约规

① 《知识产权协定》第9条第1款规定：“各成员方应遵守《伯尔尼公约》第1至第21条及其附件的规定，但对于该公约第6条之2授予或派生的权利，各成员方在本协定项下不享有权利或义务。”

定的权利。

（2）美国1998年《综合拨款法》案①

1999年7月7日，欧盟依据《争端解决谅解》第4条、GATT第23条和《知识产权协定》第61条第1款，向世贸争端解决机构提出与美国磋商的要求，解决关于美国1998年《综合拨款法》第211节的问题。该节规定："凡是1959年1月1日被古巴没收的企业，与其使用的商标、商号和字号相同或相似的商标、商号或字号（下文统称为商业标记）的任何交易和付款都得不到批准，法院不承认也不维护其权利，法院不承认其权利的继承，财政部将制定规则执行这一法律。"欧盟指出，如果某企业的商标因企业资产被古巴没收而放弃，则第211节禁止该商标再注册或续展，这违反了美国根据《知识产权协定》第2条、第3条、第4条、第15至21条、第41条、第42条、第62条，以及由第2条所引出的《巴黎公约》相关条款所承担的义务。

在本案中，对于商号是否属于《知识产权协定》的保护范围，专家组和上诉机构提出了不同的意见。专家组认为：《知识产权协定》保护的知识产权是其在第二部分第1节至第7节所明确列出的所有类别的知识产权，依次包括：版权和相关权利、商标、地理标识、工业设计、专利、集成电路布图设计和对未披露信息的保护，商号并没有作为受到保护的知识产权的一类规定在其中；此外，专家组又认为条文中使用的"所有类别（All Categories of）"表示这是一份完整的清单，因此除了上述明确列出的七个部分，其余的都不属于《知识产权协定》保护的知识产权。当然，专家组也注意到《知识产权协定》第2条第1款的规定："关于本协定的第二、三和四部分，缔约方应该遵守《巴黎公约》第1~12条和第19条的规定。"在分析《巴黎公约》作为并入条约的适用情况时，专家组指出：《知识产权协定》第2条第1款要求成员方在《知识产权协定》保护的知识产权范围内遵守《巴黎公约》的相关规定；既然《知识产权协定》不保护商号，那么在商号这一问题上，成员方也就无须遵守《巴黎公约》。而上诉机构推翻了专家组这一观点，其指出：《知识产权协定》保护的不仅仅是在第二部分第1节至第7节所明确列出的所有类别的知识产权，而且包括在其中的客体；此外，专

① WT/DS176/AB/R. 参见朱榄叶编著《世界贸易组织国际贸易纠纷案例评析（1995~2002）》，第858~886页。

家组的解释与《知识产权协定》第2条第1款的普通含义也不一致，因为《知识产权协定》第2条第1款明确包含了《巴黎公约》第8条[①]，而该条是保护商号的，而且该条只规定了商号的保护，所以，如果《知识产权协定》的起草者有意要将商号保护排除在外，那就完全没有必要把《巴黎公约》第8条并入《知识产权协定》。综上所述，上诉机构认为世贸成员方有义务保护商号。

3. 小结

通过上述对直接并入《知识产权协定》的四个有关知识产权保护的公约进行文本解读和案例评析，我们可以得出如下结论：作为非世贸涵盖协定，四个有关知识产权保护的公约经由《知识产权协定》的明确规定直接并入世贸涵盖协定之中，并在具体的贸易争端案件中得到适用从而确定争端方的权利义务。但需要注意的是，被直接并入世贸涵盖协定之中的四个公约，并不是作为整体并入得到适用，而仅仅是《知识产权协定》中明确提及的具体条款才能够被世贸争端解决机构直接适用；此外，在涉及《知识产权协定》相关条款和这些被直接并入适用的具体条款之间的关系时，往往需要经由专家组和上诉机构发挥司法能动性作进一步的解释和澄清。

（二）间接并入的国际条约的适用

间接并入，是指被援引的非世贸涵盖协定并不直接构成世贸涵盖协定的组成部分，只是作为一些判断标准或者事实基础而被引用，其往往不直接对世贸成员方设定具体的权利义务。

1. 采取间接并入方式的若干情形

在世贸涵盖协定中明确列举的间接并入的条约包括以下几项：

第一，《建立世界贸易组织协定》第3条第4款规定："为使全球经济决策能更为一致，世贸组织应于适当情况下，与国际货币基金组织（International Monetary Fund，简称IMF）、国际复兴开发银行及其附属机构合作。"第5条有关"世贸组织与其他组织的关系"的条款亦明确规定，"总理事会应进行适当之安排，以其权责与世贸组织有关之其他政府间组织、非政府间组织有效合作或进行谐商"。这些条款赋予了世贸组织同其他

① 《巴黎公约》第8条规定："厂商名称得在一切本同盟成员国内受到保护，无须申请和注册，不论其是否为商标的组成部分。"

国际组织协调与合作之权力。据此，《国际货币基金组织和世贸组织协定》《世贸组织与国际货币基金组织的关系宣言》《世贸组织促进经济决策更大一致性的宣言》等非世贸涵盖协定得以间接并入《建立世界贸易组织协定》得到适用。在阿根廷鞋类措施案中，上诉机构认为“这些协定不能证明成员方对国际货币基金组织的义务可优先于据《1994 年关税与贸易总协定》第 8 条的义务”,①“并没有修改或者减损成员方在协定下的权利义务”。②

第二，多边贸易协定中的附件 1A《多边货物贸易协定》第 21 条“安全例外”条款通过规定“任何为履行根据《联合国宪章》（Charter of the United Nations）③ 维护国际和平与安全义务而采取的任何行动”把《联合国宪章》作为间接并入的非世贸涵盖协定，即如果联合国安理会根据《联合国宪章》第七章第 41 条④对一个世贸成员方实施了经济禁令，而这一禁令被诉到世贸组织，那么安理会的决议就可以作为抗辩理由被提出，换言之，世贸成员方为执行安理会相关决议而对另一成员方采取贸易限制措施属于这种“安全例外”中的义务豁免，这并不违反世贸规则。当然，迄今为止，在世贸组织中尚未出现为了执行安理会决议而援引“安全例外”条款豁免的情形，这主要是因为安理会决议公开而明确，执行安理会决议的成员方并不需要援引“安全例外”条款为自己寻求豁免的法律依据。

第三，《卫生与动植物检疫措施协定》（Agreement on the Application of Sanitary and Phytosanitary Measures）⑤ 第 3 条规定：“如果卫生措施是成员方根据食品法典委员会、国际兽疫组织以及在《国际植物保护公约》范围内运作的有关国际和区域组织制定和定期审议的标准、指南和建议来实施的措施将被推定为同样符合《卫生与动植物检疫措施协定》。”

第四，《纺织品与服装协定》（Agreement on Textiles and Clothing）⑥ 第 1

① 参见韩立余《WTO 案例及评析（1995～1999）》，中国人民大学出版社，2001，第 443 页；陈晓芳：《WTO 争端解决程序中的法律适用》，《理论月刊》2005 年第 9 期，第 17 页。

② WT/DS56/AB/R.

③ http：//www. un. org/zh/documents/charter/，最后访问日期：2012 年 8 月 10 日。

④ 《联合国宪章》第 41 条规定：“安全理事会得决定所应采武力以外之办法，以实施其决议，并得促请联合国会员国执行此项办法。此项办法得包括经济关系、铁路、海运、航空、邮电、无线电及其他交通工具之局部或全部停止，以及外交关系之断绝。”

⑤ http：//www. wto. org/english/docs_ e/legal_ e/15sps_ 01_ e. htm，最后访问日期：2012 年 8 月 10 日。

⑥ http：//www. wto. org/english/docs_ e/legal_ e/16 - tex_ e. htm，最后访问日期：2012 年 8 月 10 日。

条第7款、第2条第8款以及附件规定了在确定该协定的产品适用范围和过渡期执行措施时可援引海关合作理事会的《商品名称及编码协调制度》。

第五，《贸易技术壁垒协定》（Agreement on Technical Barriers to Trade）[①] 第1条第1款规定："标准化和合格评定程序通用术语的含义通常应根据联合国系统和国际标准化组织所采用的定义，同时考虑其上下文并按照本协定的目的和宗旨确定。"第2条第5款规定："凡是符合该协定的规定，并按照国际标准规定采用和实施的技术法规，都可以做出没有对国际贸易造成不必要障碍的可予以驳回的推定。"附件1规定："国际标准化组织、国际电工委员会（ISO/IEC）指南2第6版《关于标准化及相关活动的一般术语及其定义》中列出的术语，如果在本协定中使用，其含义应与上述指南中所给的定义相同。"

第六，《补贴与反补贴措施协定》（Agreement on Subsidies and Countervailing Measures）[②] 附件1（K）规定："如果政府提供的出口信用补贴符合经济合作与发展组织（Organization for Economic Co-operation and Development，简称OECD）《官方支持出口信用准则安排》的规定，就不属于禁止的出口补贴。"

第七，多边贸易协定中的附件1B《服务贸易总协定》第12条第5款第5项规定："在因保障国际收支平衡采取的措施进行的磋商中，成员方应以'国际货币基金组织提供的与外汇、货币储备和国际收支有关的所有统计和其他事实；国际货币基金组织对磋商成员国际收支状况和对外财政状况的评估'等事实与评估为依据作出结论。"

以上七种情形就是在世贸涵盖协定中以间接并入非世贸涵盖协定的方式予以确定某些标准和范围，从而直接适用于贸易争端案件的解决。

2. 关于《条约法公约》的适用问题

我们知道，《争端解决谅解》第3.2条明确规定："世贸争端解决机构依照解释国际公法的习惯规则澄清世贸涵盖协定中的现有规定。"而在"什么是解释国际公法的习惯规则"这一问题上，上诉机构援引了《条约法公约》第31条和第32条规定的条约解释规则。很明显地，《条约法公

① http://www.wto.org/english/docs_e/legal_e/17-tbt_e.htm，最后访问日期：2012年8月10日。

② http://www.wto.org/english/docs_e/legal_e/24-scm_01_e.htm，最后访问日期：2012年8月10日。

约》属于非世贸涵盖协定，但它在世贸争端解决机构中得到了适用。不过，《条约法公约》第31条和第32条规定的条约解释规则并没有直接对世贸成员方设定具体的权利义务，它们仍然只是作为“判断标准”而被引用。从这个角度来看，《条约法公约》可被视作间接并入的非世贸涵盖协定得以适用。

此外，从世贸争端解决机制的实践来看，除了《争端解决谅解》第3.2条明确的条约解释规则外，世贸争端解决机构实际上还适用了《条约法公约》规定的其他的条约法规则，主要涉及《条约法公约》第28条关于“条约不溯及既往”的规定、第30条“关于同一事项先后所定条约之适用”、第41条“仅在若干当事国间修改条约之协定”、第48条关于“错误”的规定、第59条“条约因缔结后定条约而默示中止或停止施行”、第60条“条约因违约而中止或停止施行”、第70条“条约终止之结果”。[①]

事实上，《条约法公约》是“条约的条约”，而世贸涵盖协定本身是国际公法的条约部分，在此种背景前提之下，《条约法公约》岂有不被世贸涵盖协定并入适用之理?!

二　被世贸目的和宗旨所涵盖的其他国际条约的适用

如果说，对非世贸涵盖协定通过并入方式在世贸争端解决机制中得到直接适用这一观点已经基本达成共识，那么，未经并入的非世贸涵盖协定是否可以成为世贸争端解决机制中的适用法律？目前，学者们在这一问题存在着很大的争议。

持否定态度的学者认为：首先，从世贸争端解决机构的功能定位分析，《争端解决谅解》第3.2条规定了“世贸争端解决机构的裁决与建议不能增加或减少世贸涵盖协定所规定的权利和义务”，第3.5条规定了“对于根据所涉相关协定的磋商和争端解决规定正式提及争端的所有解决办法……不得使任何根据这些协定获得的利益丧失或被减损，也不得妨碍这些所涉相关协定的任何目标的实现”，据此很多学者认为，如果世贸争端解决机构可以适用非经并入的非世贸涵盖协定，就会意味着世贸争端解决机构的裁决与建议

① 顾婷：《国际公法视域下的WTO法》，北京大学出版社，2010，第194页。

必须考虑成员方在非世贸涵盖协定中的权利和义务，必然会增加或减少成员方根据世贸涵盖协定获得的权利和义务，因此也就必然违反《争端解决谅解》的上述规定。其次，从专家组的职权范围分析，《争端解决谅解》第7条规定了“专家组……按照（争端各方援引的世贸涵盖协定）的有关规定，审查争端申诉方在设立专家组申请书中提交给争端解决机构的事项……”，第11条规定了“专家组应对其审议的事项作出客观评估，包括对该案件事实、所涉涵盖协定的可适用性和与所涉涵盖协定的一致性的客观评估，并且作出可以协助世贸争端解决机构对所涉涵盖协定的裁决或提出建议的其他有关的认定结论”，这都表明了专家组审理贸易争端的法律依据只能是争端各方援引的世贸涵盖协定。再者，从条约谈判者的意图分析，世贸组织的谈判者们不仅没有在法律适用问题上明示可以适用非世贸涵盖协定，而且谈判者们明显希望将世贸涵盖协定与非世贸涵盖协定相分离，这在《争端解决谅解》第3.1条和《建立世界贸易组织协定》第16条第1款中得到了佐证，因为它们规定了“世贸成员方在各涵盖协定对相关问题没有明确规定的情况下，遵循《1947年关税与贸易总协定》期间的实践”，而根据《1947年关税与贸易总协定》争端解决实践，所有的非《1947年关税与贸易总协定》的国际条约、双边协定均不能被《1947年关税与贸易总协定》争端解决机构适用。① 当然，该派学者并不否认非世贸涵盖协定在解释或澄清某些世贸涵盖协定条款时的作用，但是他们认为并不能从这些有限的情况得出未经并入的非世贸涵盖协定可以直接适用的结论。

笔者认为，上述反对派的观点过于绝对，有待商榷。首先，在作为一个整体的国际法律秩序中，根据国际法委员会的报告，国际法规则相互间的关系可以分为“解释关系”和“冲突关系”两种：“解释关系”是指“一个规则帮助解释另外一个规则，如解释另外一个规则的适用、澄清、更新或之后的修改”，在这种情况下，两个规则同时适用；“冲突关系”是指两个同时有效而且同时适用的规则产生了不相容的结果，所以必须在两者之间作出选择，而解决规范冲突的基本规则在《条约法公约》中寻找。② 在此前提下，如果非世贸涵盖协定与世贸涵盖协定不存在任何冲突，那么无论前者是

---

① 贺小勇：《WTO新议题研究——中国外贸战略转型的法律思考》，北京大学出版社，2008，第35页。

② ILC, *Reports of the Study Group on the Fragmentation of International Law: Difficulties arising from the Diversification and Expansion of International Law*, A/CN. 4/L. 663/Rev. 1 (2004), para. 2.

对世贸涵盖协定进行了确认、支持或者解释，还是在出现法律漏洞[①]时补充了世贸涵盖协定的空白，都是可以适用于世贸争端解决机制中的——当然，此时的非世贸涵盖协定必须能够同时约束争端当事方。而法律漏洞的出现和填补也是直接适用未经并入的非世贸涵盖协定的唯一原因。这是由国际法上禁止宣称“法律不明”（Non Liquet）原则决定的。禁止宣称“法律不明”，是英国著名国际法学家劳特派特教授的法律概念中的一个基本因素，他认为没有哪个国际法庭曾经宣称“法律不明”，这是一个优先的不言而喻的命题，本身是一项明示的国际法原则，因此，在通过填补法律中的实质性缺漏以避免宣称“法律不明”的过程中，法官的工作必然是创造性的。正如德国学者恩吉施所言，“不存在逻辑上和在法律理论上法律秩序的必然完整性”，但是，“法律秩序的完整性毕竟可以被确定作为一个‘规整性的’观念，作为一个‘理性的原则’，它作为规则本身是已知的，这要求我们尽力从法律上回答所有的法律问题，尽可能通过法律思想去填堵实证法的种种漏洞”。[②] 因此，出于法官“禁止宣称法律不明”的司法职责性、制定法的立法局限性和社会发展的无限性，“司法造法是每个社会主持正义的永恒特征”，[③] 世贸争端解决机制亦概莫能外。

为方便论述，在未经并入的非世贸涵盖协定中，本文把它们分成“被世贸目的和宗旨所涵盖的其他国际条约”和“世贸成员基于世贸协定签订的其他国际条约”两类，这一部分首先论述被世贸目的和宗旨所涵盖的其他国际条约在怎样的情况下在世贸争端解决机制中分别得以直接适用、解释世贸涵盖协定时适用或作为证据使用时适用。

因此，我们有必要首先回顾一下世贸组织的目的和宗旨。众所周知，《建立世界贸易组织协定》在序言中规定了“世贸组织以提高人们的生活水平、保证充分就业和提高实际收入，持续发展和保护环境，保证发展中国家

---

① 关于法律漏洞，德国学者恩吉施认为，“法律漏洞是实证法（制定法或习惯法）的缺陷，在被期待有具体的事实行为规定时，明显地缺少法律的调整内容，并要求和允许通过一个具有法律补充性质的法官的决定来排除。因此，漏洞产生于制定法没有、习惯法也没有对一个法律问题给出直接回答的地方”。〔德〕卡尔·恩吉施：《法律思维导论》，郑永流译，法律出版社，2004，第171页。同样的，拉伦茨也认为，“当而且只有当法律（指体现在法律及习惯法中，宜于适用之法规则的总体）对其规整范围中的特定案件类型缺乏适当的规则，换言之，对此保持‘沉默’时，才有法律漏洞可言”。〔德〕卡尔·拉伦茨：《法学方法论》，陈爱娥译，商务印书馆，2003，第249页。

② 恩吉施：《法律思维导论》，第197页。

③ 赵维田等：《WTO的司法机制》，上海人民出版社，2004，序言。

成员贸易、经济的发展等作为宗旨，涉及贸易、投资和知识产权等广泛领域，这一体系庞大的贸易制度体系目标是促进全球贸易自由化”。在此目的和宗旨涵盖之下的非世贸涵盖协定到底包括哪些？这似乎是一个只能定义而难以列举的范畴。事实上，即便列举，更多地也只能是通过具体的案例进行分析和归纳。

（一）填补“法律漏洞”时的直接适用

如上文所述，由于世贸法的相关条款限制了世贸争端解决机制适用法律的具体情形，所以，一般来说，只有当在具体的贸易争端案件中出现“法律漏洞”时，未经并入的非世贸涵盖协定才能得以直接适用。由于是填补“法律漏洞”，所以这样适用非世贸涵盖协定的后果并不会导致“增加或减少所涉相关协定所规定的权利和义务”，也不会“使任何根据这些协定获得的利益丧失或被减损”。当然，此时能够适用的非世贸涵盖协定还必须满足一定的条件：首先，它们必须“被世贸目的和宗旨所涵盖”，也就是说，这些非世贸涵盖协定必须在一定程度上与贸易有关——如果对涉案的非贸易事项不作评价就不可能彻底解决贸易争端，因此其重心还是着力于解决贸易争端，它们的目的和宗旨与世贸涵盖协定的目的和宗旨有交集部分；其次，它必然而且也只能是对争端当事方均有法律约束力的条约，如果只能约束其中一方，则不能够被适用。事实上，由于不同的当事方参加的其他非世贸涵盖协定是不同的，这就极有可能出现不同的争端当事方受到不同的条约约束的情况，从而影响到其权利义务的裁判也出现差异，但这是在国际法律体系中缺乏统一的中央立法机构的一种不可避免的结果。①

事实上，截至目前，在世贸争端解决机制中尚未发现直接适用上述类型的非世贸涵盖协定的情形，这在某种程度上也体现了世贸争端解决机构的司法克制主义；但是，只要世贸法存在“法律漏洞”的可能，那据此作学理上的探讨仍是有“未雨绸缪”之积极意义。在此前提之下，本节主要探讨包含国际强行法内容的非世贸涵盖协定的适用，因为根据上述开列条件，这是最有可能被直接适用的情形。

1. 国际强行法理论

根据《条约法公约》第53条和第64条的规定，“条约在缔结时与一般

① Joost Pauwelyn, “The Role of Public International Law in the WTO: How Far Can We Go?” (2001) 95 *American Journal of International Law* 538, p. 567.

国际法强制规范[①]抵触者无效。就适用本公约而言，一般国际法强制规范指国家之国际社会全体接受并公认为不许损抑且仅有以后具有同等性质之一般国际法规范始得更改之规范"，"遇有新一般国际法强制规范产生时，任何现有条约之与该项规范抵触者即成为无效而终止"，有学者将国际强行法概括为：经国际社会作为整体接受为不得以任何行为背离，并以维护全人类基本利益和社会公德为目的，具有普遍拘束力的最高行为规范。[②] 亦有学者作了更为详尽的定义：国际强行法是国际法上一系列具有法律拘束力的特殊原则和规范的总称，这类原则和规范由国际社会成员作为整体通过条约或习惯，以明示或默示的方式接受并承认为具有绝对强制性，且非同等强行性质之国际法规则不得予以更改，任何条约或行为（包括作为与不作为）如与之相抵触，归于无效。这一定义认为，因违反国际强行法而归于无效的不仅仅是条约本身，还应包括国际社会成员的行为在内，因而在定义中将两者并列相提，以促使人们注意国际强行法的适用范围虽然主要是在条约领域，但并不仅仅局限于此。[③]

这些都充分说明国际强行法规则在国际法体系中处于最高地位，除非是具有同样国际强行法性质的规则，否认任何规则都不能与它相抵触。在"巴塞罗那牵引公司案"中，国际法院在判决中指出，国际强行法产生强制性的国际法义务，任何国家均应当履行，因为这些义务是国家对国际社会承担的，而且为所有国家所关注，"从相关权利角度看，所有国家在对它们的维护中均有法律利益，它们是所有国家的义务（*erga omnes*）"。[④] 也就是说，只要一项规则被公认为国际强行法规则，那么该项规则就对整个国际社会产生了法律拘束力，此时无论某个国家是否具有条约法上的义务，它都应该受

---

① 《条约法公约》的中文作准本用的是"强制规律"，但有学者撰文指出，这里使用"一般国际法强制规范"的译法与英文"a peremptory norm of general international law"最贴切，该学者援引了凯尔逊在1952年出版的《国际法院原理》（Principles of International law）一书中关于"法律规范"（legal norm）和"法律规则"（legal rule）的区分标准认为，"一般国际法强制规范"是"国际法为国家及其他国际法主体规定的具有强制性的行为模式"，因此认为应译作"强制规范"。赵建文：《国际法上的国家责任——国家对国际不法行为的责任》，博士学位论文，中国政法大学研究生院，2004，第152页，脚注第377。笔者也同意使用"强制规范"这一译法。

② 万鄂湘等：《国际条约法》，武汉大学出版社，1998，第318页。

③ 张潇剑：《国际强行法论》，北京大学出版社，1995，第51页。

④ *Case Concerning the Barcelona Traction, Light and Power Company Limited (Belgium v. Spain), Judgment, I. C. J. Reports* 1970, para. 33.

到该规则的约束。

不过，尽管现行的实在国际法的一些原则和规则具有明显的强行法性质，但由于仍然没有在国际法上形成一个统一的识别强行法的标准，所以当涉及具体问题的时候，如对某个特定的原则或者规则的强行性作出判断时，就常常出现各执一词的僵局。“尽管对国际强行法的识别可以是多元的，但有一点需要明确，即任何一方的识别必须得到国际社会的公认，否则，该识别无效。”① 虽然截至目前仍然不存在一个专门的国际法律文件能够详细列举国际强行法的内容，但是，“《联合国宪章》的宗旨和原则、保护国际社会共同利益的一般国际法规范、保护人权和自由的一般国际法规范、保护平民和战争受难者的国际人道主义法规范、保护外国人和保障正常的国际交往及交通的一般国际法规范，以及那些如若被违反即构成犯罪的法律规范等，无疑属于国际强行法的范畴”。②

因此，当世贸争端解决机构在适用法律裁判具体的贸易争端案件时，不仅不能绕开国际强行法，而且当出现“法律漏洞”时，那些含有国际强行法内容的且“被世贸目的和宗旨所涵盖”的非世贸涵盖协定在法理上是可以直接在世贸争端解决机制中得到适用的。

2. *有关国际人权条约能否直接适用的问题*

由于有观点认为国际人权法属于国际强行法，而在国际人权条约中也包含了国际强行法的内容，而且人权法和世贸法的关系问题近年来备受关注，历来存在着较大的争议，因此本文承接上述对国际强行法的探讨对“国际人权条约能否直接适用于世贸争端解决机制”这一问题作一些考察。

世贸组织的目的和宗旨是否包含并体现了人权保护原则？这两者之间是协调还是矛盾的关系？在实践中，贸易和人权保护存在着某些现实冲突，譬如说《知识产权协定》的药品专利权与保护公共健康权之间的冲突，③ 近年来愈发引起各界的关注，甚至掀起了一股“人权入世”④ 的思潮。而笔者认

① 张潇剑：《国际强行法论》，第58页。

② 周忠海主编《国际法》，中国政法大学出版社，2008，第88页。笔者认为，国际强行法要获得国际社会公认的识别标准，需要我们在国际“立法”和司法实践中对此作进一步的探讨和积累。

③ 关于这一问题，2003年世贸组织《多哈宣言》对这两者之间的关系作出了有利于后者的原则宣示。

④ “人权入世”是近年来国际上掀起的一股呼吁将国际人权法规则融入到世贸法律体系的思潮。具体参见刘敬东《人权与WTO法律制度》，社会科学文献出版社，2010，第1~5页。

为，世贸组织的目的和宗旨从工具价值来看体现了贸易自由化，而从内在价值来看仍然体现了保护和促进人权的原则，在现实中为各国改善人权作出了巨大的贡献。贸易自由化和人权保护在终极意义上并不矛盾。从这个意义上而言，国际人权条约与世贸组织的目的和宗旨存在着交集部分。美国学者卡斯纳提斯教授也指出："《建立世界贸易组织协定》前言中的'提高人们的生活水平'、'保证充分就业'等内容反映了尊重人的尊严的承诺，而且与《1994 年关税与贸易总协定》第 20 条包含的人权因素相一致。'持续发展'也具有人权的意义。"①

支持"人权入世"的学者始终主张，国际人权条约中的部分内容（甚至是大部分内容）已经成为国际强行法，具有普遍的对世效力，因此世贸组织必须予以尊重和执行。也有学者提出，这实际上涉及两者的法律位阶问题，含有强行法规则的国际人权法在效力上高于世贸法。笔者认为，通过以国际强行法为媒介"提升"国际人权法的法律位阶，以此比较国际人权法和世贸法之间的效力高低问题，这在世贸争端解决机制的法律适用中并无实际意义。因为，首先，从国际强行法这一层面去分析，如果世贸涵盖协定里面包含跟国际强行法冲突的内容，那么根据《条约法公约》第 53 条和第 64 条的规定，该项世贸涵盖协定的相关内容就是无效的；其次，如果某项国际强行法的内容跟世贸涵盖协定互不关联，没有丝毫瓜葛，那么此时该项国际强行法也没有适用的必要；事实上，只有当"法律漏洞"出现的时候，讨论包含国际强行法内容的且"被世贸目的和宗旨涵盖的"国际人权条约在世贸争端解决机制中能否直接适用才是有现实意义的，在这种情况下，国际人权条约有可能得到直接适用。

还有学者提出，即使国际人权条约能在具体的贸易争端案件中得到直接适用，那此时被适用的到底是仅仅约束争端各方的条约，还是那些约束世贸组织全体成员方的条约？笔者认为，应该从两个层面看待这一问题：第一，如果从国际强行法的角度来看，被考虑适用的国际人权条约的具体条款因包含国际强行法的内容而对国际社会一切成员——包括世贸组织全体缔约方——具有法律约束力，此时根本无须考虑该国际人权条约的缔约方，更不

① Anthony E. Cassinatis, *Human Rights Related Trade Measures under International Law: the Legality of Trade Measures Imported in Response to Violations of Human Rights Obligations under General International Law* (Leiden/Boston: Martinus Nijhoff Publishers, 2007), pp. 359 - 360.

会违背条约相对效力原则——即“条约在原则上只对缔约国产生约束力，而对第三国既不有损也不有利（*pacta tertiis nec nocent nec prosunt*）”。第二，鉴于到目前为止对国际强行法的识别仍然存在极其模糊的区间，那么，如果不能确定某项国际人权条约的规则是否已经构成国际强行法，根据条约相对效力原则，此时被适用的国际人权条约必须首先能够约束个案中争端各方；而这一国际人权条约还是否必须进一步约束世贸组织全体缔约方？笔者认为，从现实的角度来看，没有这个必要。因为，截至现今，没有任何一项国际人权条约的缔约方跟世贸组织全体缔约方是完全重合的，美国学者哈里森教授就曾指出，“没有任何国际条约拥有完全相同的成员，因此，两项国际文件的成员方越多，这两个文件拥有完全相同成员的机会就越小。所有的国际人权条约和世贸涵盖协定都拥有众多成员，因此这两类国际条约拥有完全相同成员的机会很少”，① 可以说，如果拘泥于此，那就在事实上排除了适用国际人权条约填补“法律漏洞”的可能性，不能在现实中解决贸易争端问题。因此，笔者认为在此前提下能够被适用的国际人权条约只需约束争端各方即可。

至于还有学者担心由于某些世贸成员方不是某些重要国际人权条约的缔约方而导致这些国际人权条约在它们之间无法适用，尤其是当这些国际人权条约还无法被确认为国际强行法时，那就有可能影响世贸组织促进人权保护的行动。笔者认为这种忧虑同样是不必要的。因为，无论基于世贸法本身处于国际法律体系之中这一大前提，还是基于世贸法和国际人权法之间千丝万缕的联系，世贸组织事实上仍然是一个调整多边贸易法律关系的国际组织，而非专业性的国际人权组织，因此，世贸争端解决机制在处理具体的贸易争端案件时只能考虑已被确认为属于国际强行法内容的国际人权条约，或者能够约束争端各方的国际人权条约，否则，不仅违背条约相对效力原则，而且势必会损害这些成员方的国家主权，也意味着世贸争端解决机构的越权，而这是世贸成员方所不允许的。当然，除此之外，如果在这些国际人权条约当中包含了国际习惯法的内容，根据国际习惯法本身的性质，即使争端各方没有签署相关的条约，它也可以适用于具体的个案——此外，就让“上帝的归于上帝，凯撒的归于凯撒”，否则，世贸组织将有可能不堪重负，失去它作为国际法中特殊体系的意义。

---

① James Harrison, *The Human Rights Impact of the World Trade Organization* (Oxford and Portland: Hart Publishing, 2007), pp. 203 - 204.

（二）解释世贸涵盖协定时的适用

在处理具体的国际贸易争端案件时，经常会遇到某个具体条约具体条款究竟是何含义的问题。虽然《争端解决谅解》没有具体规定专家组和上诉机构如何解释某一条款，但条约解释这一问题是世贸争端解决机制中无法绕开的核心问题。

关于运用“被世贸目的和宗旨涵盖”的非世贸涵盖协定解释或者澄清世贸涵盖协定这一间接适用方式，区别于直接适用，无论在理论界还是实务界，都获得了肯定，即使持“自足说”观点的学者们也都承认“《争端解决谅解》第3.2条是法律解释途径”[①]，而《争端解决谅解》第3.2条这一规定世贸争端解决机构解释方法的著名条款暗示了世贸法和国际公法之间的关系，即承认世贸法属于国际法的一部分。无论是上诉机构在“美国汽油案”[②] 中呼吁的“不可把世贸法与国际法割裂开来”，在“日本酒精饮料税案”[③] 中阐述的“在美国汽油案中我们强调了《条约法公约》第31条第1款‘解释的通则’来澄清世贸涵盖协定的必要。毫无疑问地，《条约法公约》第32条‘关于解释的补充规则’也同样已经取得了这种地位”，还是在“美国热轧钢案”中指出的“我们认为《条约法公约》第31条和第32条有关条约解释的规则适用于任何条约、国际公法的任何领域而并不局限于世贸协定。这些有关条约解释的规则对条约解释者附加了一些共同的规定，而不考虑被解释条约条款的背景和国际法所涉及的领域”，[④] 都表明了“被世贸目的和宗旨所涵盖”的非世贸涵盖协定可以在贸易争端案件中用于解释或者澄清世贸涵盖协定。

因此，无论《建立世界贸易组织协定》《条约法公约》《规约》的相关规定，还是世贸争端解决机制的立法实践都决定了非世贸涵盖协定可以并且必须作为解释世贸涵盖协定的内容适用于世贸争端解决机制当中。但是，对于这一问题，目前还存在一些争议，主要出自对世贸争端解决机构奉行司法

---

① Donald McRae, “Claus-Dieter Ehlermann's Presentation on the Role and Record of Dispute Settlement Panels and the Appellate Body of the WTO”, p. 715.

② Appellate Body Report on United States-Standards for Reformulated and Conventional Gasoline, adopted on 20 May, 1996, WT/DS2/AB/R, para. 17.

③ Appellate Body Report on Japan-Taxes on Alcoholic Beverages, adopted on 1 November, 1996, WT/DS8/AB/R, para. 10.

④ 鲍威林：《国际公法规则之冲突——WTO法与其他国际法规则如何联系》，第244页。

积极主义有可能导致无节制司法造法的担忧。下文将以世贸争端解决史上的经典案例“美国海龟海虾案”为引子作进一步分析。

1. 非世贸涵盖协定在“美国海龟海虾案”中的解释适用

在“美国海龟海虾案”[①] 上诉案中，印度、马来西亚、巴基斯坦和泰国四个国家起诉美国对虾产品的进口禁令，争端双方对《1994 年关税与贸易总协定》第 20 条第 7 项中“可用竭的自然资源”（Exhaustible Natural Resources）这一词语有着不同的理解。上诉方印度、马来西亚、巴基斯坦和泰国四个国家指出，从合理的文义解释词义的角度出发，可用竭的自然资源是指类似矿产的有限资源，而不是类似生物的可再生资源；因为，如果所有的资源都被视作是可用竭的，那么第 20 条第 7 项中的定语“可用竭的”就显得多余；而海龟是可再生的生物资源，所以它不属于第 20 条第 7 项中所指的可用竭的自然资源。

上诉机构否决了这一主张。为了论证海龟属于“可用竭的自然资源”，上诉机构援引了多个非世贸涵盖协定和文件来进行解释，包括《联合国海洋法公约》《生物多样性公约》《21 世纪议程》《濒危野生动植物物种国际贸易公约》《对发展中国家的援助决议》等，据此指出，“第 20 条第 7 项本身并没有区分非生命的自然资源和有生命的自然资源，有生命的自然资源尽管可以再生，但其可再生性与‘可用竭’并不是互相排斥的。生物科学告诉人们，一种生物尽管是可再生的，但确实因为人类的活动而面临灭绝或耗尽的危险。从这一意义上说，有生命的和无生命的自然资源都一样，都是有限的。”“可用竭的自然资源这一词语在 20 世纪 40 年代就已经拟制，必须由条约解释者参照国家社会当代对环境保护的关注进行解读。”“尽管乌拉圭回合对《1947 年关税与贸易总协定》第 20 条第 7 项没有作任何修改，但是从世贸宗旨可以看出，《1994 年关税与贸易总协定》第 20 条第 7 项与《1947 年关税与贸易总协定》第 20 条第 7 项含义不同，《建立世界贸易组织协定》序言中改‘充分利用’（Full Use）为‘合理利用’（Optimal Use），并要求‘保护和维护环境’。”“忆及《建立世界贸易组织协定》宗旨明确要求可持续发展的目的，我们认为当前仍把《1994 年关税与贸易总协定》第 20 条第 7 项解释为仅指可用竭的矿产或无生命资源，未免太落后于时代的发展了……不论是有生命的还是无生命的，都属于第 20

① WT/DS58/AB/R.

条第 7 项范围。”[①]

通过考察上述被适用的非世贸涵盖协定，我们会发现，并非全体世贸成员方都缔结参加了这些国际条约。譬如说，关于《联合国海洋法公约》，印度、马来西亚和巴基斯坦三个国家已经批准，泰国已经签署但仍未批准，美国则没有签署该公约；关于《生物多样性公约》，印度、马来西亚和巴基斯坦三个国家已经批准，泰国和美国虽已签署但仍未批准。尽管如此，这些被适用的非世贸涵盖协定却具有一些共同的而且是必须的特性，即有些是拥有范围广泛的成员国，有些是对国际习惯法的编纂，都能够在一定程度上反映全体世贸成员方的共同意志，因此被适用作对世贸涵盖协定的解释渊源。正如比利时学者鲍威林教授所指出：“这一要件并非要求所有的世贸成员方都必须正式地明示地承认这些新的非世贸涵盖协定，也并非要求这些非世贸涵盖协定必须在法律上约束所有的世贸成员方。但这些非世贸涵盖协定至少是被所有的世贸成员方默示地接受或者至少是容忍的，在这个意义上，它们可以被认为是表达了所有成员对于世贸涵盖协定所涉条款的含义的共同意志或者理解。”[②] 换言之，对作为解释用的非世贸涵盖协定的限定没有对作为直接适用的非世贸涵盖协定的限定严格。

在现实中，上诉机构依据《建立世界贸易组织协定》序言中“目的与宗旨”来引用非世贸涵盖协定解释海龟属于“可用竭的自然资源”这种扩大解释引起了不少非议，包括一部分学者对世贸争端解决机制所表现出来的司法能动主义的担忧。但是，通过进一步分析，我们可以发现，通过适用“被世贸目的和宗旨涵盖的”非世贸涵盖协定进行解释活动，并不会必然导致世贸成员方增加或者减少实际的法律义务，也可以说，这两者之间并没有逻辑上的必然联系。在“美国海龟海虾案”中，尽管上诉机构通过解释确认了海龟属于“可用竭的自然资源”，美国为保护海龟而制定的 609 条款属于《1994 年关税与贸易总协定》第 20 条第 7 款项下的例外，但是，由于美国在具体实施过程中违背了《1994 年关税与贸易总协定》第 20 条的引言部分，构成了“不合理的差别待遇”，因而不能得到最终支持。换言之，虽然上诉机构这样的解释活动并没有最终导致增加

① Appellate Body Report, United States-Import Prohibition of Certain Shrimp and Shrimp Products, WT/DS58/AB/R, adopted 6 Nov. 1998, paras. 129 - 133.

② Pauwelyn, “The Role of Public International Law in the WTO: How Far Can We Go?”, p. 576.

被诉方的法律义务。事实上，这是正常且经常出现的法律现象，是司法机构为了协调诸多利益矛盾而作出的一种平衡，也是回应社会发展不得不作出的在司法克制前提下的一种司法能动。[①] 而这种平衡理论的运用，在世贸争端解决机制发展史上比比皆是，如“欧盟与牛肉（荷尔蒙）有关的措施案”[②] 等。

2. 适用非世贸涵盖协定解释时的限制条件

第一，这一非世贸涵盖协定要被“世贸的目的和宗旨所涵盖”，如果该协定跟世贸组织毫无瓜葛甚至与世贸组织的目的和宗旨背道而驰，那它肯定不能被适用于特定的解释活动。具体来说，被解释的世贸涵盖协定要足够宽泛或者模糊从而允许引入非世贸涵盖协定，而且这些非世贸涵盖协定要与被解释的世贸涵盖协定具有一定的关联性。[③]

第二，这一非世贸涵盖协定必须能约束特定贸易纠纷案件中的各当事方，这自然是根据条约效力相对性原则。如“美国海龟海虾案”中，即使被适用于解释的众多非世贸涵盖协定中，并非全部的案件当事方都是条约的缔约方，但由于“国际习惯法”的特殊效力，各当事方仍然要受到条约内容的约束。

第三，在世贸争端解决机构运用非世贸涵盖协定进行法律解释活动的过程中，要始终秉持司法克制主义前提下的司法能动性，一定要注意排除造法性活动，使解释活动始终保持在《争端解决谅解》第 3.2 条规定的“世贸争端解决机构的裁决与建议不能增加或减少世贸涵盖协定所规定的权利和义务”范围之内。在实践中，这就要求世贸争端解决机构必须时刻注意这一条“高压线”，避免过分地发挥司法能动性。譬如说，如果世贸涵盖协定中存在的模糊之处是世贸成员方在谈判时预留的，那么此时对这些模糊条款的解释就相当于创制新的规则，或相当于对世贸涵盖协定的修改，如果世贸争端解决机构越权解释了这些模糊条款，便会对世贸成员方的权利义务进行增加或者减少，这是《争端解决谅解》第 3.2 条所不允许的。对于这些模糊条款，就只能通过谈判或者世贸组织规定的其他修改条约的方式进行澄清。

---

① 陈儒丹：《“非 WTO 协议”在 WTO 争端解决中的适用》，《法学》2009 年第 2 期，第 17 页。

② Panel Report on European Communities Measures Affecting Meat and Meat Products (Hormones), WT/DS26/R, WT/DS48/R.

③ Pauwelyn, “The Role of Public International Law in the WTO: How Far Can We Go?”, p. 572.

3. 对适用国际人权条约的一些启示

当世贸组织上诉机构在“美国海龟海虾案”中通过解释《1994 年关税与贸易总协定》第 20 条第 7 项作出了有利于环境保护的历史性判决之后，推动“人权入世”的学者们便极力建议利用《1994 年关税与贸易总协定》第 20 条的“一般例外”条款将人权标准和劳动权标准纳入世贸法律体系，以这种方式为世贸成员方以人权和劳动权为由违反世贸涵盖协定的行为寻找合法性依据。而从目前看来，尽管在有关如何把国际人权法原则纳入世贸法律体系这一问题上存在着极大争论，但大部分的世贸法学者认为，通过运用《1994 年关税与贸易总协定》第 20 条的例外条款作出有利于人权保护的法律解释是世贸争端解决机制在处理可能面临的人权事务时的唯一现实途径。学者们进一步认为，世贸组织上诉机构在“美国海龟海虾案”中通过运用若干非世贸涵盖协定对“可用竭的自然资源”一词所作的解释体现了与时俱进的精神，其为世贸争端解决机制通过适用国际人权法解释“一般例外”[①] 中的“公共道德”一词提供了判例法依据，这就意味着世贸争端解决机制应该顺应时代发展潮流，将促进和尊重基本人权作为“公共道德”一词的应有原则。

（三）作为证据使用时的适用

通过上文的论述，我们知道，被“世贸目的和宗旨所涵盖的”非世贸涵盖协定，在满足一些特定条件之后，可以适用于世贸争端解决机制，可以用于解释世贸涵盖协定，事实上，它们还可以作为证据使用——作为事实证据以证明某种客观事实的存在，或者作为法律论证作用于世贸争端解决机构的法律推理论证。

在“美国海龟海虾案”中，上诉机构在论证海龟属于“可用竭的自然资源”时，引用了非世贸涵盖协定《濒危野生动植物物种国际贸易公约》作为证据，指出：“海龟的可用竭性是很难再被推翻的，因为在本案中所涉及的七类海龟全部都被列入了该公约附件一之中，这包含了所有受到或可能受到贸易影响而面临灭绝危险的物种。”[②] 此外，在论证美国在具体实施过

---

① 大多数学者认为，《1994 年关税与贸易总协定》“一般例外”条款应适用于全部世贸涵盖协定，尽管一些具体协定没有类似条款。这就意味着，“一般例外”条款作为一项重要法律制度适用于全部世贸涵盖协定。参见刘敬东《人权与 WTO 法律制度》，第 258 页。

② Appellate Body Report on United Stated-Standards for Reformulated and Conventional Gasoline, adopted on 20 May, 1996, WT/DS2/AB/R, para. 132.

程中违背了《1994年关税与贸易总协定》第20条的引言部分，构成了“不合理的差别待遇”时，上诉机构列举的原因之一就是“美国没有认真尝试通过达成多边协定的方式解决争议。报告注意到美国成功地推动了《美洲间海龟保护公约》的签订，这就证明了多边合作是可以实施并可行的，但美国同争端方四国却从来没有通过签署多边协定的方式来寻求争议解决的类似努力”。由此可见，上诉机构正是通过适用一个非世贸涵盖协定《美洲间海龟保护公约》来间接证明美国的609条款违反了《1994年关税与贸易总协定》第20条引言的规定，因此得不到支持。

“被世贸目的和宗旨所涵盖的”非世贸涵盖协定作为证据适用于具体的国际贸易争端案件，这在实践中并不罕见，在很多情况下，这些非世贸涵盖协定被用于对违反世贸涵盖协定的正当性进行辩护。譬如说，假设两个世贸组织成员方签订了一项经济合作协定，在该协定中规定若有任何一方违反基本人权，那另一方就可以采取贸易制裁措施；而当这种违反基本人权的裁判是由司法机构按照协定公平公正地作出，且另一方事实上采取了贸易制裁，那么此时该份经济合作协定便可以作为另一方违背世贸涵盖协定的正当性的证据。

三　世贸成员方基于世贸涵盖协定签订的其他国际条约的适用

世贸成员方基于世贸涵盖协定签订的其他国际条约，包括争端双方或多方基于世贸涵盖协定缔结的双边国际条约和多边国际条约。这一类的非世贸涵盖协定区别于“被世贸目的和宗旨所涵盖的”非世贸涵盖协定，主要有两点：第一，基于世贸涵盖协定缔结的非世贸涵盖协定不仅与具体的贸易争端案件有着直接的联系，而且与世贸涵盖协定有着直接的联系，但是，它们未必都反映了世贸的目的和宗旨，甚至可能与世贸组织的某些基本原则相背离，如在“欧盟香蕉案”[①] 中被适用的《洛美协定》（Lome Waiver），它规定的“比最惠国更优惠的待遇”是违反世贸组织最惠国待遇的。第二，这一类的非世贸涵盖协定必须对争端各方具有明示的约束力。

具体来说，这一类的非世贸涵盖协定既有涉及实体问题的，也有涉及程

① WT/DS27/AB/R.

序问题的。下文分别通过若干案例从其对实体问题和程序问题两个层面的影响来探讨这一类非世贸涵盖协定在世贸争端解决机制中的适用情况。

（一）涉及实体问题时的适用

承接上文所述，基于世贸涵盖协定签署的非世贸涵盖协定能否直接适用于具体的贸易争端案件？在涉及具体贸易争端案件的实体问题时，这一类协定如何影响实体法律权利义务关系？下文将通过“欧盟香蕉案”和“欧盟家禽案”两个典型案例进行分析。

1. 欧盟香蕉案

在“欧盟香蕉案”中，拉丁美洲五个国家（危地马拉、墨西哥、厄瓜多尔、洪都拉斯、巴拿马）联合美国向世贸争端解决机构提起了针对欧盟的香蕉进口措施案，认为欧盟实施的香蕉进口限制政策超越了《洛美协定》的范围，违反了《1994 年关税与贸易总协定》第 1、2、3、5、8、11、13、24 条和第四部分。这当中涉及的非世贸涵盖协定——《洛美协定》，是欧盟单方面给予从非洲、加勒比和太平洋地区原欧洲各国的殖民地国家进口的香蕉等农产品以比最惠国更优惠的待遇为主要内容的条约；但是，由于特惠制是违反最惠国待遇的，所以《洛美协定》必须经过关税与贸易总协定全体缔约方特别予以批准才可以生效。

1994 年 12 月 9 日，经欧盟和 49 个非洲、加勒比和太平洋地区国家申请，关税与贸易总协定全体缔约方决定给予欧盟在《洛美协定》的范围之内豁免其某些义务，通称“洛美弃权”：“根据以下所设定的时间和条件，至 2000 年 2 月 29 日，允许欧盟按照第四个《洛美协定》相关条文的要求，对来自非洲、加勒比和太平洋地区国家的产品给予更加优惠的待遇的必要限度之内，使其豁免于总协定第 1 条的规定。”因此，为了阐明“洛美弃权”的范围，对《洛美协定》相关条文要求的确定便成了一个关键。上诉机构同意专家组的观点：“因为关税与贸易总协定全体缔约方在‘洛美弃权’的决定中提到了《洛美协定》，所以，《洛美协定》的含义就变成了关税与贸易总协定/世贸组织的问题，起码在本案范围内如此。我们只能在解释‘洛美弃权’的范围内审议《洛美协定》的规定。”①

---

① Appellate Body Report on European Communities-Regime for the Importation, Sale and Distribution of Bananas, adopted on 25 September, 1997, WT/DS27/AB/R.

因此，我们可以看到，专家组和上诉机构在此案中正是将非世贸涵盖协定——《洛美协定》作为解释关税与贸易总协定全体缔约方通过的免除义务决定“洛美弃权”的一种证据，然后将“洛美弃权”的决定适用于此案的解决。这是基于世贸涵盖协定签订的非世贸涵盖协定在世贸争端解决机制中得以适用的一个典型案例。

2. 欧盟家禽案

在“欧盟家禽案”中，背景是关税与贸易总协定全体缔约方曾授权欧盟根据《1947年关税与贸易总协定》第28条与利害相关方进行谈判，修改关税减让表；而欧盟与巴西基于《1947年关税与贸易总协定》第28条进行谈判后达成了新的关税约束协定，被称为《油菜籽协定》。后来巴西向世贸争端解决机构提起申诉，认为欧盟违反了《1994年关税与贸易总协定》第2、3、10、13条，《进口许可证程序协定》第1.4条第1项和《农业协定》第5.1条第2项等规定。

此案的关键在于厘清关税减让表与作为非世贸涵盖协定的《油菜籽协定》之间的关系。巴西认为《油菜籽协定》应该直接适用于该案。专家组基于该协定是依据《1947年关税与贸易总协定》第28条进行谈判签订的，所以决定考虑该协定。但是，上诉机构对此提出了反对意见，认为《油菜籽协定》是欧盟和巴西谈判签署的双边协定，而非世贸涵盖协定，因此，《油菜籽协定》不能作为解决该贸易争端的直接适用的法律依据；又因为《油菜籽协定》是基于《1947年关税与贸易总协定》第28条进行谈判签订的，且欧盟在《油菜籽协定》中关于给予冰冻家禽配额的承诺也纳入了《1994年关税与贸易总协定》的关税减让表，所以，尽管《油菜籽协定》不能作为解决争端各方实体权利义务关系的适用法，仍然可以作为解释关税减让表含义的补充工具。①

3. 小结

通过对上述“欧盟香蕉案”和“欧盟家禽案”的回顾分析，我们可以知道，作为基于世贸涵盖协定而签署的非世贸涵盖协定，在世贸争端解决机制中不能作为确定具体贸易争端案件各方实体法律权利义务的直接适用法；但是，由于这一类的非世贸涵盖协定不仅与具体的贸易争端案件有着直接的

① 贺小勇：《分歧与和谐：析WTO争端解决机制的法律适用》，《现代法学》2005年第9期，第17页。

联系，而且跟世贸涵盖协定有着直接的关系，因此，在大多数情况下，它们往往被用作说明适用特定的世贸涵盖协定的背景或者原因，在世贸争端解决机制中得以间接适用。

（二）涉及程序问题时的适用

基于世贸涵盖协定签署的非世贸涵盖协定，在程序问题上，既有可能涉及世贸争端解决机构管辖权和其他国际司法机构的管辖权冲突问题，也有可能涉及减损或排除世贸争端解决机构管辖权问题。

在国际法体系内，不仅缺乏统一"立法"机构，也缺乏统一解决一切国际争端的司法机构。从某种程度上说，国际司法机构的增加及其有效运作对于加强国际法的地位和刚性、通过司法手段和平公正地解决国际争端以及发展国际法规则等都具有积极的作用；但是，这种"国际法庭与裁判机构的非中心化扩散"（Decentralized Proliferation of International Courts and Tribunals）使各个国际司法机构之间的管辖权发生了冲突可能，这也是造成国际法不成体系的一个重要原因。[①] 尽管世贸成员方通过"一揽子"协定统一接受了世贸争端解决机制的强制性管辖，但是，一般国际法上并不强制任何国家以一种方法解决国际争端或者将一切国际争端交由一个指定的国际司法机构去解决。[②] 按照国际法的一般理论，世贸成员方通过一项协定选择管辖或者排除世贸争端解决机制的管辖，也是可以的。那么，如果出现了这种情况，这种非世贸涵盖协定又会对世贸争端解决机构的管辖权产生怎样的影响？

在"阿根廷家禽案"中，根据非世贸涵盖协定《南美共同体市场议定书》，如果缔约方将一项争端请求提交给南美共同体市场或者世贸争端解决机制，那就不能再将同一争端提交给另外的机构；因此，阿根廷在本案中提出，根据《南美共同体市场议定书》，既然一项反倾销请求已经提交给南美共同体市场仲裁，那么巴西就不能再向世贸争端解决机制提出申诉。在此案中，专家组拒绝了阿根廷的观点，理由是《南美共同体市场议定书》尚未生效，所以不能适用。[③] 但是，如果《南美共同体市场议定书》已经生效了

---

① 顾婷：《国际公法视域下的 WTO 法》，第 212 页。

② 《联合国宪章》第 33 条第 1 款。

③ 参见徐曾沧《非 WTO 法能作为 WTO 争端解决的实体法吗?》，《WTO 经济导刊》2007 年第 11 期，第 91 页。

呢？此时专家组是否会根据该协定限制自身的管辖权？这是一个值得我们作进一步思考的假设。迄今为止，世贸争端解决机构还没有作出过类似案例的判决。

而在“欧盟诉印度数量限制”案中，欧盟和印度曾经达成了一份双边协定，规定“……只要印度遵守交换书信下的任务，欧盟不能在逐步淘汰期间内就那些限制措施根据《1994年关税与贸易总协定》第22条和第23条提出申诉”，在该协定生效之后，在有关“逐步淘汰期间”结束之前，欧盟发起了印度汽车工业措施案，而印度援引“欧盟诉印度数量限制”案中达成的双边协定，反对欧盟就此事向世贸争端解决机制提起诉讼程序。但是，专家组基于该项双边协定没有包含印度汽车工业措施纠纷中的争议事项这一事实问题回避了印度能否援引该双边协定的至关重要的问题。

通过考察其他相关的世贸争端案件，我们也会发现，在这一问题上，专家组和上诉机构迄今没有给出一个明确的答案。有学者认为，“只要某一案件属于世贸涵盖协定范围之内，即使该案件同时被其他非世贸涵盖协定所涵盖，即使该案件已经依据其他非世贸涵盖协定提交给相应的国际争端解决机构，世贸争端解决机构都应该无一例外地否定其他协定中的管辖排除条款的效力，行使世贸组织的司法管辖权”。① 笔者认为，如果这一类基于世贸涵盖协定签署的非世贸涵盖协定是合法有效的，世贸争端解决机构首先应该承认它的效力，并且进一步根据个案的具体情况审查自己是否对案件具有管辖权。如果世贸争端解决机构的管辖权受到减损，那么此时应该允许把这一争端交由其他国际司法机构进行解决，因为这本身也是争端各方主权意志的行使。也就是说，此时的非世贸涵盖协定事实上影响了世贸争端解决机制的管辖权，它间接适用于程序问题当中。

结　语

应该承认，世贸法作为一个“崭新的”国际法分支，现在还处于动态发展的过程之中，还存在着很多不完善的地方，尤其在2008年多哈回合谈

---

① Davida. Gantz, “Settlement of Disputes Under the Central America-Dominican Republic-United States Free Trade Agreement”（2007）30 *Boston College International and Comparative Law Review* 331, p. 410.

判失败之后，世贸组织的谈判更是举步维艰。与此同时，国际贸易争端却随着经济全球化日益增多日益复杂，大量的法律问题随之产生，这些都需要世贸争端解决机制作出迅速有效的应对。从这个层面上讲，赋予世贸争端解决机构广泛的法律适用权限似乎有现实的意义。而且，世贸法本身处于整个国际法体系当中，这也是非世贸涵盖协定在其中得以适用的可能性前提。但是，另一方面，世贸争端解决机构又不能超越其法定职权在世贸涵盖协定之外进行司法造法，破坏世贸成员方之间权利义务的平衡。因此，关于法律适用这一问题，对于世贸争端解决机制来说，"自足说"和"并入说"都有其合理之处和存在的价值，它们貌似针锋相对水火不容，但在个案解决现实的国际贸易争端当中，是可以相互补充，更为合理地解决纠纷的。本文对各类非世贸涵盖协定在世贸争端解决机制中的适用情况进行了梳理分析。

首先，从目前世贸争端解决机制的实践来看，对于被并入世贸涵盖协定的那一部分非世贸涵盖协定，往往因为构成制定世贸组织贸易规则的基础而被视为世贸涵盖协定的一部分，无论"自足说"还是"并入说"，事实上都承认其可以直接适用于世贸争端解决机制当中。除此之外，其他类型的非世贸涵盖协定只有在满足特定条件的前提下才有可能出于对"法律漏洞"的填补而直接适用于世贸争端解决机制，这样才不会导致"增加或减少所涉相关协定所规定的权利和义务"，也不会"使任何根据这些协定获得的利益丧失或被减损"。

其次，对于被世贸目的和宗旨涵盖的那一部分非世贸涵盖协定，根据其本身特性和具体情况，可能以直接适用、解释适用和作为证据适用三种方式在世贸争端解决机制中得以适用。而国际强行法由于其本身特点使然，当世贸争端解决机制在适用法律裁判具体的贸易争端案件时，不仅不能绕开国际强行法，而且当出现"法律漏洞"时，那些含有国际强行法内容的且"被世贸目的和宗旨所涵盖"的非世贸涵盖协定在法理上是可以直接在世贸争端解决机制中得到适用的。至于国际人权条约在世贸争端解决机制中的适用问题，迄今为止仍限于学理上的探讨，需要具体情况具体分析，留待进一步的考察。而运用"被世贸目的和宗旨涵盖"的非世贸涵盖协定解释或者澄清世贸涵盖协定这一间接适用方式无论在理论界还是实务界都获得了肯定，即使持"自足说"观点的学者们也都承认"《争端解决谅解》第3.2条是法律解释途径"，但在具体解释活动时仍然要遵循一些限制性条件，要秉持司法克制主义前提下的司法能动性，注意排除造法性活动。当"被世贸目的和宗旨所涵盖”的非世贸涵盖协定作为证据适用于具体的国际贸易争端案件时，这在实践中并不罕见，在很多情况下，这些非世贸涵盖协定被用于对违反世贸涵盖协定的正当性进行辩护。

最后，基于世贸涵盖协定签署的非世贸涵盖协定，在世贸争端解决机制中的适用，既有涉及实体问题的，也有涉及程序问题的。在实体问题上，这一类协定一般不能作为确定具体贸易争端案件各方实体法律权利义务的直接适用法，但是，由于它们不仅与具体的贸易争端案件有着直接的联系，而且跟世贸涵盖协定有着直接的关系，因此，在大多数情况下，它们往往被用作说明适用特定的世贸涵盖协定的背景或者原因，在世贸争端解决机制中得以间接适用。而在程序问题上，这一类协定有可能涉及世贸争端解决机制管辖权和其他国际司法机构的管辖权冲突问题，也有可能涉及减损或排除世贸争端解决机制管辖权问题；通过对具体案例的分析，我们发现，世贸争端解决机制目前对这一问题并没有给出一个正面的回答，但无论如何，此时的非世贸涵盖协定事实上影响了世贸争端解决机制，后者至少要在相关问题上作出某些解释或者澄清。

总的来说，世贸争端解决机制在适用非世贸涵盖协定时可谓是尤其小心谨慎，在司法造法上仍然体现出很强的克制主义，不敢越雷池半步；而这一趋势估计在可预见的将来亦不会有太大的改变。当然，世贸法在发展，世贸争端解决机制也在发展，因此有关其法律适用问题必然也会随着世贸法和世贸争端解决机制的发展而不断发展和完善，我们将拭目以待。

Research on the Application of Non-WTO Agreements in WTO Dispute Settlement

Deng Hua

Abstract: As part of the Non-WTO law, which distinguishes from the WTO covered agreements, the Non-WTO Agreements could be applied in the WTO dispute settlement as applicable law, interpretation and evidence. First of all, as to the Non-WTO Agreements incorporated in the WTO covered agreements, they are frequently applied directly in the WTO dispute settlement as part of the WTO covered agreements. Secondly, as to the Non-WTO Agreements covered by the aim and principle of WTO, there exist three types of applying possibilities: direct application, interpretation and evidence. The last but not the least, as to the Non-WTO Agreements concluded based on the WTO covered agreements, this paper analyzes the possibility of indirect application from two aspects of the substantive issues and the procedural issues. In a word, the Panel and the Appellate Body are always indicating the judicial restraint until now.

Key Words: the Non-WTO Agreements; the WTO Dispute Settlement; the Self-contained Regime doctrine; the Doctrine of Incorporation; Judicial Restraint

信息综述

第八届国际法论坛“变革时代国际法的新发展”学术研讨会综述

沈 涓　李 赞　张文广　张美榕*

2011年11月26~27日，中国社会科学论坛暨第八届国际法论坛“变革时代国际法的新发展”在北京举办，这是国际法论坛列入中国社会科学论坛后召开的第二次国际性学术会议。与会代表近70人，国外代表来自联合国、美国休斯顿大学和罗格斯大学、日本早稻田大学、英国伦敦大学学院、德国马普所等机构和学校，国内代表来自外交部、最高人民法院、律师事务所等机构和实务部门，以及北京大学、清华大学、中国人民大学、中国政法大学、外交学院、北京师范大学、复旦大学、武汉大学、吉林大学、中南财经政法大学、华东政法大学、对外经贸大学、香港大学等近20所高校，还有上海社会科学院和东道主中国社会科学院国际法研究所及法学研究所等研究机构。

此次论坛以“变革时代国际法的新发展”为主要议题，国际公法、国际私法和国际经济法三个专业都以学科的最新发展为重点，深入探讨和交流了各学科在理论、立法和司法多方面的发展状况和对国际国内社会的影响。

一　国际公法

本次国际法论坛中，国际公法方面的论文和发言内容非常丰富，涉及的领域范围也很广。主要可归纳为如下三个方面：当今国际社会的热点问题、与中国利益相关的国际法问题、国际法基本理论问题。当然，这种分类也许

* 沈涓，中国社会科学院国际法研究所研究员；李赞，中国社会科学院国际法研究所助理研究员；张文广，中国社会科学院国际法研究所助理研究员；张美榕，中国社会科学院国际法研究所博士后。

并非十分贴切，因为在某些方面，国际社会的热点问题和与中国利益相关的国际法问题存在交叉情况，比如，利比亚武装撤侨行动既是热点，也与中国利益相关。

（一）国际热点问题

国际公法一直以来都与国际社会的重大事件密切关联，几乎所有的国际热点问题都与国际公法有关。在过去的一段时间里，利比亚战争、与利比亚战争相关的中国撤侨行动、阿拉伯世界很多国家的混乱状态和政权的更迭、苏丹达尔富尔及后来的南苏丹问题、由国际货币基金组织总裁卡恩案触发的国际组织及其官员的豁免问题等，都是国际社会和国际法学界共同关注的问题。本次论坛对这些问题都有积极的回应，反映了广大国际法学者对现实世界的关注，问题意识很强。

阿拉伯世界去年以来发生的一连串事件，是国际社会的热点之一。来自联合国儿童权利委员会的代表认为，二战之后，随着非殖民化进程，阿拉伯地区进入了一个新阶段。但在这个阶段，由于受到冷战、巴以冲突和石油的发现这三个因素的影响，阿拉伯国家的领导人利用其中一个或多个因素来保持自己的权力，剥夺了人们政治经济社会发展的机会。他指出，阿拉伯地区的人民在历史上从未尝到过自由或享有过基本人权。阿拉伯之春对人权影响很大。这点给我们很大的启发。通常阿拉伯世界被认为是第三世界，其关注点不在人权领域。但是在阿拉伯之春运动中，人们首先体现了对社会正义和民主改革的诉求。他指出了人权的普遍性：一个国家的统治者如果漠视基本人权，可能其统治会无法维持下去。他的观点让我们对阿拉伯国家人民的诉求的认识更为全面，其实，人权也是阿拉伯国家人民的关注点。同时，他对国际社会对国内事务的干预是从积极正面的影响来评述的。事实上，国际社会对一国内部事务的干预所带来的负面影响当然也是值得关注的。关于阿拉伯之春，另一位外国学者在其提交的论文中，也论述了阿拉伯之春与国际刑法规范演变的问题。

在对利比亚战争的讨论中，有代表提出利比亚战争凸显了对国家主权原则的冲击。他认为，利比亚战争就像一面镜子，折射出国际关系格局在很多方面的新变化，其中之一就是对国际法上国家主权原则的冲击。他认为，事实上，冷战结束后的国际关系发生了很大的变化。原来国际社会的两极体系，似乎已经让位于各个国家之间相互依赖的体系。原来根据意识形态来划分的世界，现在似乎要保证致力于民主与人道事业。政治问题法律化，或法律问题政治化。国内问题国际化，或国际问题国内化。这对在新世界格局中维护国家主权提出了挑战。他在发言中论述了利比亚战争及其产生的变化，详细分析了安理会相关决议以及国际刑事法院发布的逮捕令、指令等对利比亚局势发展所产生的影响，加速了利比亚旧政权的垮台；通过西方国家对利比亚新政权过早的承认、将旧政权的资产过早地转移到新政权等，对利比亚后来的局势发展也起到了非常大的促进和推动作用。该代表从国际刑法、国际人道法的发展揭示了近年来国际社会一些事件对传统国际法理论造成的冲击，反映了近年来传统国际法出现的新的张力。那么，对这些事件对国际法的冲击，是应该将其视为一种例外，还是应视为未来国际法的发展动向，这是值得研究的。如果是例外，那么这个例外规则是否需要限制，其界限在哪里，如何让它不成为一个普遍的规则，以避免其造成对现代国际法整个理论的破坏，都需要进一步研究。

随着利比亚战争的发展，中国政府为了保护在利比亚侨民的生命财产安全，果断采取了武装撤侨行动，赢得了国内和国际社会的好评。由于《联合国宪章》规定禁止使用武力或武力威胁，唯一的两个例外是自卫和安理会授权采取武力行动。但是，武装撤侨是否符合宪章的有关规定和精神，引起了国际法学界的讨论。有学者在其提交的论文中，讨论了侨民保护方面国际法理论的发展。他认为，伴随新情势下极端事件的频发，侨民生命安全时常被置于遭受侵害或威胁的危险境地，而依据传统管辖权实施的侨民保护方式却无法妥善解决。所以，从长远看，有必要承认和赋予国家“特殊情势管辖权”，将武力保护和救助作为海外侨民保护的一种重要方式，作为特殊情势下国家管辖权的有效体现。总而言之，强有力的侨民保护既关系到国家形象，更是国家能力和国家主权意识的重要体现。保护侨民的生命财产安全是国家的一项重要任务，从长远看，武力保护和救助海外侨民已经成为发展的必然趋势。发展中的国际法当为新形势下的这一客观需要提供坚实的理论基础。采取武装保护侨民的措施在国际法上引起的一些新问题也引起了其他一些学者的关注。

在当今世界，许多政治实体都将建立一个获得国际社会广泛承认并成为联合国会员国的国家作为其最高的政治理想。2011 年 7 月 9 日宣布建国并在 7 月 14 日成为联合国第 193 个会员国的南苏丹，是苏丹达尔富尔问题解决之后被联合国接纳的一个新成员。有与会代表在发言中对以承认作为制裁的理论进行了辨析。他认为，以承认作为制裁的理论将承认与人权挂钩，通过对分离实体的承认，来对其母国进行制裁。但通过科索沃、南苏丹、索马里兰、车臣和巴勒斯坦等案例的分析表明，其实质不过是新瓶装旧酒，仍然是人权高于主权的翻版，成为人道主义干涉的新理论武器，并为西方的自身利益服务。以承认作为制裁的理论对不干涉内政、尊重国家主权和领土完整等国际法原则构成严重的冲击。

2011 年 5 月中旬发生的国际货币基金组织总裁卡恩案，目前虽然以卡恩被无罪释放返回法国告一段落，但由该案引发的人们对国际组织及其职员的豁免的关注和研究似乎才刚刚开始。国际法上有三大豁免制度，即国家豁免、外交豁免、国际组织的职能性豁免。对前两种豁免制度的研究和国际国内立法都已经相当深入和成熟，而目前国内对国际组织豁免问题的关注和研究还十分薄弱。随着中国与大量国际组织交往的深入，国际组织机构及其人员在国内活动的增多，加强对国际组织豁免问题的研究已经变得非常现实和必要。有学者在其提交的论文中，阐述了国际组织豁免问题的一个方面，即国际组织放弃豁免的方式。他认为，国际组织享有豁免，可能使得遭受国际组织及其代理人行为损害的私人无法得到司法救济。为了避免或至少减轻豁免给私人所带来的消极影响，在实践中由国际组织放弃豁免，然后认可国内法院的司法审判权，是平衡国际组织豁免权和私权的有效途径。对于国际组织放弃豁免的方式，历来看法各异。明示放弃豁免是被普遍接受的方式，但预先放弃豁免是否具有法律效力的问题成为学界的公案。而关于国际组织的豁免能否默示放弃，争论尤多。论证和澄清上述问题，对国际组织豁免理论的完善以及国际组织和有关国内司法与外交部门的实践均具有重要意义。在国际组织的实践中，不论联合国系统内的国际组织，还是其他国际组织，其豁免的放弃包括了明示和默示两种方式。其中，除了通过一定的文字表述和语言表达明确放弃豁免外，在合同中预先放弃豁免也属于明确放弃豁免的一种特定类型。而默示放弃豁免的方式目前在实践中主要有通过出庭应诉放弃豁免、通过挑选法律或挑选法院条款放弃豁免和通过仲裁协议或仲裁条款放弃豁免三种。由于国际组织数量的极大增长及其功能的日益扩大，受到国际组织及其代理人行为影响的他方行为体迫切需要通过国际组织放弃豁免的方式维护自身可能受到损害的权益，若依然只是局限于国际组织明示放弃豁免一途，则难免纵容国际组织的行为，认其无须承担相应的法律责任。这有违国际组织以促进人权为己任的国际潮流，应当引起重视。

（二）与中国利益相关的国际法问题

目前国际法上虽然有越来越多的学者和国际法律制度重视国际社会的共同利益，但是，在依然是主权国家林立的国际社会，国际法一方面服务于国际社会共同利益，另一方面也是依然很重要的方面，即维护和发展国家利益。中国的国际法学者通过对国际法的研究来关注和解决与中国利益相关的问题，维护和发展中国的国家利益，在本次国际法论坛上有非常深刻和充分的体现。这反映了国际法学者们难得的家国情怀。

参加本次论坛的学者在涉及与中国利益相关的国际法问题时集中探讨了一些与中国有关的人权问题，形成的多角度观点主要有：

第一，分析了人权与国际关系的发展过程、美国的人权外交和欧盟的人权外交，认为人权在中国的对外关系中具有重要地位，中国应当为全人类的人权事业作较大的贡献。

第二，回顾了人权事务委员会的组成情况，包括委员的职业背景、地域来源、性别比例及其他因素，并以实际数据介绍了委员会委员的组成情况，认为尽管中国籍的委员将不是中国国家或政府的代表，但是在委员会这样一个具有极大权威和影响的机构中，能有中国人的声音，仍是非常令人企盼的。并且，在该委员会任职的中国人应该具备足够的包括语言、人权专长等在内的工作必备能力。

第三，着重探讨了国际人权公约对中国人权保障的实质性影响，主张国际人权公约对中国人权保护的影响不能仅仅停留在批准公约和提交履约报告等外在的形式方面，更重要的是应当将国际人权公约所保障的基本人权通过中国国内法上切实有效的举措真正地予以实现。未来一两年中国需要应对联合国相关机构审查中国履行《联合国反腐败公约》的情况。事实上，中国履行该公约的实际情况确实不容乐观，在应对审查方面确实难以坦然面对。中国党和政府真心实意来切实履行有关国际公约，才是出路和正路。这反映了中国学者对国家的殷切情怀。

第四，从软法的概念、国内法上的软法、国际法上的软法、软法与国家的软实力、软法与人权和社会建设等方面进行了论述，认为人们常说法律是调整社会关系的，其实在更宏观的意义上讲，法律是解决社会问题的。也因为此，许多软法的实施和法治目的的实现已经不是法庭之上，不在司法机关，而是在广阔的社会空间，法律成为社会建设和社会工作的主题。人权在立法中获得确认，却没有办法都通过司法获得实现，更多、更经常的，是需要在社会生活中获取得以行使或者实现的可能，获得保障。除了硬法之外，许多人权以软法的方式获得确立，并通过软法的社会予以促进和保障。国家要保障人权，实现良治，必须依靠法治，特别是对严格意义的诸如《妇女权益保障法》和《未成年人保护法》一类的软法要更加重视和落实，并充分发挥诸如《人权行动计划（2009～2010 年）》《中国儿童发展纲要(2011～2020 年)》和《中国妇女发展纲要（2011～2020 年)》一类的软法的指导性、针对性和操作性强的作用。而软法的实施，不仅主要依靠司法机关，更取决于社会管理和社会建设的加强。而这里的软法，也不仅仅是国内法上的软法，国际法作为一个整体，特别是长期未获得充分重视的人权法及其解释文件和通常认为没有法律约束力的联合国大会决议等国际文件，都应该作为国内法治可资适用、参考或者借鉴的重要的法律渊源。

还有其他的学者分别从以下一些方面论述了人权问题：基于中国对人权公约之保留和声明的视角分析中国的人权立场和特殊性；人权国际合作义务的多重性；人权责任的适用范围；等等。

除了上述人权问题外，中国与周边国家的有关纠纷也是本次论坛学者们讨论的重点之一。其中，关于中国战争受害者对日索赔与国际人道主义法的发展问题，有代表认为，回顾民间战争受害者对日索赔的实践、探究国际人道法在救济战争受害者机制方面的发展趋势、阐述中国学者主张的战争受害者私人请求权不受公权力剥夺的理论，对国际人道法的发展具有重要的历史性意义。

还有代表探讨了关于南海的问题，他对南沙岛礁领土争议法律方法的不适用性进行了实证分析，认为南沙岛礁领土争议问题无法利用法律方法解决。同时，为避免南海问题的进一步恶化，他主张在和平方法无法最终解决南沙岛礁领土争议问题前，应尽力制定低层次领域的合作协议，并指明了为缔结具有法律拘束力诸如《南海各方行为宣言》那样的协定而努力的方向。另外，结合现实发展趋势，他特别指出了中越两国在南海问题上达成共识和原则协议的意义。他还提出了完善我国海洋问题政策与法制等方面的具体对策建议，包括展开两岸海洋问题合作与具体的实施方法，强调了发展军事力量捍卫国家主权和领土完整的重要性。

（三）国际法基本理论问题

近些年来，国际法学界出现了一种趋势，那就是大都专注于具体法律问题的分析和讨论，对于一般的国际法理论问题涉及甚少，尤其是对于那些形而上的国际法基本理论，问津者不多。但是，本届国际法论坛出现了可喜的局面，不少学者纷纷对一些包括国际法治、世界和平等在内的国际法基本理论问题发表见解，将一些老问题谈出了新思想。

有代表以《迈向法治化的国际法》为题发表了演讲，他从国际法的强制力增加、国际立法更趋完善、国际法得到更有效的实施和遵从、人权得到尊重和保障四个方面阐述了国际法正日益走向法治化。他认为，国际法是国际关系的产物，随着国际关系的变化而发展。历史经验告诉我们，国际关系史上每个重大的历史变动，总会带动国际法的发展。当前国际形势有四个明显的趋向：各国相互依存加深、国际权力重心从西方向东方转移、非传统安全危险突出、国内政治与国际问题日益交织。在这些形势下，国际法面临新的发展机遇。国家间相互依存加深，为发展维护国际社会共同利益的国际规范提供了契机；国际权力重心转移，孕育着以规则为核心的国际法律秩序的变化；而非传统危险突出，则呼唤规范非传统危险的国际立法；国内政治与国际问题日益交织，为国际法与国内法的相互借鉴创造了条件。如何创造性地发展上述国际法，是我们面临的机遇和挑战。在应对、处理和谋划上述这些问题时，我们需要思考，建立什么样的国际法治观，应选择适用何种国际法规范，应如何解释现有国际法规则，这不仅涉及国际立法，而且涉及国际法的解释和适用问题。作为中国的国际法学者，有义务也有责任拿出中国理念、中国方案。

来自美国的代表以《国际法的新趋势：作为国际正当性的国际法治》为题，对国际法的新趋势进行了逻辑严谨的论述。他分析了国际法的五个发展方向，详细讨论了作为国际正当性的国际法治的五大要素，提出了中国的发展方向及其角色定位问题。

反对恐怖主义是当代国际社会和国际法不得不面对的重大问题，对国际法的理论和实践带来了重大影响。2001 年开始的大规模反恐行动已持续十年，虽然 2011 年美国的反恐努力取得了一些成就，但是鉴于导致恐怖主义的社会根源没有消除，恐怖主义会在相当长的时间内持续下去。与会代表认为，现有的国际法体系已经触及恐怖主义问题，不过还存在着规范不够系统、以国际政治和国内法律相结合的特征。当前，应当厘清"预防性自卫"在国际法领域中的非法性，避免"反恐战争"的暴力化发展，促进国际社会以法治的方式处理恐怖主义问题，在统一恐怖主义的范围界定、确立打击恐怖主义的实质与形式原则、改善国际社会的整体环境几个方面入手，通过各国的合作，创建一个和平、稳定的世界秩序。

还有代表就如何实现和平阐述了自己的独到看法。他认为，真正的永久和平要从人的内心实现，这是国际法的新使命。他在分析造成人类不和平的主要原因之后，评价了康德永久和平思想的先进性和局限性，主张世界永久和平的实现除了外在的国际法律制度和国际组织体系的建立和完善之外，应该更多注重人的内心和平的建设。因为外在的和平环境与内在的心性和平是相互影响、相互制约、相互促进的。他在对《联合国宪章》《美洲国家组织宪章》《政治权利和公民权利国际公约》以及联合国大会的一系列决议和宣言中对内心和平建设的规定进行论述之后，重点介绍了联合国教科文组织在建设内心和平方面的努力和成果。他认为，在国际法律制度建设方面，确实存在着强化人的心灵和平建设的痕迹或者趋向，但是，国际法或国际组织的制度更多的是体现在人类政治、经济、文化、法治等方面的制度设计和建设方面，是一种外部的和平建设。当然，外部的和平建设也是很重要的，是整个人类社会最终走向和平的必经之路。但是，要真正实现永久和平的目标，必须建设人类内心的和平，而这恰恰是更艰巨、更难实现的任务。我们每个人都希望世界和平，首先，我们每一个人的内心必须平和。一般人希望世界和平，而自己内心无法平和，那么这个世界是不可能和平的。在既有国际法律制度的基础上，强化内心和平建设的宣传和建设，改善国际法律制度和组织上存在的不平等不公平的残留，让飞向和平的翅膀，一个是国际法律制度和国际组织的建设，另一个则是人类内心和平的建设。这两个翅膀同时具备的时候，才够真正地实现和平。

除了上述主要部分外，本届论坛上国际公法领域的论文和发言内容还涉及利比亚禁飞区的问题、亚洲国际人权制度的现状和前景、联合国改革背景下国际法院的管辖权问题、碳排放权、商业化时代外空《营救协定》的进一步发展、国家管辖范围以外深海底生物资源的法律分歧与困境、时际法与领土的取得、从非洲的视角谈国际刑事司法的多重面相等。可以说，这次论坛上国际公法专业成果丰硕，质量很高。

二　国际私法

变革时代给国际私法带来了巨大冲击和影响，世界很多国家和地区的国际私法迎来了新的机遇和挑战，同时，这也为世界国际私法学者提供了很好的研究素材。在此时代背景下，中国国际私法也迎来了自身最大的变革，即经过近30年的发展演变，中国终于产生了相对独立的、系统的国际私法法规——《中华人民共和国涉外民事关系法律适用法》。新法规于2010年10月颁布，2011年4月开始实施。本届论坛的召开正值新法规实施伊始。本论坛为世界了解中国国际私法最新立法与实践提供了良好契机，亦为中国认识国际社会国际私法统一化的最新发展提供了学习机会。此次论坛在国际私法领域就是主要围绕中国国际私法最新立法和国际私法统一化的新发展两个主线进行了广泛、深入并卓有成效的研讨。

（一）中国国际私法最新立法

中国《涉外民事关系法律适用法》的制定和实施给司法实务界和学术理论界都带来了不同程度的冲击和影响，这必然要求我们多维度地去认识和思考这部新法。与会代表从理论和实务两方面对新法进行了评述，提出了许多理论上有待解释的问题和实践中应该细化的操作方法。

1.《涉外民事关系法律适用法》的总体评价

在宏观方面，与会代表分享了他们对中国国际私法新立法的总体评价。来自学界和来自法院的代表普遍认为，这部法律是新中国立法史上第一部专门用于调整涉外民事法律适用问题的单行法，是中国国际私法立法上的重大成就，具有里程碑意义，标志着中国国际私法立法迈上一个新阶梯，必将对今后中国国际私法理论与实践产生深远影响。有学者指出，这部新法是在总结改革开放以来中国法院涉外审判经验的基础上制定出来的，在一定程度上反映了中国国际私法学的整体研究水平和中国国际私法立法的立法技术与立法质量；法规中具有创新性、开放性和先进性的规定必将对中国法院涉外民事审判产生积极、有益的影响。该学者认为，这部法规使中国法院完成了涉外民事案件法律适用制度的一次现代化，主要体现在：（1）新法规定的法律选择规则全部是开放式的双边法律选择规则，表明中国立法者平等地对待国内外法律体系的开放态度。（2）新法创新性地以经常居所为主要连接点，并相应地以经常居所地法为属人法，这符合经济全球化背景下国内外自然人、法人民事往来日益频繁的新形势和新情况。（3）新法注重保护社会和经济上的较弱方当事人的利益，这些“结果选择规则”兼顾了“实体上的正义”与“冲突法上的正义”。（4）新法所创设的国际私法总则性制度，如定性制度、公共秩序制度及外国法查明制度等，为中国法院在涉外民事案件审理和裁判中确定最适当的准据法提供了指南。

来自最高人民法院的代表介绍，新的法规实施之后，法官有义务在其审判实践中正确实施、贯彻这部法律。最高人民法院亦非常重视这部法律的实施，早在2010年12月，最高人民法院就发布了一个号召全国各级法院认真学习贯彻这部法律的通知。该通知对这部法律在实施中应当注意的一些问题作了提示。到目前为止，已经产生了一些法院依据这部新法规确定系争案件准据法的裁判文书。

2.《涉外民事关系法律适用法》的实施问题

在微观方面，新法的实施问题，尤其新法中关于强制性规则、最密切联系原则、当事人意思自治原则等原则性规定，以及新旧法存在较大差异的规则在司法实践中的适用问题，是与会代表密切关注的问题。

如何调整新法和旧法的关系，是实务部门代表和学者们共同关心的问题。来自法院的代表在报告中指出，新法本身对这个问题进行了回答，主要反映在新法第2条第1款和第51条。依据新法第2条第1款的规定，涉外民事关系适用的法律，依照该法的规定确定。其他法律对涉外民事关系法律适用另有特别规定的，依照其规定。比如，1986年的《民法通则》第142条第2款和第3款关于国际条约和国际惯例在涉外民商事审判实践中的适用规则、《合同法》第126条关于合同准据法的规定，将继续作为涉外审判的重要法律依据。依据新法第51条，关于侵权的法律适用、涉外婚姻关系的法律适用、涉外继承的法律适用，旧法和新法规定不一致的，应当适用新法的规定。新法第51条是一种立法技术的考虑，这样的做法符合《立法法》第83条的规定，在同一效力层级的法律规定当中，就同一问题有不同规定的，新法优于旧法，特别法优于一般法。

另一方面，有学者则对此提出了相反的意见，认为新法第51条并不是非设置不可的，它仅仅起到一个宣誓作用。该学者还特别关注了新法规则与司法解释之间的关系问题，指出，新法实施后，最高人民法院以前关于涉外民事关系法律适用的司法解释与新法规定相抵触的，不再适用。

在新的法规中，最密切联系原则由原本仅为涉外合同关系法律适用的原则扩展为一切涉外民事关系法律适用的原则，但它并不是这部法律的一般性原则，而是作为一项补充性原则，主要体现在第2条第2款。法院代表提出，新法第41条重点谈到了在涉外合同关系当中如何确定最密切联系地点法律的方法，即用特征履行作标准的方法；但是，新法规并没有明确对其他民事法律关系应如何确定最密切联系的地点，这是留待司法实践进一步探讨的，当然这本身也是法官的自由裁量权范围。她认为，应当结合系争的民事关系当中的一些连接点质量和数量来综合判断最密切联系的地点，需要在具体案件中对具体问题作具体分析。有学者在评述这一原则时指出，该原则虽为补充性原则，但作为一条总则性规定，最密切联系原则还是被赋予了突出地位。

意思自治原则原本属于我国法律中关于涉外合同关系法律适用的一项原则，而新法将其放在第一章"一般规定"中，即将其上升为涉外民事关系法律适用的一项原则，它已经从仅仅是合同争议的选法自由扩展到了委托代理、信托、夫妻财产、协议离婚、动产物权、运输中的动产物权、侵权行为、不当得利和无因管理等 12 个方面的民事关系。法院代表在报告中指出，司法实践中值得注意的问题主要包括：第一，当事人意思自治原则适用是有很多限制的。比如，依据该法第 3 条的规定，必须是法律允许当事人选择法律的，当事人才可以选择。第二，当事人选择法律的方法应当是明示的，法院不根据默示来推定当事人的选择。但是如果当事人在诉讼过程当中同时援引同一国家的法律，而且双方当事人对于法律适用问题没有提出异议，在这种情况下，我们一般也认为当事人明确选择了适用的法律，这可以作为明示选择的一个补充。第三，当事人选法的范围，完全要根据法律的明确规定去界定，对有些关系法规没有限制当事人选择法律的范围，如依据新法第 41 条的规定，当事人可以任意地选择法律作为合同争议的准据法，法规没有限定当事人必须选择与合同关系有密切联系地点的法律；对有些关系法规则限制了当事人选择法律的范围，如新法第 26 条规定，协议离婚的当事人只能选择一方当事人经常居所地法律或者国籍国法律。

新法第 4 条关于强制性法律适用的规定被认为是这部法律的一个亮点，它规定我国的强制性法律应在司法实践中得到直接适用，从而排除冲突规范对外国法的指引和当事人对外国法的选择。这是强制性法律适用原则经 30 年的司法实践之后，终于在中国国际私法立法中进行明确规定。法院代表指出，这在今后的司法实践当中，对我国外资、外汇、外贸等一系列领域有严格管制的法律就应当得到直接适用，这也是这部法律对司法实践有重要影响的体现之一。

新法第 10 条是关于外国法查明的规定，该条款亦被立法者不经意间暗藏玄机。有学者指出，大多数国家的国际私法，包括我国新法，都规定了无法查明外国法时应适用内国法，这一规定存在一个隐患，即有可能导致“外国法无法查明”的滥用，从而使法院地法得到不适当的扩大适用。认识到这一危险性，寻找其他更合适的法律便有了积极的意义。经比较研究，已存在六种方法，或确立于立法中，或存在于司法实践中，都显示了在查明外国法环节限制法院地法扩张的态度，值得我们思考和借鉴：其一，穷尽各种努力查证外国法的规定；其二，应适用的外国法无法查明或缺乏相应的规定，适用该外国法中的其他相关规定；其三，尝试寻找与无法适用的外国法相似或相近的法律；其四，无法查明外国法时，依据一般法理或法律原则处理案件；其五，确定为准据法的外国法无法适用时，根据案件中的其他连接因素，或根据最密切联系原则，重新选择准据法；其六，外国法无法适用时，从国际公约或国际惯例中寻找依据。

根据新法第 18 条的规定，在当事人没有协议选择确认仲裁协议效力准据法的情况下，可以适用仲裁机构所在地法律或仲裁地法律来确定涉外仲裁协议的效力。法院代表指出，此前最高人民法院的相关司法解释在当事人没有选择准据法时仅规定适用仲裁地法，新法第 18 条增加了仲裁机构所在地的法律为可适用的准据法，目前的司法实践还没有一个非常典型的相关案例用来说明这一改变在今后的司法实践中会产生什么样的问题，但这一新发展与既往的裁判思路有所区别，值得在今后司法实践中注意。有学者亦补充说明，这是我国立法首次对涉外仲裁协议的法律适用和整个涉外仲裁法律适用作出规定，在国际范围内也算得上是新的立法尝试。然而，该条规定并没有全面反映司法实践和学界的主流观点。在该条规定中，仲裁机构所在地法与仲裁地法作用是等同的，似过于强调仲裁机构所在地与国际商事仲裁的联系，与国际商事仲裁实践不符；而此前的司法解释规定在当事人没有选择准据法时适用仲裁地法，突出了仲裁地法的作用，似更符合支持仲裁的国际趋势和“尽量使协议有效”原则的精神。因此，新法规第 18 条可能存在的不足之处也有待以后实践的检验及完善。

3.《涉外民事关系法律适用法》的完善建议

与会代表指出，《涉外民事关系法律适用法》是“灵活性有余、操作性不强”，希望可以通过司法解释来解决新法的可操作性问题，同时希望未来修法对新法予以完善。与会代表在比较研究的基础上，对新法中的一些条款提出了宝贵的完善建议。

关于新法第 4 条所规定的强制性法律，有学者认为，我国国际私法赋予国内强制性法律排他性适用的范围主要是涉外合同领域，且中国国际私法要求排他性适用中国强制性法律的合同范围十分广泛。这表明了，我国通过强制性法律的运用给法院地法（中国法）留出了相当大的适用空间。在考察国内法和国际条约相关规定的基础上，该学者指出新法关于强制性法律规定的不足之处在于：一是我国国际私法法规没有提及是否应关照外国强制性法律的效力，而绝大多数其他国家在确定内国强制性法律的排他效力的同时，也都同样肯定了外国强制性法律的排他效力；二是我国国际私法为国内强制性法律在合同领域的适用设置了很大空间，而在其他国家被列入强制性法律范畴的通常是关及一国极其重大的社会和经济利益的那一部分法律，并非一般性强制性规定。相比之下，我国的做法似有滥用强制性法律以扩大我国法律适用范围之嫌。

新法第 5 条规定了法律适用上的公共秩序保留制度。有学者认为，公共秩序保留制度的晚近发展趋势是，必须以法院地法替代外国法的传统已明显被突破，外国法无法查明之后的再次选择变得更多样，也更追求合理性。但是，我国国际私法未明确这样的态度，而是坚守了传统，即仍以法院地法替代外国法。还有学者从不同角度提出了该公共秩序保留条款有两处值得修改，一是该条款避而不谈法院地国家的法律选择规则所制定的外国法的适用是否应予排除；二是该条款会导致我国法院滥用公共秩序制度，因为仅仅“损害”我国社会公共利益而未达到“明显地损害”的程度有时尚不足以构成对公共秩序的违反。该学者建议将第 5 条修改为：本法所指定的外国法律的适用结果明显地与中华人民共和国公共秩序相抵触的，该外国法律的适用应当予以排除；在此情形下，适用中华人民共和国法律。

在离婚方面，有学者认为，我国新法第 27 条在诉讼离婚方面仅指定了法院地法。和其他国家立法相比，我国的规定有些单一，且有不尽合理之处。因为，婚姻属于人身关系，在国际私法中一般对人身关系优先适用属人法，这一方面是由婚姻关系的人身性决定，另一方面也是顾及当事人所属国对离婚效力的认可，以避免“跛足婚姻”。经考察日本、马其顿、立陶宛、意大利、比利时等国家的国际私法立法可知，这些国家即使也指引了法院地法，但或多或少也都同时考虑了属人法，有的国家还有更开放的态度，如规定可以在指定范围内让当事人选择诉讼离婚的准据法。因此，我国新法规主张在诉讼离婚方面唯一适用法院地法，有诸多不妥之处。另有学者亦指出，在离婚诉讼中，如能借鉴欧洲国家的有关立法经验，允许当事人在一定范围内选择离婚应适用的法律，可以提高法律适用的确定性和可预见性，符合当事人的期望，简化程序，提高诉讼效率。

关于收养问题，有学者在比较研究了比利时、瑞士、意大利等国国际私法的规定后，认为我国新法规关于收养关系解除的规定尚有可完善之处，那就是明确指出法官裁量适用被收养人经常居所地法抑或适用法院地法应以有利于被收养人为标准。因为，对收养解除的法律适用未规定选择的标准，如果两个法律规定不一致，如一个规定可以解除收养关系，一个规定不可以解除收养关系，法官究竟该如何选法，是否按照正常的推断应该适用两个法律中对被收养人有更好保护的那一个法律，仍然需要在立法中明示这一标准。因而建议在关于收养解除的规定中增加选法的标准。

新法关于动产物权的法律适用规则被认为是新的立法最具争议的条款。有学者甚至认为新法第 37 条允许当事人意思自治原则在动产物权中运用是错误的规定，与大多数国家的做法不同，是将民事实体法的思维照搬于涉外民事关系法律适用法，可以预见，这条规定在法院未来的涉外司法实践中势必引起很多问题，导致法律适用的不确定性乃至严重错误；新法第 37 条第 2 句至多只能说是部分合理的，其中“法律事实发生时”的表述指向不明确；第 38 条允许当事人意思自治原则在运输中的动产物权中运用的规定，亦可能是不合理的甚至是错误的，因为动产物权关系所体现的往往是一人对一物的支配权关系，并无具体的、特定的相对人，对于运输中的动产的物权所发生的变更，并不是某人可以决定的，更不能由他“协议选择”法律，否则有违“物权法定”原则，况且在没有具体、特定的相对人的情况下，他自己一个人根本无法“协议选择”。另有学者对该条款的看法则是，如果对动产物权领域的当事人意思自治原则进行必要限制，这一条款仍是可以接受的。

此外，这部新法中的其他问题亦引起了与会代表的关注和讨论。归纳起来，代表们提出的意见还有如下几方面：（1）有必要进一步规范及谨慎选择术语在新法中的使用或增加有关定义，如新法中的“手续”“经常居所地”等均需要作进一步解释。（2）新法第 15 条关于人格权准据法的规定，是一条完全没有存在必要的法律选择规则，可删除该条款。如未来的涉外审判实践表明确需制定关于确定特别人格权准据法的法律选择规则，则应将各该特别人格权加以具体化，并分别确定其各自的准据法。（3）在涉外婚姻家庭关系的选法规则方面，新法第 22 条"结婚手续"应改为国际上通用的"结婚的形式"；第 24 条对于夫妻财产关系的法律适用应该考虑不动产的特殊性，增加"涉及不动产的，适用不动产所在地法律"的例外，并且应增加保护第三人的内容；第 25 条对父母子女财产关系同样应该考虑不动产的特殊性，增加例外规定；第 28 条关于收养条件和手续的规定应明确时间因素；第 29 条和第 30 条应将有利原则的运用控制在一定限度内。（4）新法第 43 条第 1 句关于劳务派遣准据法的规定，完全没有存在的必要，因为"劳务派遣"通常不是一种类型的民事法律关系，也不是一类民事争议。（5）新法第 39 条关于有价证券准据法的规定有两点不足：一是该法律选择规则的连结对象"有价证券"过于笼统；二是什么是"有价证券权利"，是一个需要加以解释的问题。

4. 中国国际私法中涉外民事诉讼法的修改

涉外民事案件管辖权和外国判决的承认与执行亦属于国际私法中非常重要的组成部分。目前，该部分没能和法律适用法作为中国国际私法法典的组成部分而制定，而是作为民事诉讼法的一部分被提上了修改日程。对此，有学者主张中国国际私法立法应当坚持走独立的法典化道路。2011 年 10 月 24 日人大常委会审议了《民事诉讼法修正案（草案）》，并广泛征询意见，学者们对此修正案也予以了极大的热情和关注。有学者指出，该修正案草案不仅没有增加国际管辖权规则，反而删去了仅有的 4 条现行国际管辖权规则中的 2 条，对外国判决承认与执行则完全没有涉及，这表明中国立法机关并不认为这两个领域的问题是亟须提上立法日程的问题。另有学者指出，草案除对涉外民事诉讼部分的极个别条文有稍许修改外，对整个涉外民事诉讼规定的有关内容涉及很少，全国人大对草案案文的说明也对涉外民事诉讼法部分修改只字未提，这反映出我国国际私法学者近年来对涉外民事诉讼的有关研究成果基本上未被立法机关所采纳。该学者对《民事诉讼法修改案》中的涉外民事诉讼管辖权、民事诉讼对国际商事仲裁的司法监督、外国判决的承认与执行方面的修改进行了介绍和评论。

（二）国际私法统一化的新发展

在全球化、多元化特征日益明显的变革时代，国际私法受到了国际社会的广泛重视，世界各国的国际私法学者针对日新月异的国际私法新问题提出了新的观念和思想，通过区域性、世界性国际私法合作机制推动着国际私法的逐步统一。

有外国学者从国际私法是以实现正义为目的、其发展受多元正义的影响谈起，回顾了国际私法史上的法则区别说、法律关系本座说、既得权说等学说理论和欧盟、加拿大、澳大利亚等联邦国家中对国际私法有影响的宪法性条款，其实质是从公共层面的理解来认识国际私法的复兴。该外国学者在其报告中对国际私法、多元主义与全球治理问题进行了探讨，得出如下结论：国际私法应当体现多元正义思想，即包容和互信的原则。以包容和互信为原则的国际私法，不同法律体系的差异应当视为国内法律文化的多元价值之体现，而国际私法规则并不主要涉及司法正义或公平，它公正平等地对待不同法律体系，并努力协调多变的私法规则，因此国际私法体现的应是多元正义或混合正义。欧盟、加拿大和澳大利亚的联邦国际私法规则的晚近立法与司法实践的发展，已经暗含着承认国际私法与宪法之间的紧密关系，而且已经出现了将宪法性原则直接适用于一些案件的情形。国际私法规则被视为联邦体系架构下的一个定义，是重新分配国家私法权的二级规范。从联邦法律体系的角度看，国际私法应被视为国际性公法体系中的一个组成部分。从这个角度而言，国际私法具有“公”的性质，具有政府的全球治理功能，因此，国际私法不应该被认为是国际民事诉讼程序的技术层面的问题，也不应该认为其主要部分属于国内法，而应当将国际私法作为全球治理下的法律多元体系的一部分，并且其将在国际法律秩序中发挥至关重要的作用。

国际私法统一化进程中，示范法无疑是一个促进各国相关法律趋同或统一的有力工具。有外国学者对 ILA2010 会议关于国际商事仲裁保密性的示范条款进行了阐释和评述，其报告要点如下：（1）这一示范条款适用于国际商事仲裁，并不适用于投资者与东道国之间的投资仲裁问题。商事仲裁与投资仲裁存在很大差异，如投资仲裁的当事人一方为主权国家，投资仲裁的基础通常是双边投资协议。（2）如果当事人不能对保密性问题达成合意，那么，国际商事仲裁并不能给予关于保密的任何保证。从各国国内法及其判例来看，如澳大利亚法院的 Plowman 案件所作的判决、瑞典高等法院的判决均拒绝承认保密性是国际商事仲裁的一般原则。（3）保密性对谁产生拘束力的问题。大多数案件中，仲裁员是应当受该条款拘束的，但仲裁当事人并不必然受该条款的拘束。（4）仲裁保密性的例外。什么情况下拒绝当事人的请求，这是一个非常重要的问题。此外，ILA2010 国际商事仲裁保密性示范条款还在很多问题上可以为当事人提供良好指引。

以欧盟国际私法为代表的区域性国际私法统一化运动，已经取得了显著成果。本次论坛围绕亚洲区域的国际私法统一化进行了精彩讨论。《日韩知识产权国际私法原则的共同提案》（以下简称《共同提案》），是亚洲区域性国际私法统一化进程中的一个重要提案。日本学者对日韩《共同提案》的制定背景、主要特征、管辖权规则、法律适用规则进行了系统阐述。该《共同提案》的目的是，提供一个示范法使得东亚国家明确知识产权保护的最低标准。其管辖权规则方面最显著之处在于特别情势规定（special circumstances）。依据《共同提案》第 211 条规定，经综合考量诉讼的本质、被告参加诉讼的方便性、双方当事人的住所、需要出庭的证人、证据材料的所在地及其他因素，如果存在不利于实现当事人的公平正义、有违正当程序或及时审判的特殊情况，法院有权拒绝审理该案件的部分或全部。法律适用规定方面，有如下三个主要特征：（1）《共同提案》第 301 条规定，知识产权关系适用被请求保护地法（lex protectionis），这是该提案所确立的知识产权准据法的一般原则。（2）最大限度地尊重当事人意思自治原则。《共同提案》第 302 条将意思自治原则扩大适用到知识产权的成立和有效性问题，但是，当事人所协议选择的法律，不能影响第三人的利益。（3）《共同提案》第 308 条规定了知识产权所有权归属的法律适用。

在这次论坛上，与会代表还对中国国际私法学养意识之培育、仲裁法实施后对中国仲裁制度的新发展、中国国有企业财产在美国执行豁免、香港冲突法晚近发展等问题进行了探讨。

变革时代为国际私法的发展提供了千载难逢的机遇与挑战。《涉外民事关系法律适用法》是中国国际私法立法进程中的一个里程碑，亦是一个新的起点。进一步完善中国国际私法立法与实践是以后进一步研究的问题。同时，中国也应当致力于区域性和全球性国际私法统一化，更好地促进国际民商事关系的发展，这都值得中外国际私法同仁为之继续努力。

三　国际经济法

论坛召开之际，正值中国入世整十年。这是中国改革开放进程中的一件大事，标志着中国对外开放进入了历史新阶段。十年中的变化、影响和遭遇的问题，成为国际经济法领域的一大焦点。2011 年，欧洲主权债务危机愈演愈烈。鉴于欧盟是中国最重要的贸易伙伴之一，中国政府又持有大量的欧洲政府债券，故主权债务危机成为国际经济法领域另一焦点。

（一）入世十年

2001 年 12 月 11 日，中国正式成为世界贸易组织成员。十年来，中国对外经贸关系发生了重大变化，中国在世界大家庭中的贡献、地位和作用也发生了重大变化。一方面，中国被视为经济全球化的“最大受益国”；另一方面，中国也是世界上遭受国外贸易救济措施最多的国家。

1. 中美“双反”案上诉机构报告解读

历经两年之久，中国在世界贸易组织（WTO）起诉美国针对中国标准钢管等四项产品发起的反倾销、反补贴案（以下简称“双反”案）终于随着 WTO 上诉机构于 2011 年 3 月 11 日发表上诉报告而尘埃落定。上诉机构推翻了本案专家组作出的大部分裁决，在中方严重关切的双重救济问题上，支持了中方的主张。有学者认为，上诉机构虽最终认定美方采取的双重救济措施与 WTO 协定不符，但在以下五个问题中，上诉机构作出的相关法律判断对我们并非有利，一些判断在很大程度上已成为我们当前面临的巨大法律隐忧：

第一，中国国有企业是否属于“公共机构”。上诉机构展开缜密的法律分析后，推翻了专家组对 SCM 协定第 1.1 条中“公共机构”的解释。在上诉机构看来，“SCM 第 1.1（a）意义上的公共机构必须是拥有、实施或被授予政府权力的实体”，这需要调查当局详细考察相关证据后才能认定，不能仅以政府对一个实体是否拥有所有权或股份简单为之。这一结论是中国此次 WTO 诉讼取得的最重要成果之一。尽管上诉机构支持了中方的立场，但就上诉机构报告的内容而言，中国国有企业非但不能摆脱嫌疑，而且上诉机构提出的“公共机构”认定标准在很大程度上已使我国国有企业面临十分不利的局面。

第二，中国国有商业银行是否属于“公共机构”。在非公路用轮胎一案中，美国商务部认定中国国有银行属于 SCM 协定意义上的“公共机构”。上诉机构支持美方的这一做法，这对中国的国有商业银行来说无疑是当头一棒。在中国境内，绝大多数企业均或多或少地从国有商业银行贷款，如果这些银行都被认定为“公共机构”，那么，获得国有商业银行贷款的企业就意味着获得了中国政府补贴，其出口的产品均会遭受反补贴调查，这将对中国整体对外出口造成巨大冲击和影响。

第三，中国国有银行的贷款是否具有“专项性”。在非公路用轮胎一案中，美国商务部并未仅以中央政府制定的规划和发布的实施决定来认定国有银行商业贷款的“专项性”，而是综合考虑了中央政府和各级地方政府制定的规划、决定和政策等多方面证据，才最终认定轮胎行业获得贷款的“专项性”。上诉机构支持了美方将这些规划、计划、政策、指导意见等作为认定国有银行商业贷款具有“专项性”的肯定性证据，这无疑是对我国政府现行管理经济方式的一种挑战。

第四，中国的贷款利率能否作为可比“基准”。美国商务部在反补贴调查中拒绝将中国的银行利率作为判断中国企业是否获取政府“利益”的可比基准，而是选择中国以外的替代国银行利率作为基准与上述企业从中国国有银行所获得的商业贷款利率进行比较，得出这些企业已获得中国政府贷款利益的肯定性结论。上诉机构认为美方的做法并未违反相关规则，并认为，在目前条件下，中国政府对这些商业银行的贷款利率施加了巨大影响，扭曲了中国市场上的银行利率，不能作为可比基准，调查当局有权选择替代国利率基准。上诉机构发表上述论断对中国来说后果十分严重，其支持美国认定中国国有银行为“公共机构”并且在反补贴调查中使用替代国利率基准的立场很可能会使中国的“市场经济地位”在法律上变得毫无意义。

第五，“双反”措施是否构成双重救济。上诉机构推翻了专家组关于“以非市场经济方式计算并征收反倾销税对于反倾销税征收的金额是否适当没有影响，并且处理双重救济问题并非 SCM 协定起草者设计第 19.3 条的意图”的观点，认为双重救济措施，亦即以非市场经济方式计算并征收反倾销税，同时又采取反补贴税措施两次抵消同一种补贴的做法与 SCM 第 19.3 条规定不符。上诉机构发现美方在针对中方上述四种产品的反补贴调查中未考虑已经对这四种产品采取了反倾销措施，构成了“两次抵消”或“双重救济”，因此，认定美方的“双反”措施与该条义务不符。尽管上诉机构认定“双重救济”违反 SCM 第 19.3 条，但它并未完全否定“双反”措施的合法性。上诉机构反对的只是“双重救济”，并非“双反”措施本身。从这个意义上讲，“双反”措施并不会随着本次上诉机构报告的公布而消失，仍然是中国企业可能面临的一大隐患。

2. 维也纳公约的适用及中国入世议定书条款的解释

有学者认为，随着中国对外贸易总量的增加，经济摩擦数量的增多实属正常。贸易伙伴愿意通过 WTO 争端解决机制来解决其与中国之间的贸易纠纷，本身就证明他们已视中国为一个正常的 WTO 成员国，相信并愿意利用 WTO 争端解决机制。事实上，中国也越来越多地利用 WTO 争端解决机制的事实，本身也显示了中国对 WTO 制度的信任。

回顾最近发生的一系列涉及中国的案例，大多都涉及《中国入世议定书》的解释。例如，“中国出版物”案涉及议定书所规定的“贸易权”的解释；“美国轮胎”案涉及议定书所规定的“特别保障措施”等问题；“中国原材料”案则涉及议定书规定的“出口关税承诺”问题。

有学者指出，根据《关于争端解决规则与程序的谅解》第 3.2 条的要求，专家小组和上诉机构在解释相关协定时，须“依照解释国际公法的惯例澄清这些协定的现有规定”。一般认为，“解释国际公法的惯例”包括《维也纳条约法公约》第 31 条和第 32 条的规定。在详细分析上述三个案例的基础上，有学者认为，考虑到相关的上下文及议定书的目的与宗旨，应当认为，“中国享有 WTO 协定下的所有权利，除非中国明确放弃这些权利”。

在中国出版物案中，上诉机构援引议定书第 5.1 段，认为 1994 年《关贸总协定》第 20 条可以作为抗辩理由。有学者认为，由于议定书第 5.1 条的规定表述非常清楚，《维也纳条约法公约》所规定的其他因素无须考虑。

在中国原材料案中，情形略有不同。由于第 11.3 段既没有提及 WTO 协定，也没有提及 1994 年《关贸总协定》第 20 条。这种情形下，对议定书的解读不应局限于当事人所主张的观点，判决者应结合案件的具体情况，依据《维也纳条约法公约》进行解释。有学者指出，对所有的参加国而言，入世议定书与 WTO 协定之间的关系都至关重要。在《中国入世议定书》中，第 1.2 段是解读二者关系的指南。在解释第 11.3 段时，第 1.2 段应被视为重要的“上下文”，据此，第 11.3 段应当被解释为“入世议定书和 WTO 协定应同时适用”。因此，第 20 条、第 24 条所规定的根本权利，并不因为入世议定书没有提及而被剥夺。仅在议定书明确放弃的前提下，WTO 协定所规定的权利或义务才能被取代。

3. 中国银行业法律制度的发展和完善

自中国加入 WTO 后，在世贸组织金融服务贸易的法律框架内，为切实履行我国的入世承诺，我国修订和颁布了一系列法律法规和部门规章，逐步形成了以《中国人民银行法》《商业银行法》《银行业监督管理法》为基础的银行业法律框架，以《外资银行管理条例》及其《实施细则》《境外金融机构入股中资金融机构管理办法》为核心的银行业法律体系，有力保障了银行业对外开放依法、有序地推进。

但是，在取得进步的同时，“入世”后银行业法律制度尚存在以下不足：（1）僵化的分业经营模式。主要体现在：第一，以法律形式所构造的两种业务相分离的运行系统，使得两类业务难以开展必要的业务竞争，具有明显的竞争抑制性；第二，分业经营使商业银行和证券公司缺乏优势互补；第三，分业经营也不利于银行进行公平的国际竞争。（2）缺失的存款保险制度。“入世”十年来，我国仍未建立起“存款保险制度”。（3）低效的银行业监管制度。我国的银行业监管一直伴有计划经济的痕迹，“法律至上”“权力制约”“保障自由”等现代法治理念仍未在监管制度中得以彻底贯彻。反映在中国银行业监管制度中主要体现在立法者角色特殊、立法层级不高及法规透明度不够。

有鉴于此，有学者建议，应从以下几个方面进一步完善我国的银行法律制度：（1）分业经营向混合经营的彻底转变。只有发展纯粹性的金融控股公司，在实质上实现由分业经营向混业经营的彻底转变，才是当下增加竞争筹码、提高博弈能力的必由之路。（2）构建符合国情的存款保险制度。考虑到我国银行业的基本状况，适合我国银行业发展的模式为强制投保模式。（3）银行业监管制度的完善。现今特别需要解决的问题是制度保障的缺乏及现有监管制度的粗放。其中核心问题即是约束监管机构“立法权”、提高立法技术及增强监管法规透明度。

（二）主权债务危机

1. 私人债权人与主权国家违约

目前，全球金融危机已转化为欧元区的主权债务危机。由于英国的反对，欧盟峰会没有实现德、法修改欧盟条约的改革初衷。但是，欧元区十七国及多个非欧元区欧盟成员国还是达成共识，同意缔结政府间协议以强化财政纪律，从而为欧洲主权债务危机的解决带来了新的希望。

来自德国的学者指出，实际上，主权债务危机并不是一个新鲜事物。早在2001年，阿根廷就曾遭遇过债务危机，其应对措施及重返金融市场的努力，值得希腊借鉴。然而，作为欧洲货币同盟的一员，希腊并不能通过调整汇率政策来应对债务危机。由于无法以可以接受的价格在国际债券市场上发债，希腊最终不得不向国际货币基金组织和欧盟请求援助。

在回顾国际货币基金组织和欧盟相关危机管理和金融援助的法律框架后，该德国学者从信息、债权人和实用主义角度等方面对主权债务合同进行了分析。为应对希腊债务危机，欧元区政府首脑要求债券持有人“自动减扣”其所持有的债券的价值，从而触发合同自由原则与政府施压下的债券工具再谈判之间的矛盾。为了获取利润最大化，私人救助者将会通过设计合同条款来保护自己，减少直接违约或债券重构的风险。作为信息中介，评级机构对债券的评级将决定政府发债的成本。由于存在利益冲突，评级机构在此次危机中所起的作用饱受争议。但是，无论是欧洲中央银行，还是欧元区各成员国的中央银行，均依赖外部评级，以确保其不受政治游说的影响。在分析欧洲银行协作倡议、爱尔兰联合银行等两个救助案例后，该学者进一步提出，解决主权债务危机，应当坚持“多依靠法律手段，少采取实用主义”。

2. 公共资源救助危机银行的尺度

金融危机时，银行往往需要政府救助。政府用于救助的资金，又来源于公共资源。纵观世界各国，利用公共资源的方式，主要可以分为三类：一是紧急贷款，这通常是由国家的央行或者存款保险基金，或者特别基金，如德国的金融市场稳定基金，这在美国、英国、德国的保险法中也可以看到具体的规定；二是担保，由一国财政部或存款保险基金为危机银行提供债务清偿的担保；三是临时国有化措施，如德国 2008 年《金融市场稳定基金法案》第 5 条规定了临时国有化的措施。

有学者从四个方面对利用公共资源救助银行进行了分析：

（1）政府介入银行危机的必要性。政府救助银行主要基于如下三个理由：保护公共利益，主要体现在存款人利益上；保证公共产品的提供，也就是对银行服务的提供；防范系统性风险。该学者进一步指出，政府介入之后，通常有三个阶段：第一阶段，限制性措施，其实就是让银行自我救赎。通过限制银行的行为，让银行自己采取措施走出困境。第二阶段，利用市场资源，实际上政府协助寻找适当的市场力量去救助银行。第三阶段，利用公共资源进行处置，也就是政府直接救助。

（2）公共资源的负外部性。公共资源的利用，具有稳定金融市场的正面效应，但不可避免有一些负面影响，主要体现在三个方面：第一，道德风险，包括银行道德风险和债权人道德风险。第二，政府对银行救助，对银行业的竞争秩序产生破坏，一是体现为银行的不公平竞争，二是导致银行市场的低效性。第三，导致政府或公共财政的巨额负担。

（3）利用公共资源的条件和应遵守的规则。既然是市场资源优先利用，那么利用公共资源就有一些条件：第一，存在引发金融系统性风险的危险。第二，缺乏市场资源。在对各国的政策、措施梳理的基础上，该学者进一步提出了利用公共资源救助银行应遵守的七项原则：唯一性规则，即没有市场资源可以利用了，只能动用公共资源；政府控制规则；法定性规则；公平性原则；银行适格性规则；经济性规则，即在有不同的选择方案时，政府应该选择成本最低的原则；临时性规则。

（4）中国面临的问题。主要体现在如下几个方面：第一，存款保险制度的缺失。一旦出现银行危机的时候，就不得不直接动用公共资源去面对。第二，存款保险制度的缺失，也导致了其他可能利用的市场资源受到限制。第三，一旦我们的银行出现问题，公共资源就成为唯一可以利用的资源。

基于上述分析，该学者建议，中国应尽早建立存款保险制度，出台《银行重整与清算条例》并确立市场资源利用优先原则、公共资源利用的条件以及公共资源利用的规则。

3. 国际储备体系改革

金融危机的酝酿、爆发和蔓延，与美元作为唯一最重要的国际储备货币这一特殊地位密不可分。美国单方面确立美元政策，该政策的负外部性则由其他经济体来分担，这种源自布雷顿森林体系的非对称格局的不合理性在危机中暴露无遗。对现行国际储备体系加以改革已经成为共识，但改革路径和方向尚无定论。

有学者认为，创设与主权国家脱钩的超主权储备货币是最终目标，改革和强化特别提款权则是必要途径。特别提款权目前的发行方式、分配标准、使用范围和定值方法决定了其难以承担"主要储备资产"的预期职责，也远不足以抗衡现有的主要货币。该学者进一步指出，要想构建以特别提款权为基础的新的国际储备体系，必须对其进行目标清晰而又循序渐进的改革，包括：改变发行方式，扩大发行规模；改革分配标准，从单纯以份额为基础转向至少是部分基于对外汇储备的需求，向发展中国家特别是最不发达国家倾斜；建立 IMF 储备货币基金，创设以特别提款权计价的证券资产，强化特别提款权作为国际储备的吸引力；改革和完善定值方法，使特别提款权货币篮的组成更具合理性和代表性；充分利用互换安排、外汇储备库等区域货币安排的特点和优势，对国际储备体系形成必要的补充和支持。惟其如此，特别提款权才有可能摆脱笼中之鸟的困境，真正成为新的国际储备体系的基础。

除了上述问题外，国际经济法领域的学者还对下列其他问题进行了讨论：

第一，区域贸易协定中的竞争条款。有学者认为竞争条款在减少贸易壁垒影响、促进区域合作、打击国际卡特尔、建立非保密信息互享机制、推动参与区域技术合作、促进各国间竞争法的实施、避免因消除政府间贸易壁垒带来的贸易收益为私人反竞争限制所抵消以及保护消费者利益等诸多方面都发挥着巨大的作用。尽管竞争条款纳入区域贸易协定由发达国家发起并推动，但是包括中国在内的发展中国家也都应当积极倡导和实施竞争条款，从而达到保护本国消费者利益的最终目标。

第二，中国的反垄断民事诉讼。有学者认为《反垄断法》自身在民事救济方面的简单规定及其所嵌入的民事侵权救济的实体性和程序性制度框架在很大程度上约束了反垄断民事诉讼活动。中国的立法者正着手修改《民事诉讼法》，其中许多规则的修改将会影响反垄断民事诉讼，如公益诉讼制度的确立，因此要了解反垄断民事诉讼的发展就不仅仅要关注该法自身在法律适用方面的进步，同时要密切关注中国民事救济制度的演变以及人民法院的态度。

第三，过境贸易中的知识产权海关保护。有学者认为在今后相当长一段时间内，中国应积极采取《反假冒贸易协定》生效实施后的对策，包括通过 WTO 争端解决机制，维护 WTO 协定框架下我国及企业的合法利益。

第四，港口国监控制度。有学者认为，既然港口国监控制度起源于国际法，故在监管过程中出现的问题也应在国际法的层面加以解决。为避免检查成为航运贸易壁垒，国际社会需要努力争取在港口国监控备忘录中进一步明确滞留船舶的具体标准，并且明确对不适当滞留船舶而提起索赔的程序以及对不适当滞留船舶的赔偿范围和标准。

经过八届会议的成功举办，国际法论坛得到了不断发展，论坛在国内国际法学界产生了很大影响，获得了越来越多的肯定和支持，近年被列入中国社会科学院的“中国社会科学论坛”更使论坛有了更大发展空间，得以从国内走向国际。现在，国际法论坛已成为国内国际法学界与国际社会国际法学界交流的平台。交流平台的扩大，使国际法论坛关注的问题和讨论的话题更加广泛和深入。今后，国际法论坛仍将在推进中国国际法发展方面作出更多贡献。

《国际法研究》稿约

《国际法研究》（以下简称《研究》）是由中国社会科学院国际法研究所创办的国际法学术出版书刊。本刊秉持“正直、精髓”之精神，坚持客观、公正和学术自律的方针，力求成为展示中国国际法学研究之成就的新园地。

《研究》将覆盖国际公法、国际经济法和国际私法等国际法学科的诸领域，包括论文、译文、评论、书评等栏目，以及国际法动态、中国的实践、国际法教学、重要文件等内容。

《研究》面向国内外征集稿件。本刊审稿人员将由高水平的国际法学者担任，坚持以学术水平为唯一的审稿标准。

《研究》采用一般学术刊物通行的注释体例。来稿请附英文标题，若属于“论文”专栏，请附英文摘要。

《研究》一年四期，长期征稿。

来稿请寄：中国社会科学院国际法研究所《国际法研究》编辑部（北京市东城区沙滩北街 15 号，邮编：100720）。欢迎使用电子邮件投稿：cril_cass@126.com。

欢迎国际法学界同仁投稿、建议或咨询。

中国社会科学院国际法研究所

《国际法研究》编辑部

图书在版编目（CIP）数据

国际法研究．第6卷/陈泽宪主编．—北京：社会科学文献出版社，2012.11
ISBN 978-7-5097-3942-6

Ⅰ.①国…　Ⅱ.①陈…　Ⅲ.①国际法-研究　Ⅳ.①D99

中国版本图书馆CIP数据核字（2012）第259944号

国际法研究（第六卷）

主　　编／陈泽宪
本卷执行主编／孙世彦

出 版 人／谢寿光
出 版 者／社会科学文献出版社
地　　址／北京市西城区北三环中路甲29号院3号楼华龙大厦
邮政编码／100029

责任部门／社会政法分社（010）59367156　　责任编辑／芮素平
电子信箱／shekebu@ssap.cn　　责任校对／张兰春
项目统筹／刘骁军　　责任印制／岳　阳
经　　销／社会科学文献出版社市场营销中心（010）59367081　59367089
读者服务／读者服务中心（010）59367028

印　　装／北京季蜂印刷有限公司
开　　本／787mm×1092mm　1/16　　印　　张／19
版　　次／2012年11月第1版　　字　　数／317千字
印　　次／2012年11月第1次印刷
书　　号／ISBN 978-7-5097-3942-6
定　　价／68.00元